직업재활 실천론

- 직업적응 훈련편 -

박혜전 | 이창희 | 이명진 | 정찬동 지음

머 리 말

『직업 적응 훈련』에 관한 책을 내놓게 되어 기쁨과 부담감이 함께한다. 이 책을 집필하고자 마음을 먹으면서 갑갑함이 먼저였지만, 돌이켜보면 직업재활 분야는 발전이 거듭되었고 점점 확대일로에 있어 미래 지향적 학문임에 틀림이 없다. 우리나라는 일자리가 곧 복지라는 모토 아래 일자리 창출에 열심을 내고 있다. 그러한 가운데 직업 적응 훈련은 장애인들이 직업을 갖는 데에 필요한 기본적 토대를 제공한다는 데에 의미를 두고 있기에 감히 이 책을 내놓게 되었다.

직업재활은 소통의 아름다움을 다룬 학문이다. 이 학문은 이 사회에서 가장 소외된 계층의 사람들에게 사회와 소통하게 하는 의미를 준다. 장애로 인해 볼 수 없던 자기 내면과 소통하고, 직업을 통하여 사회와 소통하게 됨으로 더욱 용이하게 사회 속의 나를 발견하는 소통의 학문이다.

마르틴 부버(Martin Buber)는 다음과 같은 말을 하였다.

"우리가 다른 사람을 위해서 할 수 있는 가장 위대한 일은 상대방의 가장 깊은 내면에 있는 가장 그 사람다운 것이 무엇인지를 알아보고 인정과 격려로 그것을 다져 주는 일이다."

이 말에 대해 우리 스스로에게 질문해 본다. 우리 때문에 살아난 사람이 있는가? 우리로 행복해진 사람이 있는가?

그런데 우리는 왜 장애인을 동일하게 바라보지 않을까? 이러한 장애담론은 꽤나 복잡하고 미묘해서 쉽게 접근할 수 있는 부분은 아닐 것이다. 그러나 이러한 질문으로부터 이 책을 쓰게 되었다. 물론 이에 관련한 모든 것을 다루지도 못했고, 다룰 수도 없다. 그러나 작은 발걸음이라도 내딛기를 소원하며 집필에 임하게 되었다.

재활의 이념은 인권의 회복이며, 인간이 갖고 있는 잠재능력의 신뢰이다. 이것은 장애인의 재활을 다룰 때 가장 먼저 생각되어야 하는 본질적, 핵심적 가치이다.

장애인의 권익은 개인의 형편을 좋게 만드는 것이 아니라 공평하고 조화 있는 사회를 만들어 누구라도 장애로 인해 차별받거나 존엄성이 상실되는 일이 없도록 하는 것이다. 따라서 이러한 문제 탐구와 올바른 이해 없이는 장애인의 기본적인 인권에 대한 논의는 진진되기 어려울 깃이다.

오늘날 재활 분야에서는 국제사회의 노력이 돋보이고 있다. 2008년부터 전 세계적으로 실천되고 있는 「국제장애인권리협약」은 장애인의 사회참여와 기회 균등을 각 국가가 구체적으로 실천하며 모니터링하고 있다.

장애로 인해 장애인에게 생기는 문제들, 예를 들어 두려움, 무지, 보호, 편견 등은 단순히 불편이나 둔감의 문제가 아니라 장애인 자신의 공동체에 참여할 권리로서 정의(justice)와 존엄성이 관련된 것이라고 도널드 시니어(Donald Senior)는 말하고 있다. 그는 정의(justice)의 개념을 "공동체에서 공평과 조화를 조장하는 상황과 환경을 회복하는 것"이라고 설명하고 있다.

체계적인 의료, 심리사회, 교육, 직업재활을 통해 장애인에게 사회적 역할이 주어지고 자유의지를 실현하게 하며, 개인의 역할을 결정하며, 직종개발 등을 통해 장애로 단절된 삶을 이어주고 새 삶을 모색하는 것이 재활의 실천적 과제이며 그것이 삶에서 이루어지도록 해야 한다. 그를 위해 직업재활 분야가 해결해야 할 과제들이 많이 있으며, 왕성한 활동들이 필요하다.

그러한 가운데 직업 적응 훈련 서적을 집필하게 되었다. 직업재활에 몸담고 있지만 실제적으로 문헌이 턱없이 부족한 상황에서 기존에 발간되어 있는 직업재활의 내용을 바탕으로 직업 적응 훈련편을 만들었다.

본서의 구성은 다음과 같다. 제1부는 직업재활의 개요, 제2부는 직업 적응 훈련의 개요, 제3부는 직업 적응 훈련의 실천모델, 제4부 직업 적응 훈련의 구성 및 내용 제5부는 직업 적응 훈련의 내용을 일본과 국내 기관의 사례를 들어 소개하였다. 본서는 실천적 현장의 목소리에 귀 기울이려고 노력했고, 또 학문적 토대를 구축하고자 하였으나, 저자의 능력의 부족으로 더 나은 내용을 증보판으로 돌리며, 독자들의, 특히 재활 현장에서 몸담고 계신 여러 전문가들의 의견을 최대한 받아들이고자 한다.

출판사의 분주한 상황 가운데서도 출판을 흔쾌히 허락하신 (주)창지사의 김기섭 사장님과 출판위원들께도 감사를 드린다. 그리고 이 책이 나오기까지 함께 걸어온 고신대학교 재활복지학과의 학생들, 앞으로 이 책을 통해 만나게 될 수많은 사람들, 특히 장애인의 직업재활을 위해 애쓰게 될 분들에게 고마운 마음을 먼저 전하는 바이다. 참으로 모두에게 진심으로 감사를 드린다.

2011년 6월 부산에서

저자 일동

목 차

제3부 직업 적응 훈련의 실천모델

Chapter 5 생활 중심 진로교육 프로그램(LCCE)

Chapter 6 지역사회 적응 기술(CIS)

Chapter 7 미네소타 직업 적응 이론

Chapter 8 Hershenson 이론과 Jarrell 모형

제4부 직업 적응 훈련의 구성 및 내용

Chapter 9 직업 적응 훈련의 구성요소

제1부

직업재활의 개요

장애의 개념

1. 장애 개념의 정의

장애(disability) 개념은 역사적 배경에 따라 신념, 가치, 모델, 실천과정 등의 면에서 복잡하고 다양하기 때문에 단정적으로 규정하기는 쉽지 않다(Rothman, 2003). 즉, 장애의 범주와 정의는 그 나라의 사회문화적, 경제적, 정치적 여건과 수준에 따라 조금씩 다를 수 있다.

장애의 정의도 의학적, 법적, 사회적, 직업적 정의와 같이 다양하게 접근될 수 있다. 의학적 정의에서 장애는 정상적 범위에서 벗어난 신체 정신의 구조, 기능 등 해부학적 측면의 손상이나 결함을 의미한다. 법적 정의는 한 사회에서 법으로 정해진 장애를 의미한다. 우리나라의 경우 장애인복지법이나 관련 법률에서 장애를 정의하고 있듯이 나라마다 장애 관련법에 따라 장애에 대해 명시하고 있다. 우리나라의 경우 1981년 심신장애인복지법 정의에 따라 장애인은 지체, 시각, 청각, 언어, 정신지체의 5가지밖에 없었으나 현재는 15종류의 법적 정의로 늘어나게 되었다. 사회적 정의는 사회적 역할에 대한 의미로서 장애인에 대한 사회적 시각을 의미한다. 장애를 천시하거나 동정의 대상으로 간주하느냐 동등한 인격체로 대우하느냐 하는 것은 장애인이 그 사회에서 갖는 사회적 역할에 따라 다르다는 것이다. 결국 동일한 시각장애인이라 하더라도 나라마다 기대 수준이 다를 수 있기에 장애인에 대한 처우도 달라지는 것이다. 따라서 다른 어떤 의미의 정의보다도 사회적 정의는 변화가 가능하다. 가장 포괄적인 장애 정의는 사회적 정의라 할 수 있으나 복지나 재활의 측면에서 현실적인 중요성을 갖는 정의는 의료적, 직업적, 법적 정의라 할 수 있다(권선진, 2007).

국제적으로도 UN과 세계보건기구(WHO)에서 장애라는 용어를 정의하려는 시도는 1970년대 중반부터 있어 왔다. UN 총회(1975년)에서 결의한 장애인의 권리선언에 의하면, '장애인' 은 선천적이든 후천적이든 신체적 · 정신적 능력의 불완전으로 인하여 일상의 개인적 또는 사회적 생활에서 필요한 것을 자기 자신으로서는 확보할 수 없는 사람을 의미한다.

장애의 의미를 광의와 협의로 구분해 볼 때, 협의의 장애는 신체 또는 정신기능의 저하 · 이상 · 상실 또는 신체 일부의 결손 등과 같은 의학적 차원의 개념이다. 따라서 지체장애, 시각장애, 청각장애, 지적장애 등은 협의의 장애에 속한다. 광의의 장애는 협의의 장애를 포함하여 이로 인해 발생하는 생활곤란까지를 포함하는 개념이다. 즉, 의학적 차원은 물론 사회적 차원까지를 말하는 포괄적 개념이다.

2. 장애의 개념적 모델

장애와 장애인에 대한 관점과 인식을 바탕으로 장애 개념 모델을 비교해 보면 다음과 같이 개별적 모델과 사회적 모델로 구분할 수 있다(Olive, 1996). 개별적 모델은 의료적 모델로서 장애 문제를 개인적 비극으로 간주하는 관점이며, 사회적 모델은 장애를 사회적 억압에서 비롯된 문제로 간주함으로써 두 모델의 관점에는 근본적인 차이가 있다. 즉, 장애 문제의 해결에 있어서 개별적 모델에서는 개별적 치료, 전문가의 지원, 훈련과 통제 등을 통해 개별적인 사회 적응을 목적으로 하고 있는 데 비해, 사회적 모델에서는 장애는 사회적 문제이며, 차별적인 구조를 타파하기 위해 권리, 자기 결정에 의한 선택, 개인이 아닌 집합적 노력, 사회행동을 통해 사회를 변화시키는 방식을 취하고 있다.

<표 1-1> 장애의 개념적 모델 비교

개별적 모델(the individual model)	사회적 모델(the social model)
개인적 비극 모델(personal tragedy model)	사회억압이론(social oppression theory)
개인적 문제(personal problem)	사회적 문제(social problem)
개별적 치료(individual treatment)	사회적 행동(social action)
의료화(medicalisation)	자조(self-help)
전문적 권위(professional dominance)	개별적, 집합적 책임(individual and collective responsibility)
전문가(expertise)	
개별적인 정체성(individual identity)	집합적 정체성(collective identity)
편견(prejudice)	차별(discrimination)
태도(attitudes)	행위(behaviour)
보호(care)	권리(rights)
통제(control)	선택(choice)
정책(policy)	정치(politics)
개별적인 적응(individual adaptation)	사회변화(social changes)

출처: Oliver, M.(1996 b). Understanding disability: From theory to practice.

개별적 모델에 입각한 사람이 장애에 대해 가지는 공통적인 사회적 이미지는 두 가지이다. 하나는 이미지 측면에서 장애인은 슬프고 비극적이라는 생각이다. 또 다른 하나는 그러한 고정관념에 들어맞지 않으며, 매일 역경을 이겨 나가는 '초인적인 영웅들' 이라는 생각이다. 초인적인 영웅으로 인식되는 장애인은 "프랭클린 델라노 루스벨트와 헬렌 켈러 같은 개인들이며, 정상화를 향한 지속적인 노력을 보여주는 한 그들이 가지고 있는 장애의 이미지는 사회 내에서 기꺼이 받아들여진다" (Longmore, 1987).

반면, 장애의 사회적 모델은 장애인의 건강 개념을 이해하는 측면에서 개별적 모델과는 대조적 시각을 가진다. 즉, 장애인의 기능적 한계로부터 그러한 개인에게 제약을 부과하는 사회적 환경들로 장애의 초점이 이동된다(Hahn, 1994). 사회적 모델에서는 장애인들을 원조나 수혜의 대상이 아니라 하나의 주체로 간주한다. 더 이상 개인이 갖는 신체적, 정신적 손상이 개인의 책임이라거나, 혼자서 감당해야 할 불행이라고 보지 않는다. 이 모델에서 장애란 차이(difference)로 인식된다. 또한 사회적 모델에서는 장애의 결함과 적응을 다룰 수 있는 진정한 전문가는 장애인 당사자라고 주장한다(Olive, 1996 a).

그러나 이러한 장애 개념 설명에서 개별적 모델과 사회적 모델은 여러 가지 한계

점을 가진다. 개별적 모델은 장애의 사회적 맥락을 고려하지 못한다는 지적이 있으며, 장애인과 전문가의 관계가 매우 의존적이라는 비판이 제기된다. 사회적 모델은 첫째, 장애인이 경험할 수 있는 우울이나 육체적 고통 등 개인적인 고통들을 과소평가하고 있으며, 둘째, 장애인의 집단적인 정체성을 강조한 나머지 장애인 개개인의 독특한 개별성을 경시한다는 점이다(Oliver, 1996).

3. WHO의 새로운 장애 분류

최근에 세계보건기구는 1980년에 공포한 국제장애분류체계를 질적으로 개선하려는 노력을 구체화시키고 있다. 1999년까지 체계적인 현장 전문가와 이용자 검정 및 충분한 자문을 통해 새로운 장애(disablement) 분류체계를 정립하였는데, 여기서 장애는 손상, 활동, 참여의 세 영역과 환경과 개인이라는 두 가지 차원의 상황적 요인들로 복합적으로 분류된다.

1) 영역

장애영역(domains)에서 손상과 활동은 개인 수준에서의 기능수행 범위와 본질을 의미하는 것으로 기간과 본질, 그리고 질적인 측면에서 제한될 수 있다. 또 새로운 장애영역 중 하나가 참여이며, 참여는 손상, 활동, 보건과 상황적 요인들과 관련하여 생활상황들 속에서 개인의 관여 정도와 본질을 의미한다. 참여 역시 기간, 본질(내용), 그리고 질적인 측면에서 제한될 수 있다.

세계보건기구가 제안한 국제장애분류개정안(International Classification of Impairments, Disabilities, and Handicaps: ICIDH-2)은 그전까지 세계적으로 통용되고 있던 국제장애분류의 한계를 인식하고, 장애와 관련하여 보다 생태학적 관점으로 접근하려고 시도하고 있다. 1980년 국제장애분류의 한계에 따른 새로운 국제장애분류 개정의 목적은 다음과 같다.

① 건강 이상의 결과나 파급효과를 이해할 수 있도록 과학적 기초 및 근거를 제공한다.
② 다학문적 영역의 전문가들의 의사소통이나 장애인 간의 의사소통 증진을 위한 공통어를 제정한다.
③ 장애가 개인생활이나 사회참여에 미치는 결과나 파급효과를 이해할 수 있도록 기초나 근거를 제공한다.
④ 장애인의 사회참여를 향상하는 데에 더 나은 보호와 서비스 제공을 위하여 건강 이상에 따른 결과나 파급효과를 정의한다.
⑤ 국가 간 혹은 전문영역 간 혹은 시대 간의 자료를 비교할 수 있는 토대를 마련한다.
⑥ 보건정보체계를 위한 체계적 코딩체계를 제공한다.
⑦ 건강 이상에 따른 결과나 파급효과에 관한 연구를 장려한다.
⑧ 장애인의 사회참여에 미치는 사회 내의 촉진제 혹은 장벽에 관한 정보나 자료를 수집한다.

따라서 1999년까지 체계적인 현장전문가와 이용자 검정 및 충분한 자문을 통해 새로운 장애(disablement) 분류체계를 정립하였다. 1980년 제정된 국제장애분류(ICIDH-1)는 국제질병분류가 여러 건강상의 제 조건을 지닌 사람들의 다양한 경험들을 포괄하고 있지 못한 점을 지적하여 장애를 손상, 불능이나 기능제약, 사회적 불리라는 삼차원으로 정의하였다. 이후 20년 가까운 시간이 흐르면서 의료서비스는 물론 장애에 대한 이해에서의 커다란 변화가 요구되어, 국제적 합의를 토대로 이를 개정하게 되었다. 이하 이것은 국제장애분류개정안(International Classification of Impairments, Activities, and Participation: ICIAP)으로 자칭할 것이다(이달엽, 2003).

국제장애분류개정안(ICIAP)은 장애와 핸디캡이 내포하고 있는 부정적 이미지(connotation)를 제거하고 건강조건 그 자체보다는 건강조건의 결과나 파급효과를 설명하기 위해 통합적이고 표준적인 준거를 제시한다. 이때에는 건강 이상의 조건과 관련한 기능변화라는 관점에서 신체, 개인, 사회차원의 모든 불편들을 포괄하며, 국제장애분류와 마찬가지로 국제질병분류와는 달리 질병이나 질환을 분류내용으로 삼지는 않고 있다.

여기서는 의료적 모형이나 접근을 사회적 모형이나 접근과 대립적인 관점으로 이해하는 것이 아니라 통합된 형태로 접근하는 것으로 생체 · 심리 · 사회적 입장이며, 생체 의학적 접근과 태도적 · 이념적 접근을 포괄하는 것이다. 따라서 disability와 handicap이라는 용어의 사용을 제한하고 disablement라는 중립적 표현을 채택한다.

새로운 WHO 국제장애분류개정안을 이해하기에 앞서 다루어질 용어들의 개념을 간략하게 살펴보면 다음과 같다.

① 장애(disablement)

관습적 행동 혹은 효과적 활동과 같이 특수한 문화적 맥락과 사회적 장면들을 고려해야 한다.

② 손상(impairment)

장애가 경험되는 수준이나 차원의 하나로서 신체구조나 생리적, 심리적 기능에 손실이나 이상이 있는 것이다.

③ 행동(activity)

하나의 차원으로서 기능제약(disability)을 말하며, 개인수준의 특질과 기능전반이다. 기간과 본질, 그리고 질적인 측면에서 행동이나 활동이 제한될 수 있다.

④ 참여(participation)

하나의 차원으로서 사회적 불리(handicap)를 가리킨다. 손상, 활동, 건강조건과 전후관계의 요소와 관계있는 개인의 삶의 상황과 관련되며 본질과 기간, 그리고 기질에서 제한될 수 있다.

⑤ 배경 요인(contextual factors)

환경과 개인이 갖는 요인을 고려해야 한다.

⑥ 장애차원(dimension)

장애에 따른 결과나 파급효과의 경험수준을 말하는 것으로, 즉 어느 정도의 제한을 경험하는가를 구분하기 위해 신체, 개인, 사회를 이용한다.

이러한 분류개정안은 장애분야, 범위와 범주, 분류 단위와 그 조직, 그리고 상호

관계를 구조화함으로써 장애를 분류하고 있다. 즉, 건강상태와 관련하여 ① 신체구조의 기능-기능의 손상과 구조의 손상, ② 개인행동-활동, ③ 사회참여-참여라고 하는 세 가지 차원을 포괄하는 포괄적인 용어로 분류한다. 그러므로 그것은 병과 장애, 재해, 그리고 다른 건강과 관계된 문제와 관련한 신체와 개인, 그리고 사회의 수준에서 기능하는 건강의 세 가지 측면을 설명하는 건강 분류이다.

이것은 모든 사람들을 대상으로 하는 것으로서 어떤 사람이라도 장애를 입을 수 있거나 장애를 가질 수 있다는 것을 전제로 한다. 새로운 국제장애분류에 따르면 장애의 문제는 다른 사람들과 다른 집단이나 사람을 표시하는 특성이 아니라 보편적인 인류의 경험이다.

국제장애분류는 한편으로는 사람들의 특성 / 경험을, 다른 한편으로는 사람들이 스스로 찾는 상황 / 환경을 분류하였다. 즉, 이것은 크게 개인적 요인과 환경적 요인으로 분류될 수 있는데, 환경적 요인이란 개인에게 외부적인 것들, 다시 말하면 사회의 태도나 건축, 법적 체계 등을 들 수 있다. 반면 개인적 요인이란 장애를 경험하는 것에 영향을 미치는 성, 나이, 건강, 생활습관, 양육, 대처양식, 사회적 배경, 교육, 직업, 과거나 현재의 경험, 전체적인 행동유형과 특성 스타일, 개인적 · 심리학적 자산 등을 포함한다. 따라서 사람들 그 자체가 분류의 단위가 아니라는 것이 중요하다.

<표 1-2> 새로운 국제장애분류개정안의 차원별 기본개요

영역 내용	손상	활동	참여	전후 맥락 요소
기능 수준	신체영역	개인 (전체로서의 사람)	사회 (사회와의 관계형성)	환경 요인 (기능에 대한 외부영향) 개인요인 (기능에 대한 내부영향)
특성	신체기능 신체구조	개인의 일상활동	상황과의 관계	신체적, 사회적, 개인적 의견에 대한 미래
긍정적 측면	기능과 구조적 보존	활동	참여	촉진체
부정적 측면	손상	활동제한	참여 제한	장벽
기질	엄격 국한 지속	난이도 원조 지속 전망	참여전반 촉진제와 환경의 장벽	없음

한편, 국제장애분류개정안은 자세히 살펴보면 다음 그림과 같이 손상(I)과 활동(A), 그리고 참여(P) 세 가지 영역에 따른 구조화된 평행적 분류이다. 그것은 장애의 기능에 대한 설명이고 그 조직은 중요하고, 상호 관계되며 쉽게 접근할 수 있는 방법을 제공하기 위한 구조를 제공한다.

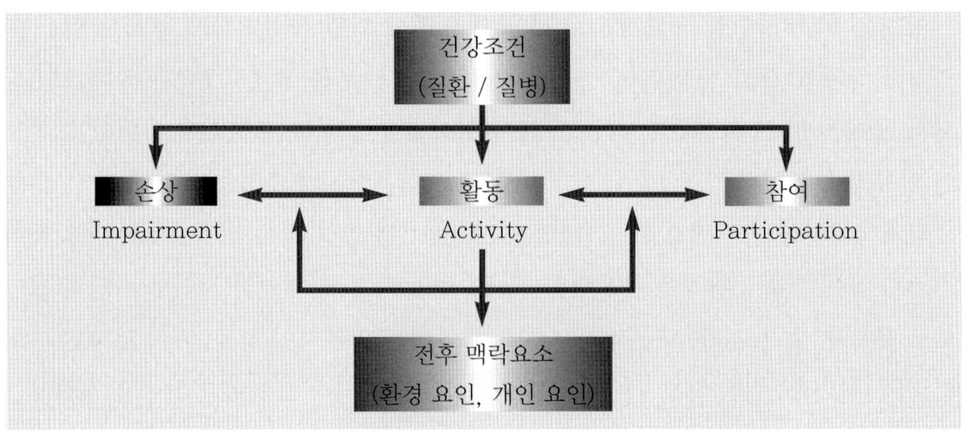

[그림 1-1] 국제장애분류개정안의 각 차원간 상호작용

장애의 정의는 누가 어떤 특정한 상황에서 활동의 단점 또는 제한을 초래하게 되는가의 문제를 지닌다. 따라서 미(beauty)와 마찬가지로 장애(handicap)는 보는 사람의 관점에 달린 것일 수 있다. 안경을 착용하는 사람에게 안경이 중요하듯이 청력 향상을 돕는 기구를 사용하는 사람들도 그렇다. 하지만 대부분의 경우에 휠체어나 보청기를 사용하는 사람은 즉각적인 낙인 효과를 가진다. 환경은 장애(impairment)의 영향을 제한할 수도 있고, 촉진시킬 수도 있다. 따라서 장애(disability)를 넓게 환경적인 문제로 보는 안목이 필요하다.

4. 우리나라 법적 장애 범주

우리나라의 경우 장애의 정의는 '장애인복지법' 에 나타나 있다. 1989년의 법에서는

"장애인이라 함은 지체장애, 시각장애, 청각장애, 언어장애 또는 정신지체 등 정신적 결함으로 인하여 장기간에 걸쳐 일상생활 또는 사회생활에 상당한 제약을 받는 자로서 대통령령으로 정하는 기준에 해당하는 이를 말한다."로 되어 있었다. 이와 같은 법적인 장애범주가 1999년 개정된 장애인복지법에서는 장애종류를 지체장애인, 뇌병변장애인, 시각장애인, 청각장애인, 언어장애인, 정신지체인, 발달장애인, 정신장애인, 신장장애인, 심장장애인으로 분류하고 확대하였다. 이 법에 의하면 장애인의 정의는 "외부 신체기능의 장애, 내부기관의 장애와 정신지체, 정신질환에 의한 장애로 인하여 장기간에 걸쳐 일상생활 또는 사회생활에 상당한 불편을 겪는 사람"(제2조)으로 규정하고 있다. 더 나아가 2003년부터는 2차 장애범주 확대에 따라 안면장애, 간질, 장루 / 요루, 간장, 호흡기 등이 장애범주에 포함되어 현재는 총 15종의 장애로 구성되어 있다.

<표 1-3> 장애인복지법에 따른 장애분류 및 장애범주

대분류	중분류	소분류	세분류
신체적 장애	외부 신체기능의 장애	지체장애	절단장애, 관절장애, 지체기능장애, 변형 등의 장애
		뇌병변장애	중추신경의 손상으로 인한 장애
		시각장애	시력장애, 시야결손장애
		청각장애	청력장애, 평형기능장애
		언어장애	언어장애, 음성장애
		안면장애	안면부의 추상, 함몰, 비후 등 변형으로 인한 장애
	내부기관의 장애	신장장애	만성신부증 및 신장이식자
		심장장애	일상생활에 제약을 받는 심장기능 이상자
		호흡기장애	일상생활이 현저히 제한되는 만성 · 중증의 호흡기 기능 이상
		간장애	일상생활이 현저히 제한되는 만성 · 중증의 간기능 이상
		간질장애	일상생활이 현저히 제한되는 만성 · 중증의 간질
		장루 · 요루장애	일상생활이 현저히 제한되는 장루, 요루
정신적 장애	지적장애	지능지수가 70이하인 경우	
	정신장애	정신분열병, 분열정동장애, 양극성정동장애, 반복성우울장애	
	발달장애 (자폐성장애)	자폐증	

출처: 보건복지부(2007).

■ **요약, 퀴즈**

1. 장애의 개념을 정의하시오.

2. 장애의 개념적 모델을 각각 비교하여 설명하시오.

재활의 개념

1. 재활 개념의 정의

재활이란 영어로 'Rehabilitation' 이라고 하는데, 이는 re의 '다시' 라는 의미와 habilis '알맞은 / 적합한', 그리고 접미어 -ation '~을 하게 하는 것' 으로 구성되어 '다시 알맞게 / 적합하게 하는 것(to make fit again)' 을 의미한다. 그러므로 재활이란 어떤 원인으로 인해 인간다운 권리, 자격, 존엄성에 상처받은 사람에게 그 권리, 자격, 존엄 등을 회복하게 하는 것을 가리킨다. 재활이라는 용어는 1943년 전미재활회의(National Conference for Rehabilitation)를 통해 처음 등장하였으며, 여기서 재활을 "장애를 가진 사람에게 그가 가진 잔존능력을 최대한 발휘하게 함으로써 신체적, 정신적, 사회적, 직업적 및 경제적 능력을 회복시키는 것" 이라고 정의하였다. 이에 따르면, 재활은 "장애인이 사회적 일상에 적극적으로 참여할 수 있는 능력을 보호하거나 유지 및 재형성하기 위해 의료적, 교육적, 사회적 및 경제적 관점에서 행해지는 목적적 행위" 로 정의될 수 있다(최윤영 외, 2010).

러스크(Rusk, 1982)는 "신체적, 정신적 및 직업적 잠재력을 최대한으로 회복시켜 충분한 생활을 영위할 수 있게 하는" 수단으로 이해함으로써 개인의 잠재력과 적응 및 현실화에 더욱 주목하였다. 이는 재활을 "시민-생산적 활용관계로의 통합" 으로 간주한 몰렌하우어(Mollenhauer, 1973)의 견해와 맥을 같이한다.

유엔 장애인 10년(1983~1992)의 수행을 위해 마련되었던 '장애인에 대한 세계활동계획안' 에서는 재활을 장애인이 최적의 정신과 신체 및 사회적 기능 수준에 도달할 수 있게 하기 위한 목표지향적이고 시간제한적인 과정으로 정의하고 있다. 다시 말해, 재활은 각종 신체적, 사회적 제한에도 불구하고 당사자의 개인 내외적 측면에서의 충분한 역량과 기능을 함유하게 함으로써 사회구성원으로서의 발달과 참여를 촉진시킬 수 있어야 함을 의미한다.

이와 같은 다양한 견해와 정의에 따라 재활은 '육체적, 정신적 안녕 상태를 재형성하고 나아가 디욱 포괄적인 사회통합으로 가는 과정' (Bandura & Lehmannn, 1988)으로 종합해 볼 수 있다. 이것은 장애 당사자가 삶을 영위하기 위한 어떤 한 가지 기능이나 기술 영역에 국한된 육체적, 정신적 기능 회복뿐만 아니라 심리, 사회, 직업 등 삶의 전 영역에서 잠재력을 발산하고 고루 기능할 수 있도록 촉진하는 전인적 인간상의 추구를 목표로 한다. 또한 당사자로 하여금 사회 속에서 자립 생활을 영위하기 위한 지속적이고 다차원적이며 보다 미래지향적인 원조 및 수용활동으로 이해할 수 있다.

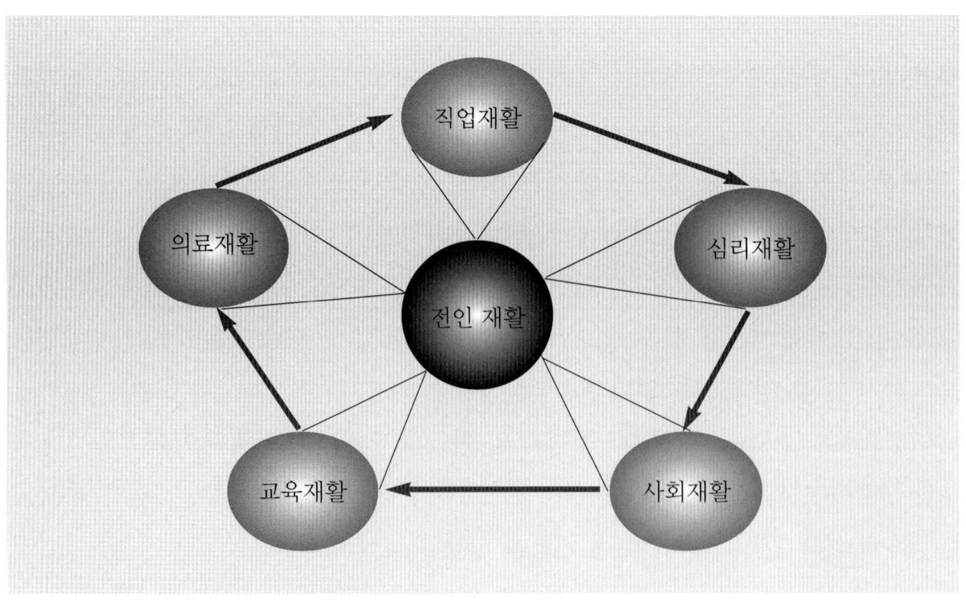

[그림 2-1] 전인적 재활의 구성도

2. 재활의 이념과 의의

재활의 이념은 모든 사람들에게 기회균등이 권리로 보장되어야 한다는 것과 인간은 단편적인 부분으로 나눌 수 없는 전인격적 존재이며, 모든 인간은 욕구나 잠재력의 면에서 독특한 존재라는 것이다. 한마디로 정의한다면, 재활의 이념은 인간의 가치 실현이다. 인간은 사회의 한 구성원으로서 자기의 역할을 발견하고 성취하고자 할 때 삶의 보람을 느끼고 의욕 있는 삶을 영위할 수 있는 것이다.

모든 인간에게 주어진 개별적 잠재력과 욕구에 대해 모든 사람에게 동등하게 서비스를 제공하여 잔존능력을 최대한으로 신장시켜줌으로써 개인적 실현은 물론, 사회적 실현까지 이룰 수 있게 한다. 사회적 가치의 실현이란 모든 사람이 인간다운 삶을 영위하도록 한다는 복지국가 실현에의 기여뿐만 아니라 자본주의 사회에서 느껴지는 경제적 유용성들 또한 크다. 즉, 장애인에게 서비스를 공급하여 유급고용에 종사할 수 있도록 함으로써 그 사람이 국가 복지의 수혜대상자로 남아 있을 때보다 세금납세자가 되게 하여 오히려 사회경제적 이익을 가져다준다는 것이다.

인간으로서의 존엄성을 지닌 모든 인간이 사회서비스를 누릴 동등한 권리를 통해 독립성(independence)을 획득하여 자신이 스스로 양질의 삶을 선택할 자유를 실현할 수 있도록 조력하는 것이 재활 서비스의 목적 가운데 하나가 될 것이다.

여기에서의 독립이란 스스로 자신의 삶을 통제할 수 있는 것으로서 의사결정권, 사회적 역할수행, 직업생활의 영위 등의 범위를 포함한다. 이것을 위해서는 장애인을 사회에 짜맞추는 것이 아니라 사회의 여건을 장애인이 독립생활을 영위할 수 있도록 변화시켜야 한다. 개인의 독립성은 장애인 자신의 역량강화로 개개인이 독특한 능력을 지닌 존재로 인정받으며 동시에 장애인 스스로 자신들의 목소리를 높여 자신들의 권리는 자신들이 주장하고 찾아 나갈 수 있게 될 때 더욱 신장될 것이다.

재활의 관점에서는 장애인 개인은 자신의 욕구를 표현하고 자치성을 보호받을 자유로움, 그리고 자신의 삶의 질적 향상을 위한 스스로의 선택권을 지녔다고 본다. 이것으로서 재활이 지향하는 개인적 잠재력의 최대한의 발휘를 통한 독립생활이 가능해지는 것이다.

재활의 의의를 보면 다음과 같다.

① 장애인도 인간으로서의 존엄성과 가치를 가지고 행복을 추구할 권리가 있기 때문에 기본권의 보장 차원에서 재활 서비스가 필요하다.

② 장애인도 사회활동에 완전히 참여하고 평등을 보장받기 위하여 재활 서비스가 필요하다.

③ 장애인도 일반인과 똑같은 인간적 욕구와 개성을 가진 존재이다. 그러므로 장애인도 개인의 능력에 따라 개성이 존중되어야 한다.

④ 장애인도 인간으로서의 성장과 발달을 촉진하여 심신의 조화로운 발달을 도모해야 하기 때문에 전인적 성장이 존중되어야 한다.

⑤ 인간의 생명은 고귀하고 가치로운 것이다. 그렇기 때문에 장애인도 인도주의 이념을 실현하기 위해서 재활 서비스가 필요하다.

⑥ 재활 서비스는 장애인의 신체적, 사회적, 직업적, 심리적 제문제를 해결하여 사회적 통합을 촉진시킬 수 있다.

⑦ 심신의 결함을 조기에 발견하고 이를 개선하여야 하며, 나아가 모든 인간은 예비 장애인이기 때문에 이를 미리 예방할 수 있는 재활 서비스는 필요불가결한 것이다.

3. 재활의 영역

재활은 신체적 · 정신적인 질환에 대해 의학적 치료는 물론 기능적인 회복과 심리적이며 사회적이고, 또한 직업적인 면까지의 회복을 포함시켜 사회인으로서 인간 또는 총체적 인간(human as a whole)으로의 복귀를 의미하는 것이다. 재활은 사람답게 될 권리와 자격과 존엄성을 회복하는 것을 말하며, 질병이나 사고 등에 의한 기능저하를 기능발달(rehabilitation)로 이끄는 것이다(전용호, 2000).

장애인이 지닌 잠재능력을 최대한으로 발휘하도록 치료, 훈련 등 여러 방법을 활용하여 될 수 있는대로 빨리 회복시키거나 개선을 도모하는 모든 조치가 포함됨으로 그 과정은 활동적이고 총체적이며 광범위하다. 그러므로 장애인의 특수한 제한점이나 능력 등 독특한 요구에 적합하게 각 영역으로 분화된다. 그 영역은 의학적, 심리적, 사회적, 교육적, 직업적 측면에서 서로 관련된 재활 서비스를 다양하게 제공한다. 따라서 재활의 영역은 의료, 심리, 사회, 직업재활 영역으로 나누며 이들 영역간에는 상보적 관계를 가진다.

1) 의료재활

의료재활은 장애인 재활의 첫 단계로 중심적 역할을 담당하는 분야로 질병이나 장기만을 치료의 대상으로 하던 의학에서 인간을 대상으로 하는 의학으로서 장애의 발생과 동시에 시작되며 치료와 병행하여 진전되어야 한다.

신체상의 장애를 최소한으로 줄여 주고 잠재하여 있는 신체상의 능력을 최대한으로 개발하여 일상생활과 일에 적응할 수 있게 하는 것이 의료재활이라 할 수 있다.

의료재활 서비스는 치료의학과 예방의학의 발달과 더불어 제3의 의학으로서의 재활의학이 최근에 와서 크게 신장하고 있다. 러스크(1969) 박사는 재활의학의 발달을 다음과 같이 설명하고 있다.

"최근까지 의료계 인사들은 재활이란 사회사업이나 직업재활을 취급하는 것으로서 의료적 업무는 별로 없고 있어도 이들 서비스에 부수되어지는 것으로 생각해 왔다. 그러나 재활의 목적이나 과정에 생소한 의료인이라 할지라도 그들의 의료적 치료가 장애 상태를 지니고 있는 환자들이 그들의 잔존능력으로서 생활하고 직업을 영위할 수 있게 될 때까지 끝나지 않는다는 것을 인식하기 시작했다."

여기서 재활의학의 목적은 장애인의 잔존능력의 개발로 일상생활과 기타 생업활동에 장애인을 참여시키는 것이라는 것을 알 수 있다. 따라서 재활의학은 의료뿐만 아니라 심리적, 사회적, 직업적 제반 서비스와 같이 제공되어 전인재활(total rehabilitation)을 시키는 것을 원칙으로 한다.

일반의학이 질병의 국소적 치료에, 예방의학이 질병의 예방에 관심이 있는 데 비해 재활의학은 질병을 치료하고 있는 환자나, 질병의 후유증을 가지고 있는 사람의 전인적 기능에 관심을 가지고 있는 것이다. 우리나라의 경우 1953년 부산 동래에 국립재활원이 한미재단과 UNKRA(United Nation' s Korea Rehabilitation Agency)의 자원으로 설립되어 의료재활분야의 물리치료, 작업치료, 보조기 제작 등이 미국으로부터 도입되었다.

의료재활이란 신체적, 정신적 기능장애를 가지고 있는 이들에게 가장 적절한 재활치료를 통하여 기능 회복을 도와주는 영역으로, 재활의학과 전문의사, 물리치료사, 자업치료사, 보장구 제작자 등과 같은 전문인들이 담당한다.

양질의 의료재활 서비스가 이루어지기 위해서는 이러한 의료재활 전문인력 간 수평적인 협조관계가 매우 중요하며, 이렇게 될 때만이 장애인들에게 보다 양질의 재활 서비스를 제공해 주게 되는 것이다. 의료재활은 단순히 외상이나 질병에 대한 병소를 치유시키는 것만으로 끝나는 것이 아니고 환자가 장애를 갖게 되었을 때 장기간에 걸쳐 남아 있는 기능을 최대한으로 이끌어 주어 일상생활동작 및 사회로의 복귀가 이루어질 수 있도록 하는 내용까지도 포함하고 있다.

러스크는 의료재활의 목표로서 첫째, 될 수 있는대로 신체적 장애를 예방하고, 둘째, 신체적 장애를 제거 또는 경감시키며, 셋째, 장애가 있더라도 그 제약 내에서 능력을 최대한 발휘하여 인간다운 생활을 할 수 있도록 훈련시키는 것 등을 들고 있다.

2) 심리재활

심리재활은 장애인 자신과 그 가족 및 주위 사람들의 욕구, 정서, 관심, 가치관, 태도 등 재활 과정 중에 가지는 심리적 요인에 대한 접근으로서 심리적 향상과 협조를 도모한다.

러스크(1968)는 "비록 신체적 질환이 치료되었다 할지라도 환자가 자기 일상생활과 일에 적응하지 못한다면 그 치료가 완전치 못한 것이라는 것을 오늘날 의료인들은 받아들이게 되었다." 고 말하고 있다. 케셀러(1968)는 "재활이란 희망의 귀중한 선물이고 이 희망은 행동으로 변한다." 라고 말했다.

장애인의 전인격적 측면에서 사회적, 심리적 요인의 파악과 장애로 수반되는 사회적, 심리적 문제를 장애인 스스로 인식하고 해결할 수 있도록 돕는 일이 심리적 서비스라고 볼 수 있다. 이러한 서비스의 결과 장애인이 자기의 장애를 현실적으로 극복하고 사회적 기능을 다할 수 있을 때 사회 · 심리적으로 재활되었다고 볼 수 있다.

미국 건강 · 교육 · 복지부(Department of Healthy Education and Welfare: HEW, 1974)는 재활상담자로서 역할 수행에 필요한 지식을 다음과 같이 지적하고 있다.

① 인간 성장 발달에 관한 이해, 인체의 해부학적 이해와 생리학적 이해
② 사회적, 직업적 적응에 영향을 주는 정신적, 정서적 상태에 대한 이해
③ 장애 상태의 명확한 이해와 그 불구 상태가 미치는 직업적, 사회적 영향
④ 의료적 치료에 대한 이해, 상담관계의 바람직한 관계의 수립 능력
⑤ 상담 기술, 직업분석력, 적성, 기술, 흥미, 교육적 배경, 상호관련성에 대한 이해
⑥ 지역사회 자원활용력, 지역사회 조직에 대한 지식
⑦ 지역사회의 재활사업의 필요 분야의 발전과 그 해결을 위한 자원 발견력
⑧ 사례연구 기록평가 보고서에 대한 지식, 재활 행정에 대한 이해

이상에서 나타난 심리적 서비스의 주요 내용은 다음과 같다.

① 장애인의 심리측정
② 장애인의 심리평가
③ 장애인의 직업 및 사회 적응 안내
④ 장애인 상담
⑤ 장애인 가족 및 관련자 상담
⑥ 장애인 심리재활 서비스 프로그램 구안 및 운영

3) 사회재활

사회재활 서비스는 장애인의 사회적 기능을 회복시켜 주는 서비스로서 자기 장애

에 대한 적응이나 가정생활, 직장생활, 또는 사회생활에서 적응력을 길러 주는 것을 목적으로 하며, 한편으로는 사회가 이들 장애인을 수용하도록 행정적, 입법적, 교육적으로 노력하는 과정이다.

장애인이 심리적으로 자기의 장애를 현실적으로 받아들여 더 이상 장애된 상태에 집착하지 않고 새로운 자기인생의 가능성을 찾아 이를 승화시켜 가도록 심리적으로 돕고 장애인의 사회 적응을 돕기 위해 물리적 환경을 개선해 나가는 것들이 장애인의 재활과정에 반드시 있어야 한다. 이를 위해 사회사업적 전문서비스가 필요하고 사회의 장애인 수용태도의 적극회를 위해서는 디양한 사회생활을 통힌 사회계몽이나 입법이 필요하다. 이 법률로서 공공건물에 건축물상의 장애물을 제거시킨다거나 공공교통시설에 장애인의 승하차를 위해 특별한 배려를 함에 의해 장애인의 사회적 기능을 좀 더 발휘할 수 있게 된다.

사회적 재활 서비스의 목적은 장애인이 스스로 자기 문제를 이해하고 그 문제를 해결하는 데 주위의 자원을 활용할 수 있도록 돕는 것이다. 이러한 스스로를 돕는 과정에서 장애가 되는 요소들을 장애인 개인이 개인적으로 행정적 또는 입법적으로 제거시켜 나아가는 것이 사회재활 서비스의 과업이라고 할 수 있다.

라이트(Wright, 1980)는 사회재활의 목적을 장애인을 도와 가정, 지역사회, 직장의 요구에 적응할 수 있게 하여 사회에 통합 또는 재통합하는 데 있다고 정의하고 있다.

이상에서 나타난 사회재활 서비스의 내용은 사회적 기능능력을 갖게 하는 데 주 목적을 가지고 있으며, 주요 내용은 다음과 같다.

① 물리적, 제도적, 문화적 장애물의 제거
② 장애인에게 적절한 환경의 조성
③ 건축물상의 편의시설, 교통편의시설 제공
④ 긍정적 장애관의 확립
⑤ 장애인의 사회활동 고무
⑥ 장애인의 사회기능 함양

4) 직업재활

오늘날 의료 및 재활공학의 눈부신 발전과 함께 과거 고용을 생각할 수 없었던 중증장애인들의 독립생활을 가능하게 하고 있으며, 이것은 구체적 소득활동과 연결될 수 있다. 인간은 직업을 통해서 사회에 참여하고 그 안에서 삶의 기쁨과 만족이 있는 소득을 얻을 수 있으므로 장애인에게 적절한 방법으로 적절한 일을 수행하도록 하는 것은 장애인의 사회구성원으로서의 역할에 매우 중요한 활동이라고 할 수 있다. 이처럼 인간의 사회적, 경제적 욕구는 직업으로서 충족된다. 그러한 면에서 장애인의 직업 훈련은 의료적, 교육적 서비스 못지않게 중요하다. 의존적 생활로부터 독립적 생활로 전환할 수 있는 유일한 방법이 바로 직업재활 서비스이다.

'일' 은 사회발전의 원동력이며, 인간생활의 핵심을 이루고 있다. 그래서 우리 헌법 제28조는 근로의 권리를 보장하고 있는 것이다. '일' 을 할 수 없어 자기 생활을 남에게 의존하는 사람에게 우리는 진정한 인간다운 생활을 기대할 수 없는 것이다. 직업재활은 심신의 결손이나 문화적 결손으로 인하여 비장애인과 같이 일하는 데 장애를 가지고 있는 사람들을 의료적, 직업적, 사회심리적 조치를 통해서 일할 수 있도록 돕는 과정이라고 말할 수 있다.

미국의 재활법 103조에서 규정하고 있는 직업재활 서비스의 내용을 보면 다음과 같다.

① 직업재활 잠재능력의 평가, 상담, 지도, 배치 및 사후지도
② 직업 및 기타 훈련 서비스, 신체적 · 정신적 회복 서비스
③ 재활 서비스 수용 기간 동안의 생계지원
④ 농아인을 위한 통역 서비스와 시각장애인을 위한 읽어주기 서비스
⑤ 재활, 보건, 복지, 안전, 공공치안 등의 분야에 장애인 고용기회를 증대시키기 위한 훈련, 시각장애인을 위한 보행훈련 및 재활지도 서비스
⑥ 면허, 기구, 장비 등을 위한 자금지원 및 교통편리 제공
⑦ 전기, 통신, 감각 등의 기타 기술적 보장구의 제공
⑧ 자영 소기업의 경영지도 및 시설의 건립

5) 교육재활

교육재활은 인간 사회 속에서 기회의 균등을 확립하는 데 있어 핵심요소이다. 가난의 문제를 해결하는 열쇠로 교육을 통해 사람들은 더욱더 생산적으로 될 것이며 지식, 적절한 가치들과 행동들을 습득한다.

교육재활은 장애인이 가진 능력을 향상시키고 또한 잠재능력인 가능성을 개발하여 장애인이 자신의 능력과 적성을 최대한 발휘할 수 있도록 육성하는 것을 목적으로 한다.

인간의 지적 · 정신적 능력은 성장단계에 있는 교육을 통하여 발달한다. 교육의 기회균등은 자유와 평등을 표방하는 민주국가의 기본명제이다. 이것은 모든 아동에게 교육을 받을 수 있는 기회를 평등하게 부여함으로써 어떠한 한계가 있더라도 그 능력과 한계의 범위 내에서 보상교육을 받을 수 있음을 의미한다. 우리나라 헌법 제31조 1항에 "모든 국민은 능력에 따라 평등하게 교육을 받을 권리를 가지고 있다."고 명시되어 있는 것으로 보아 그들에게 평등한 대우를 부여하기 위함이 교육재활이다.

장애인을 대상으로 한 교육은 장애인이 가지고 있는 특성에 맞추어 교육내용이나 교육방법이 특수한 성격을 띠므로 이를 특수교육이라고 한다. 특수교육은 장애로 인해 일반학교과정을 일반학급에서 교육받기 곤란한 아동이나 교육상 특별한 배려가 필요한 아동에게 특성에 맞는 교육환경을 마련하여 아동의 가능성을 최대한 발휘하도록 하기 위한 교육의 한 분야이다. 그러나 이러한 특수교육은 20세기 후반에 이르러 장애인도 비장애인과 함께 생활해야 한다는 사회통합의 이념이 강조됨에 따라 장애아동에 대한 특수교육도 분리교육보다는 비장애아동과 함께 공부하는 통합교육이 강조되어 오늘날에는 통합교육에 역점을 두고 있다(박옥희, 2001).

■ **요약, 퀴즈**

1. 재활의 이념, 철학, 가치를 설명하시오.

2. 재활의 영역을 제시하고 영역별 특성을 설명하시오.

직업재활의 개념

1. 직업의 의미

사람은 누구나 살아가는 동안 끊임없이 일을 한다. 일이란 휴식과 놀이 또는 여가를 위한 활동을 제외한 모든 생산적인 활동을 말하는데 경제적으로 보상되는 일에 종사하게 될 때 이것을 직업이라 한다. 대체로 성인들이 경제적 소득과 관련해서 수행하고 있는 일상적인 생산적 활동이 직업이다. 직업(職業)은 중요한 삶의 한 과정이고 삶의 현장이다. 대부분의 사람들은 육제적, 정신적 성장기를 거쳐 직업을 갖게 되고 이를 통해 자기를 표현하고 존재가치를 나타낸다. 따라서 사람은 자기에게 알맞은 직업을 준비하고 선택하여 자신의 존재가치를 표현하며 인생의 보람을 찾고 즐거움 속에서 일을 할 수 있는 자세와 사명감을 갖게 된다. 뿐만 아니라 일을 통해 인간은 적극적으로 사는 방법을 배우고 사회라는 공동체 속에서 조화를 이루어 나간다.

구의령(1988)에 의하면 일은 창조주가 인간에 대해 가졌던 본래의 의도의 일부라고 본다. 성경 창세기에는 인간에게 생육하고 번성하여 땅을 다스리며(경작하며) 지키라고(보호) 하여 일은 저주스러운 것이 아니라 인류에 대한 창조주의 본래 계획이라고 보았다. 인간이 원시적인 생활을 하던 시대에는 스스로 일을 해서 얻은 것을 자신의 의 · 식 · 주 생활 전체를 위해 사용하였다. 이러한 것을 단순히 생업이라고 한다. 생업이 인류 역사의 발달과 생산도구의 발전과 더불어 단순한 자급자족의 단계를 넘어 일정한 직분을 담당하고 전체 사회요구에 분업적으로 참여하는 단계에 이르렀을 때 그것을 직업이라고 한다(이달엽, 2000).

직업이라는 용어는 다양한 뜻으로 표현되기도 한다. 영어 단어 profession은 일이 가지고 있는 사회적 지위의 중요성을 강조하며, occupation은 삶을 위해 일정한 장소를 택하여 노동행위를 한다는 뜻이 있고, business는 금전을 획득하기 위한 사업적이고 영리 행위적인 측면이 강하다. 또한 vocation은 부르심을 받은 일을 의미하며 calling이라는 신으로부터의 소명이라는 봉사의식을 강조한다. 이와 같이 직업의 의미는 생계유지를 목표로 하는 생업의 의미와 함께 한 사회의 구성원으로서 그 사회의 존속과 발전을 위해 행하는 역할분담과 공헌을 의미한다.

직업의 현대적 의미는 다음의 세 가지로 나눌 수 있다(강위영 외, 2009).

첫째, 생계의 수단이라는 경제적 의미이다. 경제활동은 인간의 욕구를 채워주는 하나의 방법이며, 사람은 직업을 통해서 얻어지는 소득으로 자신의 삶을 윤택하게 할 수 있다.

둘째, 사회적 기여의 의미이다. 현대사회에서는 직업이 없으면 사회생활이 거의 불가능하거나 극히 제한적일 수밖에 없다. 현대사회에서 직업은 사회활동의 가장 중요한 수단이며 사회봉사의 수단이다. 모든 직업은 사회가 필요로 하기 때문에 존재하며, 존재하는 모든 직업은 소명을 가지고 봉사할 가치가 있다.

셋째, 자아실현의 의미이다. 사람은 직업을 통해 자기의 능력을 발휘하고 일하는 보람과 삶의 의미를 깨닫는다. 현대사회는 사회·경제적 수준이 향상되면서 직업선택의 경향도 경제적·물질적 보상보다는 정신적 만족에 더 큰 비중을 두는 방향으로 변하고 있다.

2. 직업재활의 개념

1) 직업재활의 의의

일반적으로 사회복지실천의 목적을 '환경 속의 인간(person-in-environment)'을 대상으로 인간의 욕구충족과 사회적 기능을 회복 · 증진시키고, 사회제도와 환경을 개혁하고 창조하는 것이라고 전제할 때(황성철 외, 2007), 장애인복지의 목적은 우리 사회의 일원인 장애인을 대상으로 그들의 사회적 기능을 향상시키고 장애인이 사회 안으로 통합되는 데 걸림돌이 되는 사회적 환경을 개선하는 것이라고 할 수 있다. 이러한 장애인복지의 목적을 한 마디로 표현하자면 사회통합이라고 개념화할 수 있다(정무성 외, 2006). 이는 장애인이 가진 심신의 결함으로 인하여 가정생활, 사회생활에 어려움을 가지게 되는 것을 국가나 민간사회복지기관이 그들의 모든 생활에서 곤란을 느끼지 않도록 의료적, 교육적, 직업적, 심리 · 사회적 제 문제에 걸쳐 원조하는 노력이 필요함을 말한다.

한 개인이 장애로 인해 파생되는 문제는 단순한 것이 아니라 매우 복잡하고도 장기적인 특성을 가지고 있다. 왜냐하면 장애인은 의학적 · 생리학적으로 불편할 뿐만 아니라 이로부터 파생되는 취학, 취업, 결혼, 여가 등의 문제에도 직면하고 있기 때문이다. 이와 같은 장애의 특성으로 인해 일반적인 사회 체계에 편승하지 못하고 배제되어 차별을 경험하게 되고 이러한 차별의 경험은 또 다른 문제를 더욱 가중시키는 원인이 되기도 한다. 따라서 이와 같은 장애의 특성을 극복하고 성공적인 재활이 이루어지기 위해서는 심리, 사회, 의료, 교육, 직업, 보조공학 등 다양한 재활 방법이 통합적으로 지원되어야 할 필요가 있다. 그중에서도 직업재활은 장애인의 사회통합에 있어서 매우 핵심적인 요소라고 볼 수 있다. 그것은 인간에게 있어서 직업이 가지는 역할과 비중이 아주 크기 때문이다.

강위영 등(2001)이 언급한 것처럼 현대사회에서 사회생활을 한다는 것은 대개 자신의 직업적 역할에 의해서 다른 사람과 상호작용하며 살아가는 것을 의미하며, 직업은 우리에게 사회에서의 위치를 정해 주고, 직업을 통해 우리는 다양한 사회관계를 맺고 살아가게 된다.

최근 우리사회에 대두된 가장 큰 문제 중에 하나는 저출산 · 고령화사회를 어떻게 극복할 것인가 하는 것인데, 고령화로 인한 노인의 문제를 다룰 때 가장 큰 욕구 중의 하나도 고용 문제로 나타난다(최선화, 2004). 이는 노인들의 기본적인 생존에 필요한 소득보장의 문제이기도 하겠지만, 다른 측면에서는 직업에서 은퇴하여 사회 속에서 자신의 위치가 불확실함을 느낄 때 나타나는 두려움과 소외감의 문제이기도 하다. 직업이 없는 사람은 사회생활을 할 때 자신의 정체감을 가질 수 있는 중요한 기준을 갖지 못하므로 경우에 따라 사회적으로 고립감과 소외감을 느끼는 것이다. 마찬가지로 장애인에게 있어서도 직업은 재화를 얻어 자기와 가족의 생계를 유지하는 수단일 뿐만 아니라 사회 안에서 자신의 개성을 발휘하고 사회에서 요구하는 역할을 실현해 나감으로 인해 장애인 스스로 사회에 통합되어 있다는 충족감을 가질 수 있는 중요한 수단임을 의미한다.

직업은 인간의 삶에서 분리하여 생각할 수 없는 중요한 것임에도 불구하고 장애인은 신체적 · 정신적 손상으로 인해 실제로 안정된 고용을 확보하고 유지할 가능성이 감소해 직업을 갖는데 어려움이 따른다. 따라서 이들이 안정된 고용을 확보하고 유지하기 위한 서비스가 필요한데 이것이 바로 직업재활(vocational rehabilitation)이다. 즉, 직업재활은 장애인의 직업적 능력을 최대한 찾고 길러줌으로써 일할 권리와 의무를 비장애인들과 똑같이 갖게 하는 것이며, 재활 서비스 중에서도 장애인의 성공적인 사회통합을 위한 최대의 과제인 자립 생활을 영위하도록 하는 중요하고 핵심적인 과정인 것이다(강위영 외, 2001).

앤서니와 리버만(Anthony & Liberman, 1986)은 직업재활을 장애로 인해 비장애인이 수행하는 사회적 역할을 수행할 수 없는 사회적 불리를 지닌 자에게 구체적이고 체계적인 직업을 유지하게 함으로써 사회적 역할을 지속적으로 수행할 수 있도록 하는 과정이라고 하였다. 또한 파커와 재멘스키(Parker & Szymanski, 1988)는 장애인이 경제적으로 고용될 수 있도록 특별한 욕구와 고용잠재력을 개발하고 계획하는 조직적인 과정이라고 하였다. 국제노동기구(ILO)는 장애인 직업재활에 관한 권고(제99호)에서 직업재활을 "직무지도와 훈련, 취업알선 등의 직업적 서비스를 포함한 연속적이고 협력적인 재활과정의 일부로 장애인이 적절한 고용을 확보하고 유지할 수 있도록 돕는 것" 이라고 하였다.

이러한 직업재활의 궁극적인 목표는 장애인이 자신의 능력과 적성에 맞는 직업을 찾아서 취업하고 그 직무에 만족하며 소속된 사회의 구성원으로서 역할을 수행할 수 있도록 하는 것이며, 많은 연구들은 직업재활이 장애인의 존엄성을 높이고 경제적 가용인간으로 만들어 사회적 생산에 기여하게 하는 생산적인 사업임을 밝히고 있다(Bayer, Kilsby & Shearm, 1999). 또한 고용의 환경적 조건이 제대로 갖추어진다면 얼마든지 그들의 능력을 충분히 발휘할 수 있다는 사실을 입증하고 있다(Mank, O'Neil and Jensen, 1998; Apter, 1992; Knobbe et al., 김용득 외, 2005).

2) 직업재활의 가치

우리나라 국어사전에는 가치를 "대상이 인간과의 관계에 의하여 지니게 되는 중요성"이라고 정의하고 있다. 가치는 선하고 바람직한 것이며 질적인 판단이 필요하고 경험적으로 일반화하거나 객관화의 실증은 어려운 개념이다. 그러나 가치는 존슨(Johnson, 한인영 외, 2006)이 이야기한 것처럼 인간의 행동을 선택하는 데 있어서 기준이 되며, 우리가 무엇을, 어떻게 해야 하는지에 대한 믿음을 확인시켜 주는 역할을 하기 때문에 특히 한 집단이나 사회가 어떤 가치를 가지고 있느냐는 매우 중요한 것이다.

최근 우리 사회의 전반적인 가치의 강조 방향은 정신적인 것보다는 물질적인 면을 강조하는 물질 만능주의, 인간 자체의 고유성보다는 인간을 수단화하려는 경향, 감각적인 즐거움을 추구하는 쾌락주의, 내적 정체감보다는 외적인 지지나 숭배를 통해서 정체감을 가지려는 외적 지향주의 등으로 나타나고 있다. 이러한 사회적인 가치 추구의 시각으로 인간을 바라보게 되면 물질적으로 보다 많이 소유한 사람, 건강하고 아름다운 몸매를 가진 사람, 경쟁력 있고 독립성이 확보되어 있는 사람들은 매우 가치 있는 인간으로 인정되며 선호되는 경향이 있는 반면, 빈곤하고 신체에 손상이 있거나 질병이 있으며 독립성이 약화되어 있어 지속적인 의존이 예상되는 경우에는 매우 가치절하되어 버리는 경향이다. 이러한 가치절하의 중심에 서 있는 사람들이 바로 장애인이다.

울펜스버거(Wolfensberger)에 의하면 사회 안에서 이렇게 가치절하의 입장에 놓이게 되면 먼저 사람들로부터 함부로 다루어지게 될 것이고, 거부나 비난의 대상이 되며, 부정적인 사회적 역할에 대한 인식을 고착시키게 된다. 또한 사람은 역할기대에 따라 개인의 행동이 달라지는 결과를 가져오는데, 어떤 개인이 일관되게 부정적인 역할기대에 직면하게 된다면 그 결과적인 행동은 사회적으로 평가받을 수 없는 부정적인 방식으로 나타나게 될 것이라고 했다(김용득 외, 2005).

사회적인 가치절하의 결과는 가치절하를 당하는 사람들에게 많은 상처를 주게 된다. 낮은 사회적 지위로의 추방, 가족, 이웃, 지역사회에 의한 거부, 일탈적인 역할자로 치부, 상징적인 스티그마 부여, 사회와의 분리된 집합화 등의 처우가 주어지고, 이러한 상처를 받은 사람들은 자신이 가치 있는 세계에서 이방인이 되었다는 자각과 불안감, 분노를 느끼게 되며, 특권층에 대한 분개와 혐오감을 가지게 된다. 울펜스버거(Wolfensberger)는 이러한 가치절하의 처우를 극복하기 위하여 '사회적 역할 강화 이론' 을 주장하였다. 가치절하를 극복하기 위해서는 두 가지 전략이 필요한데, 첫째 전략은 가치절하를 유발하는 차이를 줄이거나 예방하는 방법이며, 둘째 전략은 가치절하를 당하는 사람들이 가지고 있는 특성이 가치절하의 대상이 되지 않도록 사회적 인식이나 가치를 변화시키는 것이다. 즉, 가치절하를 극복하기 위한 개인의 능력 향상 접근과 가치절하를 일으키는 사회적 이미지와 환경의 개선이라는 전략이다.

그렇다면 개인적인 측면에서 능력의 향상과 사회적 이미지를 개선시킨다는 전략을 달성하기 위해서는 어떤 수단이 필요한가.

오브라이언(O' Brien)은 다섯 가지 영역에서 정상적인 삶의 달성이 필요하다고 제안하였다(Braye, 1995; 장인협, 2003).

첫째, 격리된 지역이 아닌 지역사회 안에서 정상적인 활동을 경험해야 한다.

둘째, 다양한 영역에서 사람들과 함께 다양한 관계를 맺고 살아갈 권리가 있다.

셋째, 서비스 선택의 기회를 확대해야 한다.

넷째, 그들의 강점, 기술, 이익을 발달시킬 기회를 가져야 한다.

다섯째, 자신의 명예를 고양시키고 긍정적인 이미지를 표현하여 시민 의식이 증대되어야 한다.

이러한 수단적 활동들이 일어날 수 있는 지역사회 내의 장(場)은 다양하겠지만 그 중에서도 가장 큰 역할을 하는 곳은 바로 직업의 장(場)일 것이다. 직장 속에서 동료들과 상호작용하며, 자신의 잠재능력을 발휘하고, 자기 가치를 실현함은 물론 개인의 이미지 변화를 통해 사회 내에 고착되어 있던 잘못된 가치를 개선하는 역할이 가능해질 것이다.

따라서 직업재활은 장애인의 존엄성을 높이는 사업일 뿐만 아니라 비경제적이라고 치부되었던 인간을 가용적인 인간으로 만들어 사회적 부담이 경감되고 사회적 생산에 기여케 하는 가장 경제적인 사업(Bayer, Kilsby & Shearm, 1999, 나운환, 2003)이며, 또한 직업재활을 통해 장애인이 직업을 가짐으로써 가족에게 인정받고 기업에서 신뢰받으며 사회에서 떳떳한 생산적 시민으로 생활할 수 있다는 점에서 사회적 역할을 강화하는 데 매우 큰 기제로서 기능을 한다.

3) 직업재활의 권리

우리나라 헌법 제10조는 모든 국민은 인간으로서의 존엄과 가치를 가지며 행복을 추구할 권리를 갖는다고 선언하고 있다. 이 조항이 의미하는 것은 인간은 그 자체로 존엄한 가치를 지니며, 어떤 상황이나 개개인의 차이를 구분하지 않고 존귀한 생명체로서의 인격을 가지고 있음을 인정하는 것이다. 따라서 심신의 결함이 있는 장애인이라 하더라도 헌법에 보장된 인간다운 생활을 추구할 권리가 있으며, 헌법 제34조에서 규정한 것처럼 국가는 사회보장과 사회복지의 증진에 노력할 의무를 가지고 장애인의 인간다운 생활의 보장을 위해 노력해야 한다.

이러한 장애인에 대한 헌법상의 권리는 인간다운 생활권과 그것의 파생적인 사회보장권인데, 실체적인 권리로서 안일남(2005)은 장애인의 권리보장의 분야를 교육권, 노동권, 평등권, 참정권 등으로 구분하여 기본권의 필요성을 제시하고 있으며, 우주형 등(2001)은 재활 서비스와 관련하여 의료재활권, 교육재활권, 직업재활권, 사회재활권 등으로 구체화하고 있다.

특히 우주형 등(2001)은 재활의 여러 영역 중에서도 결국 직업재활을 통해서 사회로 통합될 때 진정한 의미의 재활이 이루어지기 때문에 장애인이 온전한 생산적 시민으로서의 생활을 영위하기 위해서는 직업재활을 받을 권리가 보장되어야 한다고 주장하였다. 이러한 직업재활의 권리를 크게 구분하자면 두 가지 개념적 요소를 포함한다고 볼 수 있는데, 한 가지는 직업생활을 통하여 자립하는 권리이며, 다른 한 가지는 직업생활과 관련한 사회보장적 조치에 관한 권리이다.

첫 번째, 직업생활권은 일상생활이나 사회생활과는 구별되는 직업과 관련된 생활을 의미하는 것으로, 근로자로서 취업하여 얻게 되는 직업뿐만 아니라 자영업 및 개인의 전문직업도 포함하는 것으로 본다. 또한 단순히 직업을 가지는 데 그치는 것이 아니라 직업을 통해서 자립할 수 있어야 하는 것이기 때문에 직업재활권은 자립할 수 있도록 직업생활을 보장해 주는 권리라 할 수 있다. 이것은 취업을 통한 자립 생활이 가능하도록 하는 직업의 보유와 유지와 함께 근로자로서의 임금보장까지 이루어질 때 진정한 의미의 직업재활권이 형성된다는 의미이다.

두 번째, 사회보장적 조치란 직업재활적 조치, 즉 직업재활 서비스로 볼 수 있는데, 이러한 직업재활조치에는 장애인이 자신의 적성과 능력에 따라 적절한 직업에 종사할 수 있도록 하기 위하여 행해지는 직업지도, 직업 평가, 직업 적응 훈련, 직업 훈련, 취업알선, 고용 및 취업 후 지도 등의 모든 필요한 시책이 포함되어야 함을 의미한다.

3. 직업재활의 과정

직업재활은 장애인이 자신의 잔존능력과 적성을 고려하여 직업을 선택하고 직업생활에 적응하는 것을 돕는 체계적이고 연속적인 서비스 과정이다. 이러한 직업재활 서비스의 과정은 상담부터 적응지도까지 여러 단계로 구성되어 있다. 그러나 이러한 단계가 독립적으로 움직이지는 않고 전체가 하나의 유기체처럼 작용되고 있으며, 또한 장애인 개개인의 특성에 따라 그 과정이 세부적인 면에서 차별화될 수 있다. 직업재활 과정은 고찰하고자 하는 목적이나 기법에 따라 다르게 구분될 수 있다. 예를 들면, 허치슨(Hutchison, 1973; 강위영 외, 2001)은 직업재활 과정을 초기접수, 평가, 계획, 진로지도, 훈련, 배치, 사후지도로 나누었고, 말리킨과 루잘렘(Malikin & Rusalem, 1969; 강위영 외, 2001)은 조회, 평가, 치료, 훈련, 직무배치, 사후지도로 나누었으며, 골든슨(Goldenson, 1978; 강위영 외, 2001)은 상담, 평가, 직업 적응 훈련, 직무배치로 나누었다. 그리고 굳윌 인더스트리(Goodwill Industries, 1999; 강위영 외, 2001)는 초기접수, 평가, 서비스, 직무배치로 나누었고, 국제노동기구(ILO, 1955; 강위영 외, 2001)는 상담, 평가, 직업 적응 훈련, 직업 훈련, 직무배치, 보호고용, 사후지도로 나누었다. 현재 미국에서 진행되고 있는 직업재활 과정은 신청, 확대평가, 개별화된 고용계획(IPE) 개발, 개별화된 고용계획 실행, 고용 후 서비스 등으로 이루어진다(강위영 외, 2001). 우리나라의 경우는 장애인 고용촉진 및 직업재활법에서 직업지도, 직업 적응 훈련, 직업능력개발훈련, 지원고용, 보호고용, 취업알선 등으로 그 과정을 구성하고 있다. 이러한 과정을 도식화해 보면 다음과 같다.

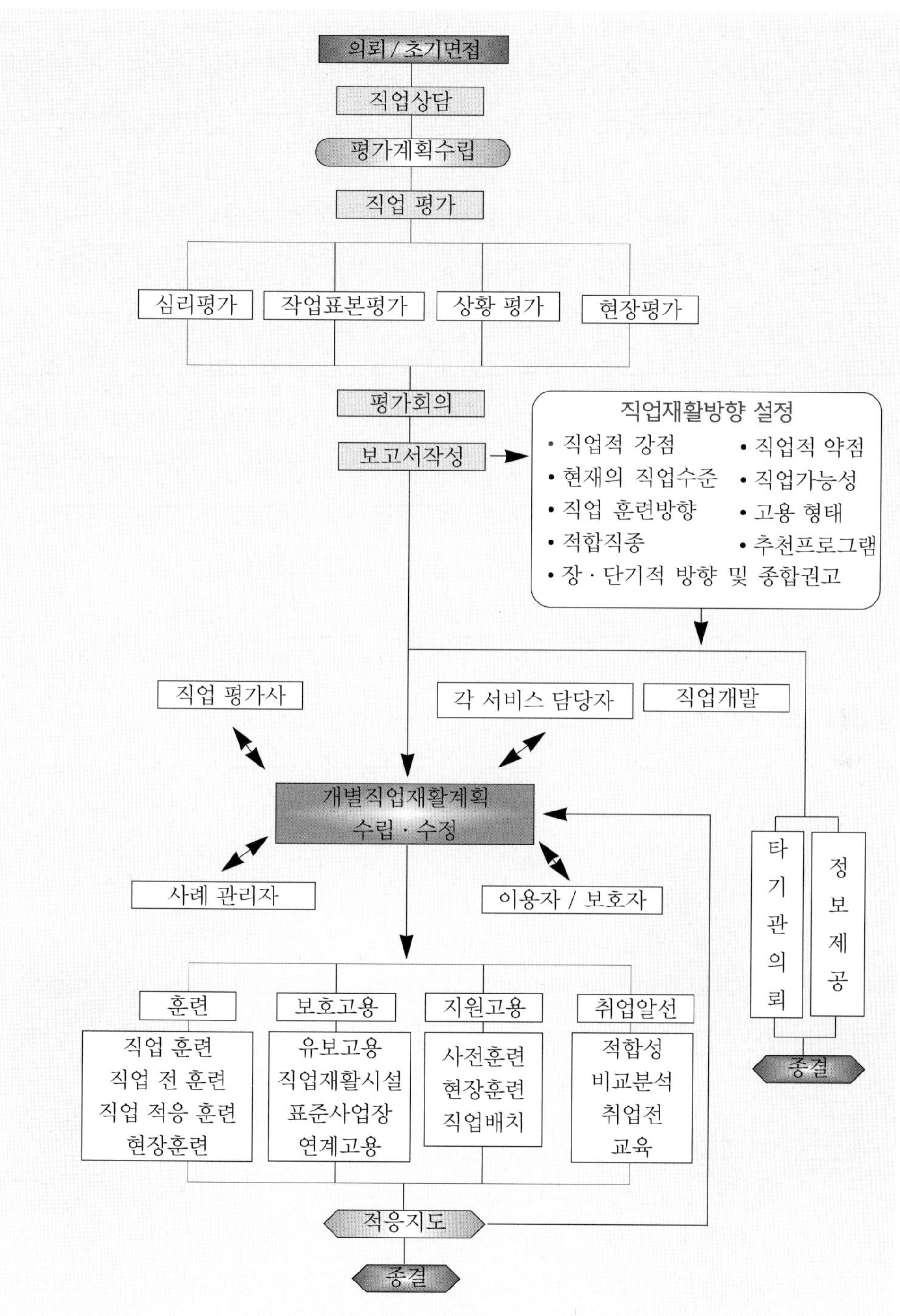

[그림 3-1] 직업재활 서비스 과정

위의 과정에 따라 직업재활 서비스를 설명해 보면, 먼저 초기 면접과 직업상담을 통하여 클라이언트의 욕구 및 환경을 파악한다. 클라이언트의 심리사회적 요인들과 신체적 요인들, 그리고 교육적 · 직업적 기술 발달 요인, 경제적 요인들을 상담을 통해 파악한다. 상담을 통하여 클라이언트의 직업적 선호도, 적성, 흥미와 잔존능력이 파악되지 않을 경우 직업 평가 계획을 수립하고 수립된 계획에 근거하여 영역별 직업 평가를 실시한다. 필요한 평가 영역의 선택은 팀 구성원 간의 직업 평가 계획 회의를 통하여 선정한다. 회의 후 직업 평가를 실시하고 평가사별 소견을 중심으로 평가결과 회의를 실시한다. 회의 결과 최종 도출된 내용을 중심으로 평가결과보고서를 작성하여 클라이언트에게 안내한다. 그 후에 평가사와 각 서비스 영역별 담당자, 그리고 사례관리자와 클라이언트나 보호자가 함께 클라이언트만을 위한 개별화된 직업재활 계획을 수립한다. 그리고 수립된 계획에 따라 직업재활 서비스를 실시하고 사례를 관리한다.

그러나 장애 유형이나 각 개별 특성을 고려하지 않고 하나의 직업재활 서비스 과정 모델에 모든 장애인을 획일적으로 적용해서는 안 된다. 직업재활계획은 각 개별 장애인의 잔존능력과 욕구를 근거로 하여, 독립된 하나의 직업재활 과정을 통하여 수립되어야 하기 때문이다.

1) 직업상담

직업상담은 직업생활을 희망하는 클라이언트에게 자신의 적성과 흥미가 무엇인지 스스로를 성찰하도록 하고 객관적인 평가를 통하여 클라이언트의 장점과 단점을 파악하여 적성과 강점을 극대화할 수 있는 직업을 갖도록 돕는 과정이다.

강위영, 나운환(2001)은 직업상담의 구체적인 목표를 다음과 같이 서술하였다.

① 클라이언트가 일, 직업과 삶, 직업의 종류와 변화, 직업탐색, 작업활동, 작업상황, 작업 환경 등을 이해함으로써 직업문제를 인식하게 한다.

② 클라이언트가 자아의 탐색, 가치, 흥미, 적성 등 포괄적인 정보수집을 통해 자아개념을 구체화함으로써 자신의 이미지를 현실적으로 형성하게 한다.

③ 서적이나 매체, 협회, 기관, 회사 등을 포함하여 여러 곳에서 일어나는 직업 정보를 통해 클라이언트가 일의 세계를 이해하고 탐구하게 한다.
④ 클라이언트가 진로인식, 진로계획, 의사결정, 진로와 경제 문제 등 자신의 직업선택과 관련된 것을 스스로 결정하고 이에 대해 책임지도록 한다.
⑤ 클라이언트의 협동적인 사회행동을 추구한다. 즉, 직업은 조직에서 이루어지고 조직은 집단역학이 이루어질 때만 시너지 효과를 나타내므로 클라이언트가 조직의 구성원으로 활동할 수 있도록 한다.
⑥ 클라이언트가 실업 등의 기타 직업에 대한 위기관리 능력을 배양하도록 한다.
⑦ 클라이언트가 좌절되고 위축된 직업계획 문제를 생애직업 설계로 재시도하게 한다.
⑧ 클라이언트가 은퇴 후의 생애를 설계할 수 있도록 한다.

직업상담의 체계적인 접근을 위하여 다양한 이론들이 접목될 수 있다. 특히 특성요인 상담이론이나 홀랜드의 직업 인성이론, 수퍼의 발달이론, 긴즈버그의 직업이론은 체계적인 직업상담의 실천을 위하여 대표적으로 거론되는 이론들이다.

(1) 특성요인 이론

특성요인 상담은 합리적인 자료를 제공하여 개인이 장래의 계획을 세우는 데 현명한 결정을 내리도록 돕는 데 초점을 두고 있다. 따라서 이 접근법의 많은 부분이 직업상담의 기초가 되고 있다.

특성요인 상담의 과정은 분석, 종합, 진단, 예후, 상담, 추수지도로 나누어 이야기할 수 있다. 먼저 분석의 과정에서는 클라이언트의 현재 상태 및 미래의 가능성 등을 종합적으로 이해하기 위해 적절한 측정기술을 활용하여 신뢰할 수 있고 타당성이 있는 정보와 자료들을 모으는 데 초점을 둔다. 다음으로 종합의 과정에서는 클라이언트의 다양한 측면들을 정리하고 재배열하여 하나의 전체적인 상을 그려본다. 진단의 과정에서는 문제를 사실적으로 확인하고 그 원인을 발견하며, 객관적이고 주관적인 자료에 기초한 행동 프로그램을 제안한다. 상담의 과정에서는 일반화된 방식으로 생활 전체를 다루는 것을 학습한다. 이때 상담이란 무미건조한 치료상황 그 이상의 것으로 다양한 기법에 의한 개인적인 조력을 통해 상담에서 배운 학습을 모든 문제상황에 적용할 수 있도록 돕는 안내된 학습이며 재교육이다. 추수지도는 상담에서 학습했던 것을 일상생활에서 적용할 때 이루어지는 행동을 강화하고 재평가하며 점검하는 단계이다(이현림, 2000).

이현림(2000)은 이러한 특성요인 상담의 목표를 다음과 같이 요약하고 있다.

① 클라이언트의 정서적 안정을 돕는다.
② 클라이언트의 합리적인 문제해결력을 기른다.
③ 클라이언트의 자기 이해, 자기 지도와 자기성장을 촉진한다.

(2) 홀랜드 이론

홀랜드(John Holland, 1985: a)의 직업 인성 이론에 따르면, 개인의 직업적 적합성은 그 개인의 인성에 따라 이루어진다는 이론적 전제 아래 사람들은 자신의 인성을 표현할 수 있는 적합한 환경을 추구한다고 한다. 홀랜드는 개인의 인성은 그들의 직업적 선택을 통해서 표현되며 개인의 직업적 만족은 그들의 인성과 직업환경 간의 적절한 연결에 달려 있다고 보았다. 따라서 사람의 인성과 직업적 환경은 실재형(realistic: R), 탐구형(investigative: I), 예술형(artistic: A), 사회형(social: S), 기업형(enterprise: E), 그리고 관습형(conventional: C)의 하나로 분류될 수 있다고 한다. R은 기술직과 숙련직으로 대표되며, I는 과학 직업과 과학 기술직으로 대표된다. A는 미술, 음악, 기타 문예직으로 대표되며, S는 사회복지와 교육관련직으로 대표된다. E는 경영과 판매직으로 대표되며, C는 사무직과 관리직으로 대표된다. 모형에 따른 인성의 분류는 모형을 대표하는 알파벳의 머리글자를 3자리까지 조합하여 나타낸다. 홀랜드의 인성 유형을 육각형으로 도식화하면 '그림' 과 같다(1985: b).

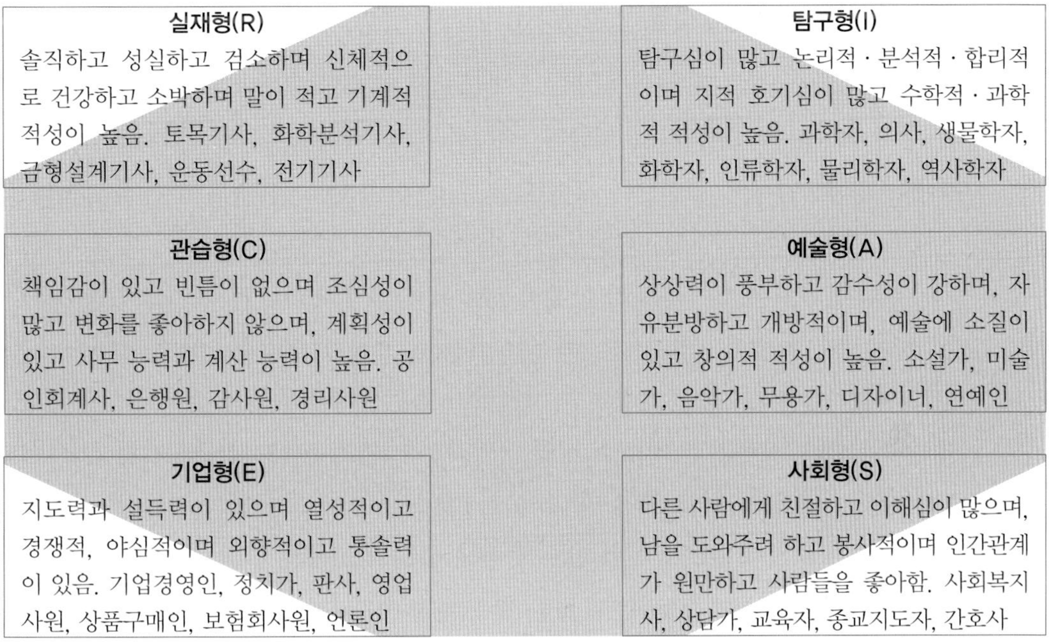

실재형(R)	탐구형(I)
솔직하고 성실하고 검소하며 신체적으로 건강하고 소박하며 말이 적고 기계적 적성이 높음. 토목기사, 화학분석기사, 금형설계기사, 운동선수, 전기기사	탐구심이 많고 논리적 · 분석적 · 합리적이며 지적 호기심이 많고 수학적 · 과학적 적성이 높음. 과학자, 의사, 생물학자, 화학자, 인류학자, 물리학자, 역사학자
관습형(C)	**예술형(A)**
책임감이 있고 빈틈이 없으며 조심성이 많고 변화를 좋아하지 않으며, 계획성이 있고 사무 능력과 계산 능력이 높음. 공인회계사, 은행원, 감사원, 경리사원	상상력이 풍부하고 감수성이 강하며, 자유분방하고 개방적이며, 예술에 소질이 있고 창의적 적성이 높음. 소설가, 미술가, 음악가, 무용가, 디자이너, 연예인
기업형(E)	**사회형(S)**
지도력과 설득력이 있으며 열성적이고 경쟁적, 야심적이며 외향적이고 통솔력이 있음. 기업경영인, 정치가, 판사, 영업사원, 상품구매인, 보험회사원, 언론인	다른 사람에게 친절하고 이해심이 많으며, 남을 도와주려 하고 봉사적이며 인간관계가 원만하고 사람들을 좋아함. 사회복지사, 상담가, 교육자, 종교지도자, 간호사

출처: 한국진로상담연구소, 2001

[그림 3-2] 홀랜드의 직업 분류에 대한 육각형 모형

(3) 수퍼의 발달이론

수퍼(1957)의 발달이론은 인간은 이성적인 동시에 정서적인 존재이므로 최상의 직업상담은 특성-요인 이론과 클라이언트 중심 이론의 양극단을 적절히 조화시키는 것이라고 하였다. 그는 직업상담을 자아탐색 · 의사결정 · 현실분석에 대한 이성적이고 정서적인 양상을 다루는 것이라 하였고, 직업상담 기술로 비지시적인 방법에 의한 문제탐색과 자아개념 표출하기, 심층적 탐색을 위한 지시적인 주제 설정하기 등을 들었다. 이 이론의 주된 핵심은 개인이 자신의 능력과 홍미, 그리고 성격과 관련하여 자신의 진로를 결정하고, 직업발달은 개인의 생애를 걸쳐 계속되며 그 과정은 4가지 요인(부모의 사회경제적 지원, 성격, 정신능력, 기회)에 의해 결정되고, 이러한 직업발달은 성장기, 탐색기, 확립기, 유지기, 은퇴기의 생애발달 단계를 따른다는 것이다(Super, 1990; 강위영 외, 2001).

(4) 긴즈버그의 발달이론

긴즈버그(Ginzberg) 등(1951)은 개인의 직업선택은 자신의 잠재능력과 홍미가 고려된 직업과의 절충과정이라고 보았다. 이러한 직업선택은 우연히 이루어지며 그 선택에는 평균 6년에서 10년 정도 걸린다고 보았다. 또한 그 과정은 바뀌지 않는다고 전제하고 개인의 직업발달 단계를 환상기, 시험기, 현실기로 나누었다. 10세부터 12세까지의 환상기에서는 아동의 환상적 영향이 반영된 비현실적 직업선택이 나타나며, 13세부터 16세까지의 시험기에서는 아동이 자신의 홍미를 인식하기 시작하고 이상과 홍미, 가치관 등을 조합하기 시작하고 직업선택에 주의를 갖기 시작한다. 17세 이후의 현실기는 구체적으로 직업을 탐구하고 결정을 하는 시기이다. 긴즈버그의 상담이론에서는 직업선택은 20대 초 전후로 이루어지고 대개의 직업선택은 불변한다는 것을 주요내용으로 하고 있으나 현대 사회의 교육과정이나 직업관과 비교해 볼 때 다소 현실적이지 못한 면이 있는 것으로 판단된다(Ginzberg, 1972).

2) 직업 평가

직업재활 서비스에 있어서 직업 평가는 직업발달과 관련하여 클라이언트를 사정하기 위한 목적으로 모의 혹은 실제의 일과 다양한 평가매체들을 체계적으로 사용하는 과정으로 여기서 확보된 클라이언트 및 그 주변 정보는 클라이언트와 상담사 모두가 재활에 필요한 서비스의 적절하고 효과적인 선택, 훈련, 보조적 재활기술, 교육프로그램의 선정, 그리고 궁극적으로 재활계획을 수립하도록 돕는다. 즉, 직업 평가 서비스는 일반적으로 재활상담사가 클라이언트의 적격성을 판정하고 재활계획을 수립하며, 적절한 직업적 배치활동들을 위해 필요한 정보를 제공해 준다. 직업 평가는 클라이언트의 의료적, 심리적, 사회적, 직업적, 문화적 영역 등에 대한 평가 결과를 재해석하고 종합하여 직업에 관한 클라이언트의 통찰력을 제공한다. 특히 긍정적인 측면에 강조를 두는 직업프로그램에 필요한 기초, 특성, 직업 욕구 등을 파악하기 위한 전문적이고 체계적이며 포괄적인 일련의 활동과정이다(이달엽 외, 2005).

직업 평가는 클라이언트의 직업재활계획 수립에 있어 직업재활의 장 · 단기 목표를 구체적으로 설정할 수 있도록 한다. 그리고 클라이언트의 목표 달성을 위해서 필요한 직업재활 서비스의 내용과 과정을 설정할 수 있도록 한다. 또한 직업 평가의 각종 결과는 클라이언트와의 직업재활을 위한 상담에서 우수한 자료가 될 수 있으며 궁극적으로 클라이언트의 독립생활 영위를 위한 지름길을 제공할 수 있다.

이러한 직업 평가는 평가를 위한 상담과 그 상담을 토대로 한 직업 평가 계획 수립, 영역별 평가 실시, 평가결과 보고서 작성의 과정을 거치게 된다. 물론 2인 이상이 평가를 실시하였다면 직업 평가 결과보고서를 작성하기 전에 각 평가사의 소견서가 작성되고 직업 평가 결과 도출을 위한 평가회의의 과정을 거쳐야 할 것이다.

직업 평가는 크게 인지, 흥미, 적성 등의 심리 평가, 작업표본 평가, 상황 평가, 현장 평가로 그 영역을 구분할 수 있다. 인지영역의 평가는 개인의 직업성취와 직업성공의 수준을 가늠하게 한다. 지능검사로 대표되는 인지영역의 평가는 대체로 언어적 사고와 비언어적 사고를 측정하는 과정을 가진다. 언어적 사고는 학문적 성취수준에 관한 것이고 비언어적 사고는 비학문적 분야의 성취수준에 관한 것이다. 인지의 수준은 전적으로 선천적 요인만으로 판단되기는 어렵다. 개인을 둘러싸고 있는 정서 · 경제 등의 환경적 요인들도 영향을 주게 된다. 이러한 관점에서 인지영역의 평가는 적성 평가와 상호 연관을 갖게 된다.

직업흥미는 어떤 직종에 특별히 더 많은 관심과 수용적인 태도를 갖는 것을 말한다. 어떤 직종에서 효율적인 생산성을 보이고 즐겁게 일을 할 수 있기 위해서는 신체, 환경, 인성 등의 요인들과 함께 흥미가 중요하다. 특히 최근의 직업 평가의 경향은 어떤 직업 평가의 영역보다 흥미나 적성이 성공적인 직업생활을 위한 가장 중요한 영역으로 인식하고 있다.

적성은 어떤 직업, 직무 영역에서 주어진 과제에 대한 수행 능력이나 잠재력을 말한다. 적성검사는 미래의 직업적 성공에 관한 예측, 즉 앞으로 수행하게 될 직업이나 훈련 등에 관한 예측이다. 가령 서비스직 인력을 고용하려고 하는 사람은 피고용인의 서비스 적성을 평가해 보면 도움을 받을 수 있을 것이다.

작업표본(work samples) 평가란 실제 직업활동의 일부를 표본추출하여 직업재활계획 수립을 위한 목적으로 실시하는 것이다. 개인의 신체능력, 작업습관, 작업 행동, 적성 등을 평가하기 위한 작업표본 평가는 실제 직업현장에서 사용하는 과제와 재료, 도구를 동일하게 사용하여 작업결과를 양적 및 질적 면에서 파악하고 관찰한다.

따라서 그 평가 결과가 구체적인 클라이언트의 잔존능력 파악을 가능하게 한다. 이러한 작업표본 평가 결과 데이터의 축적은 선정된 직종에서의 장애인의 효율적인 직무수행을 위한 규준을 마련해 줄 수 있는 틀이 되기도 한다.

상황 평가는 실제 작업 환경과 비슷한 환경의 모의작업장에서 피평가자의 직업생활 적응력을 체계화된 관찰기법을 통해 평가하는 것이다. 실제 작업 환경이란 직업배치되어 실시하는 직무활동, 감독, 대인관계, 근무시간 등을 이야기한다. 이러한 환경 속에서 클라이언트의 직무수행 능력, 대인관계 형성 능력, 스트레스 관리 능력 등을 평가하여 클라이언트의 직업 준비도를 파악하고 직업재활 계획 수립을 위한 배경정보로 활용한다. 상황 평가는 관찰을 통해 평가되므로 주관이 개입될 수 있는 가능성이 있다. 따라서 이러한 단점을 줄이기 위하여 2명 이상의 평가사가 평가를 수행하는 것도 한 방법이 될 수 있다.

현장 평가는 상황 평가와 함께 대표적인 현장 중심의 평가 방법이라고 할 수 있다. 현장 평가는 실제 일반 사업체에 배치되어 현장 사업체에서 요구하는 작업생산성과 직장적응도에 어느 정도 비례하는가를 통해 클라이언트의 잔존능력과 직업 준비도를 파악하는 기법이다. 현장 평가는 실제의 직장 현장에서 클라이언트를 관찰함으로써 배치된 직무에의 수행능력과 행동에 관한 실질적인 정보를 얻을 수 있다는 장점이 있다. 또한 현장 중심의 평가 기법이 강화되면 효율적인 직업 조정이 이루어질 수도 있다. 그러나 현장 평가도 상황 평가의 경우와 마찬가지로 주관 개입의 우려를 내포하고 있다. 따라서 현장 감독과의 동시 평가 등의 보조적 방법이 필요하다.

직업 평가를 수행함에 있어 전문가는 다음의 3가지를 유의해야 한다.

① 클라이언트는 평가가 꼭 필요한가?

② 흥미 · 적성을 최우선으로 평가하는가?

③ 스크리닝을 목적으로 평가하지는 않는가?

평가의 가장 중요한 목표는 클라이언트의 흥미와 적성을 파악하는 것이다. 제한점이나 단점을 파악하는 것이 평가의 목적이 되어서는 안 된다. 직업재활 서비스는 수행하는 실무 과정상에서 평가가 스크리닝의 도구가 되는 경우가 있다. 이러한 점은 평가자가 반드시 유의해야 할 사항이다.

3) 훈련 서비스

(1) 직업 훈련(vocational training)

직업 훈련은 장애인들이 적합한 직종을 선택하기 위한 취업의 준비단계이다. 직업 훈련은 기술직이나 전문직의 업무를 수행하는 데 필요한 기초적 자질과 구체적 기술을 배양하는 훈련을 말한다. 직업 훈련에 대한 명확한 개념을 토대로 훈련 대상을 엄격하게 선정하는 기준이 있어야 하며, 적합 직종과 훈련 기준을 개발하여 직업 훈련의 효과를 높여야 할 것이다. 우리 사회의 노동환경은 훈련 직종의 수가 한정되어 장애인들의 적성에 맞는 직업 선택의 폭이 넓지 못하고, 낙후된 수공업적 기능을 요하는 것으로 중증장애인, 고학력 장애인의 욕구를 채우기에 불충분하다. 또한 노동시장이 대기업 고임금, 중소기업 저임금의 이중 구조화 되어 있으므로 장애인의 직업 훈련 방안도 이에 대응하여 수립되어야 한다. 고임금 부분은 1년 이상의 집중적인 직업 훈련 과정이 요구되어지며, 저임금 부분은 단순 기능의 습득 목표로 1년 이하의 단기 양성 과정이 보다 효율적이다.

직업 훈련의 유형은 적응 훈련, 양성 훈련, 계속 훈련으로 나누어진다.

직업 훈련의 유형	훈련의 내용
적응 훈련	보충적 기술 훈련
양성 훈련	직업분야별 기초 훈련, 직종별 전공 훈련, 직종 내 전문화 훈련
계속 훈련	향상 훈련, 재 훈련, 전직 훈련

직업 훈련의 형태는 시설훈련과 비시설 훈련으로 구분된다.

직업 훈련의 형태	훈련의 방법
시설 훈련	훈련을 목적으로 직업학교 등 취업기술을 정식 방법으로 사용하고 있는 시설을 통한 직업 훈련
비시설 훈련	특수 시설을 마련하지 않고 그 지역사회에 있는 여러 가지 직업을 활용하여 훈련하는 것. 사내 직업 훈련원 등의 사업장 현장 훈련

습득 기술이 부족하고 작업 기능이 낮아 심리, 사회적 적응력이 부족한 중증장애인은 자격증 획득을 위한 훈련, 고용보다는 분업화의 공정 한 부분에서 단순 직무 습득 과정을 거치는 것이 필요하다. 중증장애인은 직업을 평가하고 직업 적응 훈련을 실시한 후 취업알선을 하는 것이 바람직하다.

(2) 직업 전 훈련(pre-vocational training)

직업 전 훈련은 직업 영역에서 공통적으로 필요한 근로자로서 기초능력과 태도를 길러 구체적인 직업세계에서 활동할 수 있도록 기초적인 태도를 형성해 주는 것이다. 직업 전 훈련은 노동시장에서 필요로 하는 기술이 부족한 장애인들을 원조하기 위해 다양한 경험을 제공하여 개인으로 하여금 자기확신, 자기통제, 업무지구력, 대인 상호간의 관계기술 및 작업세계에 대한 이해, 근로자로서의 태도와 자세 등을 개발하도록 도움을 주는 것이다.

(3) 직업 적응 훈련(work adjustment training)

직업 적응 훈련은 현재의 잔존능력으로는 환경의 박탈이나 충분한 기회 또는 경험의 부족으로 인해 직업생활에 어려움이 있어 적절한 적응기술들이 필요한 장애인에게 직업환경에 적응할 수 있도록 개인 · 사회생활, 직업 준비 · 직업 수행, 직업 능력 향상 · 직업 유지를 주요 내용으로 직업 배치 이전에 실시하는 훈련을 말한다. 이러한 직업 적응 훈련은 결국 장애인이 직업환경에 적응할 수 있는 사회적, 직업적 요인들에 대한 준비도의 향상을 목적으로 실시되는 직업재활 서비스라고 할 수 있다.

4) 고용서비스

(1) 보호고용

보호고용은 일반 경쟁 노동시장에서 이겨내지 못하는 장애인의 일시적 혹은 항구적인 고용의 욕구를 채우기 위해 특별히 계획된 조건하에서 행해지는 훈련 및 고용으로,

보수가 있는 취업의 기회를 제공하여 장애인의 직업적 욕구를 충족시키는 것이다.

보호고용의 유형 구분은 시설의 기능이 고용의 기회를 제공하기 위한 시설(business)인지 직업능력 향상을 위한 재활 서비스 제공을 위한 시설(human service agency)인지에 따라 분류하는 방법과, 장애 유형과 정도, 지역사회에서 활용할 수 있는 작업의 성격과 유형, 임금 지급 정도에 따라 분류하는 방법이 있다. 그러나 ILO 권고와 자국의 국내 사정에 따라 유형 구분 기준을 종합해 볼 때 역할에 따라 분류되는 추세이며, 이때 유형 구분의 기준은 장애인의 직업적 능력이다. ILO의 권고에 따른 보호고용의 유형은 보호공장(특별한 공장이나 작업장에서의 고용), 재가고용(보호공장으로 통근하는 것이 곤란한 중증장애인을 위한 프로그램이며, 보호공장의 재가고용 부분으로 운영되고 있다), 소집단고용(일반기업체 내의 생산공장의 일부를 보호공장의 소그룹 단위로 축소하여 장애인이 맡는 방식), 옥외작업 프로젝트(생산직 근로자를 대상으로 한 특별실업 대책으로 공원 등 공공시설의 유지와 관리를 중심으로 한다), 사무작업 프로젝트(사무직 노동자를 대상으로 한 특별실업 대책으로 도서관이나 박물관 등 전문직, 기술직, 사무작업을 중심으로 한다)이다. 우리나라는 2010년 장애인복지법 시행규칙(제 41조 장애인복지시설의 종류와 사업)에 따라 장애인 직업재활시설을 장애인 보호작업장과 장애인 근로사업장으로 분류하고 있다(한국장애인직업재활시설협회, 2010).

보호작업장은 일반적으로 통제된 작업 환경과 개별적 취업목표를 가진 작업 지향적 재활시설로서, 장애인들이 정상적인 생활과 생산적인 취업상태로 발전해 나가도록 도와주는 직업경험 및 관련 서비스를 제공해 주는 시설이며, 노동시장으로 진출할 수 없는 장애인들에게 생산량에 따라 정규적인 보수를 제공하는 재활시설이다. 보호작업장의 목적은 장애의 유형이나 장애의 정도가 중증이기 때문에 경쟁고용에 적합하지 않거나 일정 기간 적합하지 않다고 판정된 장애인에게 특별한 조건하에서 유상의 일(the remuneration work)을 제공하는 것이다. 그러나 진보된 보호작업장은 단순히 일을 주는 것뿐만 아니라 그 일을 통해 일하는 습관을 익히고 적당하다고 생각되는 직업분야를 탐색하고, 직업 훈련과 상담을 하며 필요한 경우에는 의료적인 치료를 하여 마침내 일반고용이나 자영업을 할 수 있도록 견인차의 역할을 하는 데 그 목적이 있다.

보호작업장의 유형은 국가별로 조금씩 차이가 있다. 미국은 보호작업장의 유형을 보호작업의 허가를 판정하는 노동부 임금국에서 최저임금에 의해 정규작업장

(regular program), 작업활동 센터(work activity center), 평가 및 훈련프로그램(evaluation or training program)으로 구분하고 있다.

(2) 재택고용

재택고용이란 신체적, 지적 또는 정서적으로 장애의 정도가 심하여 통상적인 교통수단을 이용해서는 도저히 정기적으로 재활치료를 받거나 직업에 참여할 수 없는 사람을 집 안 또는 집과 가까운 거리에 위치한 소규모 작업장에서 일할 수 있도록 하는 것이다.

재택고용의 기본이념은 장애인이 장애 정도에 관계없이 상품을 만들 수 있는 작업능력을 가지고 있으면 고용주에게 가치 있는 존재라는 것으로 장애인을 생산인력으로 전환하여 자립시키고 나아가 사회에 통합시킨다는 것이다(박경순, 2009).

재택고용의 유형은 각국의 사정에 따라 조금씩 달리 분류되는데, 미국에서는 고용과 훈련의 차원에서 재택 기능훈련 프로그램(home crafter program), 하청모델(subcontract model), 자영업(small business enterprise for the homebound) 등으로 나누고 있다.

(3) 유보고용

직업의 유보는 장애인에게 특정 직종을 유보해 주어야 한다는 것으로 유보고용(designated employment) 제도는 장애인에게 적합한 직종을 지정하여 장애인을 우선 고용하도록 하는 프로그램이다. 이것은 1944년 영국의 장애인고용법에서 처음 언급되었는데, 동법에서는 등록된 장애인에게 2가지 직종-승강기 안내원, 주차장 안내원-의 고용주(20인 이하의 근로자를 가진 고용주도 포함)는 등록장애인 이외의 어느 누구도 유보직종에 고용해서는 안 된다고 규정하였고, 이후 전화교환원 직종이 추가되었다(1995년 장애인차별법 제정으로 폐지됨)(박경순, 2009).

현재 프랑스와 일본, 우리나라에서도 이 제도가 실시되고 있는데, 프랑스에서는 어떤 직종이 아니라 신체장애 범주에 속하는 자에 대해 특정한 직종이나 직업분류에 전일제 또는 시간제로 고용을 유보할 수 있도록 하는 제도를 실시하고 있다. 일본에서는 신체장애자 고용촉진 등에 관한 법률 제17조에서 신체장애의 정도가 중하여 일반적인 통상의 직업에 취직이 특별히 곤란한 중증 신체장애자에게 그 사람이 능력을 발휘할 수 있는 직종에 배려하는 특정 신체장애자 고용률 제도를 마련하였다. 이를 통해 병원이나 진료소에서는 지압과 안마직종의 70%를 시각장애인에게 배려하는 유보직종제를 채택하고 있다. 우리나라도 장애인 고용촉진 및 직업재활법에서 특정 장애인의 고용비율을 정하고 있고, 시행령에서 시각장애인을 위하여 안마 직종을 지정고용 직종으로 제시하고 있는데, 장애등급 1~3급에 해당하는 시각장애인은 30/100 이상, 그리고 장애등급 4~6급에 해당하는 시각장애인은 30/100 이하로 지정하는 제도를 실시하고 있다(박석돈 외, 2002).

이와 같이 여러 나라에서 중증장애인에게 직업기회를 제공하기 위해 유보고용 제도를 채택하고 있지만 실제로 아주 특별한 직업만이 유보될 수 있다. 그리고 유보고용에서 정해 놓은 특별한 직종은 주차관리원, 승강기안내원, 전화교환원, 야간경비원, 복권판매원처럼 일반적으로 지위가 낮고, 기술이 필요 없는 유형이 많아서 장애인은 하위 유형의 일만을 할 수 있다는 편견을 조장할 가능성도 있다.

(4) 지원고용

미국의 1986년 재활법에서는 지원고용은 "경쟁적 고용이 불가능한 상태에 있거나, 혹은 심한 장애로 인하여 고용이 때때로 중단되거나 방해를 받게 되는 중증장애인을 대상으로 통합된 작업장에서 계속적인 지원 서비스를 제공함으로써 이루어지는 경쟁적 고용" 이라고 정의하고 있다. '통합된 작업장' 이란 대부분의 작업 동료가 비장애인으로 구성되어 있으며, 한 작업장에서의 장애인 수가 8인을 넘지 아니하는 작업장을 말하고, '계속적인 지원 서비스' 라 함은 장애인이 작업을 제대로 수행할 수 있도록 취업기간 내내 적어도 월 2회 이상, 작업장 안팎에서 제공되는 계속적 혹은 간헐적 지원을 말한다. 이러한 지원은 고용과 직접적으로 관련되는 지원일 수 있고 간접적으로 관련되는 지원일 수 있으나, 매월 2회 이상 지원이 제공되는 것을 원칙으로 하고 있다. '경쟁적 작업' 이란 전일제 혹은 시간제로 행하여지는 작업으로서, 평균 주당 20시간 이상의 일을 하며, 최저임금에 기준하여 급여나 기타 보상을 받을 수 있도록 하는 경우를 의미한다(조인수, 2005).

1992년 재활법 개정안(공법 102-569)에서는 지원고용은 다음과 같은 3가지 특징을 가지고 있는 것으로 언급되었다.

① 아주 중증의 장애를 가진 사람들에게 통합된 작업장에서의 경쟁적인 일자리를

제공하는 것과 관련된다.

② 중증장애 때문에 전통적으로 경쟁적인 고용이 사실상 불가능했거나 그러한 시도가 중단됐거나 간헐적으로 이루어져 왔던 사람들을 대상으로 한다.

③ 지원고용 대상자가 고용을 성공적으로 지속할 수 있도록 하는 데 필요한 작업장 내에서나 혹은 작업장 바깥에서의 지속적인 지원 서비스가 유용 가능하다.

지원고용의 정의에 비추어 볼 때, 지원고용은 전통적인 직업재활과 원리 및 방법에서 큰 차이가 난다. 아래의 '표'에서 볼 수 있는 바와 같이, 전통적인 접근에서는 기본적 방법이 훈련 후 배치의 방식을 거치나 지원고용에서는 배치 후 훈련 방식을 택하고 있다. 전통적 접근과 지원고용의 접근은 기본과정, 중재 유형, 지원이나 지도감독, 평가, 프로그램 유형, 비장애인과 통합기회, 직업과 관련되는 기능, 임금기회 등에서 비교될 수 있다.

<표 3-1> 고용에 대한 전통적인 접근과 지원고용의 비교

기 준	전통적 접근	지원 고용 접근
기본 접근	훈련 후 배치	배치 후 훈련
과정	특정 상황에서 학습된 행동은 다른 상황으로 전이됨	직무를 수행해야 할 작업 환경 내에서 학습할 때 가장 효과적임. 전이나 일반화가 어려움
중재 유형	치료활동, 일상활동, 작업활동	과제 분석: 실제의 작업 환경 내에서 개인별 · 직업별 특수훈련을 함
지원, 지도, 감독	개인의 필요와 욕구보다는 프로그램의 규모나 규정의 정도에 따라 결정됨	훈련 초기에는 집중적인 훈련을 하고, 시간이 경과함에 따라 지원의 양을 줄여나감. 훈련의 양은 개인의 필요에 따라 정해짐
진단 · 평가	학습이나 훈련이 이루어지기 전에 개인에 대한 평가가 일반적으로 실시됨	훈련 시작 전과 훈련 과정에서 구체적인 직무 수행가능성이 개인과 환경 모두에서 진단 · 평가됨
프로그램의 유형	일상활동, 작업활동, 보호고용	전환작업, 개별배치, 이동작업대, 소기업
비장애인과의 통합 기회	통합이 제한적이거나 주류사회와 분리됨	통합이 강조되며, 지역사회에 중심을 둔 프로그램에 많이 참가함

작업과 관련된 기능	작업기능은 작업을 갖기 위한 전제조건으로 생각하고 작업과정에서 크게 강조되지 않음	작업 현장에서 직업 기능이 지도되고 강조됨
임금	임금수준이 낮고 임금인상의 기회가 제한됨	경쟁적 임금체제 혹은 작업 결과에 따라 비교적 높은 수준의 임금을 받음

지원고용은 학자나 지역에 따라 조금씩 다른 프로그램 모델을 적용하고 있다. 일반적으로 지원고용의 형태는 개별배치 모델(individual placement model), 소집단 모델(enclave model), 이동작업 모델(mobile work model), 소기업 모델(small business model)로 나눌 수 있다.

(5) 경쟁고용

경쟁고용은 기업체나 공공기관 등에서 일반인과 함께 가치 있는 상품이나 서비스를 생산하는 일에 종사하고, 수행능력에 상응하는 급여를 정기적으로 받으며, 균등한 승진의 기회가 주어지는 일반적인 고용의 형태로 보호고용과 대비되는 개념이다(배송숙, 2006).

장애를 지니지 않은 근로자와 비교할 때 노동능력이 살아 있어 일반경쟁 고용시장에 취업이 가능할 때 보통 일반고용이라 말한다. 경쟁고용에는 할당고용제도와 통상고용제도라는 두 가지 형태의 고용방법이 있다.

할당고용제는 기업주가 장애인의 고용을 기피하는 현상을 막고 장애인의 직업안정을 활성화하기 위하여 관공서나 민간기업체에 전 종업원의 일정비율을 정하여 그 비율만큼 장애인을 의무적으로 고용하도록 하는 제도를 의미한다. 즉, 장애인의 고용과 직업재활이라는 측면에 국가가 적극 개입하여 장애인의 고용가치를 확대하고 직업재활의 기반을 조성하는 정책이라 할 수 있다. 이 제도는 1944년 영국에서 처음으로 시행되었는데, 장애인고용법을 제정하여 20인 이상을 고용한 업체는 전체 종업원의 3% 이상을 의무적으로 장애인을 고용하도록 하였다. 그러나 동법은 1995년 장애차별법(The Disability Discrimination Act)의 제정으로 1996년 말 폐기되었다. 오늘날 할당고용 제도를 채택하고 있는 국가는 독일, 일본, 대만, 우리나라 등이다.

우리나라에서 장애인의 경제활동과 노동권에 대한 정책적 관심은 1982년 직업안정법(1982. 4. 3)을 개정하여 장애인의 고용촉진을 위한 고용기회 확대 및 부당한 취업제한을 금지하는 조항을 둔 것으로 시작되었다고 볼 수 있다. 그러나 실질적인 장애인고용정책으로 보기에는 실효성이 거의 없는 선언적 의미에 그쳤고, 이를 개선하기 위하여 수년간에 걸친 법제정을 통해 마침내 2000.1.12 법률 제6166호로 전부 개정된 장애인 고용촉진 및 직업재활법으로 법제명을 변경하고, 전년도 장애인 고용부담금의 3분의 1에 해당하는 금액을 직업재활사업비로 집행하여 수행기관을 포함한 종합적인 지원체계를 구축함으로써 중증장애인의 고용확대를 꾀하였으며, 장애인공무원 공채비율 5% 등 장애인고용에 대한 국가의 책임을 강화하였다.

통상고용제는 장애인을 취업시키기 위해 특별한 제도나 고려가 필요 없는 고용제도로 할당제도와 비교한다면 주로 직업재활 서비스를 통하여 장애인의 자질을 높임과 동시에 일정한 훈련과정을 종료한 장애인에 대하여서는 일반인과 마찬가지로 균등한 고용기회를 제공하는 제도이다.

5) 취업알선

취업알선은 장애인의 욕구와 적성에 맞는 직업을 연결하는 제반 활동으로 일반취업알선, 직무조정을 통한 취업알선, 자영업을 위한 창업지원 등의 활동을 말한다. 다시 말해, 취업알선은 장애인에게 개인의 흥미와 특성, 직업적 욕구, 능력 등을 고려하여 적절한 직업에의 배치를 목적으로 한 전문적인 활동이다. 또한 클라이언트로 하여금 경제활동을 통해 재활의 근본적인 목표인 자립을 통한 완전한 사회통합의 이념 이외에도 가족구성원으로서의 역할 증대와 인간으로서 삶의 기본요소들을 실현하게 한다는 측면에서 매우 중요한 활동이다. 그러므로 장애인이 경제생활을 할 수 있도록 직장을 알선하거나, 자영업을 할 수 있도록 창업지원을 하는 등의 활동은 직업재활의 최종적인 단계로 그 중요성이 크다고 할 수 있다.

장애인고용촉진및직업재활법 제15조 1항에 따르면 「고용노동부장관은 고용정보를 바탕으로 장애인의 희망 · 적성 · 능력과 직종 등을 고려하여 장애인에게 적합한 직업을 알선하여야 한다」고 명시하고 있다. 동법 제16조는 취업알선기관 간의 연계를 꾀하기 위한 강구책들을 제시하였고, 동법 제17조에서는 자영업 장애인을 지원하는 지원책을 명시하고 있다.

취업알선은 각종 직업재활 서비스의 노력들이 귀결되는 단계로서 직업재활 과정 절차에 있어서도 서비스 영역들과의 연속선상에서 이루어질 수 있다. 취업알선은 직업상담을 통하여 또는 직업재활계획을 수립한 후 직접 연결될 수도 있고 직종개발을 통해서도 가능하다. 또한 취업 후 적응지도와 밀접히 연계되어 있다.

취업알선의 과정은 다음과 같다(한국장애인단체총연맹, 2001).

① 신청 · 의뢰

장애인으로부터 취업신청 · 의뢰가 있을 경우 그가 상담하고 싶은 내용은 무엇인지 혹은 그의 주된 욕구는 무엇인가를 파악하여 공단 및 직업재활 실시기관이 장애인의 욕구에 맞는 도움을 줄 수 있는지를 검토한 다음 상담신청의 접수 또는 거부를 결정하는 일련의 과정을 말한다. 이는 접수, 방문동기파악, 공단 및 직업재활센터 실시기관의 역할 · 기능 설명, 그리고 구직등록 여부 결정의 순서를 거친다.

② 직업재활 계획 수립

직업재활 계획 수립에 있어서 재활전문가의 역할은 클라이언트가 희망하는 직업에 대한 정보제공, 장애인의 희망 · 적성 · 능력에 대한 객관적인 조언, 희망 직업시장에 대한 정보와 준비과정, 취업을 이루기 위한 세부 전략 설정 등이 있다.

③ 직종 개발

직종 개발은 장애인이 수행 가능한 업무 및 직종이 무엇인지, 필요한 조건은 어떠한 것이 있는가 등을 정확하게 파악하기 위해 조사하고 분석하는 과정을 통해 이루어진다.

④ 직무 조정

직무 조정은 장애로 인한 직무 수행에 어려움이 발생할 경우 장애인의 특성에 제약을 받지 않는 적절한 작업을 수행할 수 있도록 돕는 관점으로 기능상의 제한점을 발견하는 일이 중요하며, 사정, 선택 및 제작, 훈련, 유지로 나누어 볼 수 있다.

⑤ 배치

배치는 취업알선 서비스의 최종목표로 장애인이 사업체 현장에 배치되어 고용을 획득한 상태를 의미한다. 직무 조정을 통한 배치는 장애의 기능적 한계를 극복하여 취업알선으로 이어진 형태라고 할 수 있다.

6) 적응지도

적응지도는 직업재활 과정의 마지막 단계로 사후관리, 취업 후 적응지도 등의 용어로 통용되고 있다. 장애인고용촉진 및 직업재활법 제19조(취업 후 적응지도)에 따르면 고용노동부장관 및 보건복지부장관은 장애인의 직업안정을 위하여 필요하다고 인정하면 사업장에 고용되어 있는 장애인에게 작업 환경 적응에 필요한 지도를 실시하여야 한다(개정 2008. 2. 29)고 규정한다(강위영, 2009).

적응지도는 장애인이 취업을 한 뒤에 발생하는 고용안정과 관련된 문제를 해결하기 위하여 조력하는 직업재활 서비스의 한 영역이다. 취업 후에 이루어지는 서비스로서 직장생활의 안정을 위한 상담이나 조언, 그리고 직업 요구사항의 변화에서 기인하는 보충훈련, 건강 서비스, 보장구 수리 서비스, 운송수단 등에 대한 정보제공 등을 포함하고 있다. 장애인들이 직업생활을 원활히 할 수 있도록 취업 후 필요한 지원 서비스를 제공하는 것은 장애인의 생활안정뿐만 아니라 장애인직업재활의 목표를 달성하는 측면에서도 중요하다. 적응지도는 직업재활의 최종단계로서 장애인들의 고용 유지에 필요한 직업재활 서비스의 한 영역으로 그 중요성이 점점 커지고 있다.

적응지도의 대상은 일반적으로 취업장애인을 포함하여 사업주, 감독자, 동료직원, 가족구성원 등 그 범위가 넓고 다양하다. 현재 고용되어 있는 장애인이 직면하고 있는 어려움이 무엇인지 분석한 후, 그 대상 원인이 클라이언트 자체의 문제인지 다른 주변의 환경적인 문제인지에 대해 구분한다. 적응지도의 대상이 취업한 모든 장애인이 원칙이나, 특히 다음의 장애인에 대해서는 가능한 계속적으로 적응지도를 실시함이 바람직하다(한국장애인단체총연맹, 2001).

① 이직 경험이 많은 자
② 직장생활 무경험자 또는 장기간 실직 상태에 있었던 자
③ 연령이 낮은 자(25세 미만)
④ 의사소통 능력, 사회 적응 능력상 직장적응 배려가 필요하다고 인정되는 자

일반취업알선	① 신청 · 의뢰 → 개발 → 소개 ② 개발 → 신청 · 의뢰 → 소개 ③ 신청 · 의뢰 → 직업재활 계획 수립 → 소개
직무 조정을 통한 취업알선	① 신청 · 의뢰 → 개발 → 직무조정 → 배치 ② 개발 → 신청 · 의뢰 → 직무조정 → 배치
자 영 업	신청 · 의뢰 → 지원 → 창업

독립자영업을 운영하는 장애인의 경우에는 장애인 자신 및 산하직원, 관련업자, 지역사회 자영업체나 이웃주민까지도 될 수 있으며, 공동창업을 한 장애인의 경우에는 동료상담이 독립창업에 비해 추가로 요구되어진다.

장애인을 고용하고 있는 사업주에 대해서 재활전문가는 상기의 장애인을 고용하고 있는 사업주에 대해 장애인의 직장 적응에 관한 조언 · 지원 서비스를 필요에 따라 실시하여야 한다.

장애인을 보호하고 있는 가족의 지원 및 지지 정도는 고용유지 측면에서 매우 중요한 변수라고 할 수 있다. 직장인은 누구나 직장에 대한 불만을 가질 수 있다. 이 경우 가족원들이 어떤 태도를 지니고 있는가 하는 점이 중요하며, 직업 유지를 위한 지지적 태도를 가질 수 있도록 재활전문가들과의 공조노력이 있어야 한다. 또한 자녀의 취업에 대한 부정적 사고를 지니고 있는 보호자에 대해서는 상담과 대화를 통하여 인식개선이 이루어지도록 한다.

적응지도는 취업장애인을 비롯하여 고용주와 감독자, 동료 작업자, 가족 및 친구, 기타 직장 내의 구성원들로부터 장애인의 직장 내 부적응 문제에 대한 정보들을 수집하고, 진단하며, 문제를 해결하기 위한 전략을 수립하고, 실천 및 조정하며, 적응지도의 목적이 완성되면 그 결과를 토대로 평가한 후 서비스를 종결하게 된다.

적응지도의 시작과 빈도는 장애인의 능력과 직업 적응 정도에 따라 다르나 일반적으로 최초의 적응지도는 취업 후 15~30일 사이에 하는 것이 바람직하며, 이때는 장애인이 직업 상황에 어떻게 적응하는지를 보아야 하며, 고용주가 장애인을 근로자로서, 한 인간으로서 어떻게 수용하고 있는지를 파악해야 한다. 이후의 부수적인 적응지도는 취업 후 60~90일 간격으로 실시하는 것이 적당한데, 일반적으로 이 기간 내에 장애인의 취업 적합성 여부가 최종적으로 결정된다. 이러한 적응지도는 직접 방문, 전화, 서신 등을 통해 행해지며, 취업 장애인 상호간의 친목도모 및 정보교환 등을 위한 취업 장애인 간담회나 장애인 고용촉진 및 고용주와의 연대강화를 위한 고용주 간담회를 병행 실시하는 것이 바람직하다.

7) 관련 서비스

① 전환교육(transition education)

학교에서 사회로의 장의 전환을 체계적으로 돕는 종합적인 교육활동을 말한다. 지역사회나 직업세계에 성공적으로 적응하도록 능력을 길러주는 교육이다.

② 진로교육(career education)

진로교육은 진로지도와 취업지도를 포함하는 포괄적인 인생의 전체 학습과정으로서 직업적성교육 또는 넓은 의미의 직업교육으로 간주된다. 진로교육의 핵심은 전인교육을 추진하기 위함에 있고, 개개인의 자아실현을 위한 준비과정이다. 개인의 능력, 적성, 흥미와 인성에 알맞게 최대한으로 신장시킴으로써 인력 양성의 효율화를 기하고 종합적인 교육 프로그램으로써 초, 중, 고등, 대학에 이르기까지 모든 교육제도 안에서 이루어질 뿐만 아니라 지역사회와 상호관련을 갖고 수행하는 과정이다.

직업교육은 직업 준비교육으로서 어떤 생산 기능을 지니고 자신의 삶을 어떻게 유지해 나갈 것인가에 초점을 맞추고 있으며, 진로교육은 이외에도 직업관, 직업적 기초 소양 및 자신의 삶을 어떻게 영위해 나갈 것인가의 목표까지 포함하고 있어 직업교육은 진로교육의 일부분으로 보는 것이 타당하다.

4. 직업재활의 역사

우리나라 직업재활의 역사는 상고시대로 거슬러 올라갈 만큼 오랜 역사를 가지고 있다. 그러나 대부분의 재활문제는 구빈사업에 국한되어 있었고, 직업재활의 흔적은 고려시대에 와서야 찾아볼 수 있다.

고려시대 광종 9년에는 복업(卜業)을 과거제도에 포함시켜 시각장애인 고용을 제도화하였고, 태조 13년(930)에 설립된 서경학교를 통해 복업을 교육하였다. 그리고 시각장애인을 잡역에 종사시키기 위해 검교직을 주었는데, 이 검교직은 자섬부사(종5품)나 강안전 시위호군(정4품)으로 발전하였다. 원래 검교직은 당나라에서 통일신라를 거쳐 고려에 들어온 제도로 한발시 기우제를 지내고 국운과 왕실의 안녕을 비는 제례를 집행하는 일이었다.

조선시대에는 세종 20년(1438)에 음양풍수학이 천문학 · 풍수학 · 음양학으로 분화되었고, 이때 대부분의 시각장애인은 음양학에 속하는 점복을 직업으로 갖게 되었다. 그리고 세종 27년(1445)에는 영리한 시각장애인을 선발해 관상감에서 음양학을 가르친 후 점복과 역수 및 교육을 맡기기도 하였다. 시각장애인 중에는 궁중에서 관현합주나 가무반주를 맡았던 음악인도 있었는데, 대략 세종 6년(1424) 이전으로 추정된다. 정조 7년(1783)에는 관직제도를 두어 시각장애인, 절름발이, 간질, 벙어리, 꼽추, 나병환자 등 불구폐질자를 자력으로 의식주를 해결할 수 없는 자라 하여 절름발이는 그물을 짜서 자립하도록 하였고, 벙어리는 자력으로 해결하도록 하였으며, 시각장애인은 복술(卜術)을 팔아 자립하도록 하였다. 이와 같이 근세 이전의 우리나라 직업재활은 시각장애인에게 제한적으로 이루어졌다. 이후 6.25 전쟁을 치르면서 우리나라는 시설을 중심으로 직업 훈련을 실시하였다.

우리나라 직업재활의 역사를 세 시기로 구분하면 산업재해보상보험법이 제정된 1963년까지를 직업재활의 태동기, 1990년 장애인 고용촉진 등에 관한 법률이 제정되기 전까지를 잠복기, 그 이후를 발전기라고 볼 수 있다(강위영 외, 2009).

1) 태동기(~1963)

이 시기는 초기 시설에서의 직업 훈련과 상이군인 · 상이경찰, 산업재해 장애인과 같은 장애인의 직업재활을 위한 입법시기이다. 이 시기에는 정부수립 이후 1950년 4월 14일 공포된 군사원호법과 1951년 4월 12일에 공포된 경찰원호법에 따라 상이군인 및 상이경찰관의 직업보호 등이 규정되었다. 1961년 9월 5일에는 군사원호청설치법과 군사원호대상자고용법이 제정되어 군사원호청 및 5개 지청이 설립되었고, 국가 · 지방자치단체, 국영기업체, 교육기관 중 1일 16명 이상을 고용할 수 있는 공 · 사기업체 또는 공 · 사 단체에 대해 상이군경과 가족, 그리고 유가족의 고용을 제도화하였다. 이때 공무원은 정원의 3%, 사립학교는 교원을 제외한 직원 정원의 10%, 기타 업체 등은 전체 고용인원의 3~8%를 각각 의무적으로 고용하도록 제도화하였다.

1963년에는 원호대상자 직업재활법이 제정 · 공포되어 직업보도원이 직업재활원으로 개칭되었고 지방원호관사에 직업재활원 직제가 설치되었다. 그리고 1963년 산업재해보상보험법이 제정되어 근로자의 업무상 재해를 신속하고 공정하게 보상하고 산재장애인의 직업 훈련을 실시하는 제도가 마련되었다. 또한 1952년에 설립된 삼육아동불구원(현 삼육재활센터)은 1957년에 직업보도실을 설치하여 초등학교를 졸업한 22명의 장애인을 대상으로 편물을 지도하였고, 1960년에는 재단법인 풍농학원(현 한국청각장애인복지회)이 설치되어 청각장애인의 직업보도가 실시되는 등 초기 시설 중심의 직업 훈련과 특정 장애인을 대상으로 하는 직업재활이 시작되어 우리나라 직업재활이 태동하는 계기를 마련하였다(이달엽, 1998).

국제적으로는 1955년 6월 22일 국제노동기구(International Labor Organization: ILO) 총회에서 장애인 직업재활 권고를 채택하였다. 이 권고의 목적은 의료적 · 심리적 · 사회적 · 교육적 · 직업적 지도와 직업 훈련, 그리고 취업알선 서비스와 사후지도가 결합된 하나의 연속적이고 협력적인 서비스를 통해 장애인의 취업욕구를 충족시키고 인적자원을 최대한 활용하여 장애인의 작업능력을 회복시키고 개발하는 것이었다. 또한 직업재활의 정의, 과정, 방법, 정부의 책임, 보호고용 등을 적시하고, 각국이 제시하고 있는 권고에 따라 자국의 직업재활을 발전시키도록 하였으며, 국제노동기구의 기술자문, 각국의 경험교류, 국제협력 등의 원조와 지도를 받도록 하였다.

2) 잠복기(1964~1989)

이 시기에는 1955년 ILO의 제99호 권고 이후 재활에 대한 관심이 고조되면서 1975년

UN 제30차 총회에서 채택된 장애인의 권리선언, 1976년 UN 제31차 총회에서 채택된 세계장애인의 해 선언 등이 우리나라 직업재활에 상당한 영향을 미쳤다(유완식, 2010).

1957년 삼육아동불구원 이후 1968년 설립된 명휘원이 목각, 편물, 누에, 전자, 양재 등의 직업 훈련을 시작하면서 많은 시설에서 본격적인 직업 훈련을 실시하게 되었고, 1979년 삼육재활원에서 우리나라 최초의 보호작업장이라 할 수 있는 삼육수산시설이 개설되었다. 그 후 1981년 심신장애자복지법이 제정되면서 동법 제15조를 통해 심신장애자 근로시설이 규정되었고, 1986년 보건사회부의 심신장애자 복지시설 자립작업장 설치 · 운영계획에 의해 32개 보호작업장이 개설되는 등 보호작업장이 준비되거나 시작되었다.

1969년에는 (사)한국장애인재활협회의 주선으로 나주 비료공장에 청각장애인 2명이 취업되면서 보건사회부는 1982년 심신장애자 취업알선 계획(재활1461-6763호)을 수립하였다. 이에 따라 보건사회부는 (사)한국장애인재활협회에 취업알선 창구를 설치하여 재가장애인 취업알선 업무를 위탁하였고, 협회는 1982년 7월 5일 노동부로부터 제1종 무료직업 안내소 허가를 취득하여 1983년 대구와 전주, 1984년 광주 등 11개 시 · 도에 사무소를 설치함으로써 재가장애인의 취업알선 업무를 계속하였다. 1982년 8월 13일 직업안정법이 개정되면서 장애인 취업알선 사업이 보다 안정적으로 이루어질 수 있도록 적성직종 52개가 법제화 되었다. 그리고 1984년 10월 20일 보건사회부는 '장애인 고용권장 지침'을 제정하여 보건사회부와 그 산하 단체가 장애인 고용에 솔선할 수 있도록 300명 이상의 직원이 있는 기관의 정원 2% 이상, 50명 이상의 직원이 있는 기관은 정원의 3% 이상 장애인을 고용하도록 권장하여 1990년 장애인고용촉진 등에 관한 법률이 제정되는 데 공헌하였다(나운환, 1999).

그리고 1989년 전면개정된 장애인복지법 제26조(생업지원)를 통해 국가 또는 지방자치 단체 기타 공공단체가 설치 · 관리하는 공공시설 안에 식료품 · 사무용품 · 신문 등 일상생활용품의 판매를 위한 매점이나 자동판매기의 설치를 허가 또는 위탁할 때 장애인의 신청이 있는 경우 이를 우선적으로 반영해야 한다고 규정하였고, 제27조(제조담배 소매인 및 홍삼류 판매인의 지정)를 통해 장애인이 담배사업법이나 인삼사업법의 규정에 따라 제조 담배 소매인 지정신청을 하거나 홍삼류 판매인으로 지정하도록 노력해야 한다고 규정하였다. 제28조(우표류 판매업의 허가)에서는 우편법령에 따라 장애인에게 국내 우표류 판매업을 우선적으로 허가하도록 노력해야 한다고 규정하여 장애인의 직업재활을 지원하였고, 제29조(자립훈련비의 지급)에서는 장애인 복지시설에 입소 · 통원하게 하거나 입소 · 통원을 위탁한 장애인이 당해 시설에서 훈련받기 위하여 필요하다고 인정하는 때에는 자립훈련비를 지급하는 제도를 규정하여 모든 장애인이 직업재활을 받을 수 있는 계기를 마련하였다. 또한 제31조(제작품의 판매)에서는 국가 또는 지방자치단체, 기타 공공단체는 장애인 복지시설 등에서 장애인이 제작한 물품의 구매를 요구할 때는 최대한 그 요구에 응하도록 노력해야 하며, 국가 또는 지방자치단체, 기타 공공단체는 보건사회부 장관이 정한 품목에 관하여 다른 법령이 정하는 바에 따라 장애인 복지시설 등과 수의계약을 체결할 수 있도록 하여 보호작업장에서 생산한 상품의 판로확보를 지원하였다(강위영 외, 2009).

3) 발전기(1990~)

이 시기는 우리나라 직업재활의 구체적인 제도가 마련되어 도약의 계기가 된 때이다. 1990년 12월 31일에는 '장애인 고용촉진법 시행령' 이 공포됨으로써 고용촉진 제도가 구체화되었고, 1991년 1월 1일부터 장애인 고용정책이 시행되었다. 장애인 고용촉진법은 국가 및 지방자치단체, 300인 이상 사업주가 2%의 장애인을 의무적으로 고용하도록 제시하였다. 그리고 이를 이행하지 않는 사업주의 경우에는 사회에 공표하고, 최저임금의 60/100 이상의 고용부담금을 납부하도록 하였다. 또한 기준고용률을 초과하여 장애인을 고용하는 사업주에게는 고용지원금을 지급하고, 장애인 고용의무를 부담하지 않아도 되는 사업주가 장애인을 고용할 때는 장려금을 지급하도록 하였다(장창엽, 2003).

한편 동법에서는 장애인의 고용촉진 업무를 효율적으로 수행하기 위해 독립된 법인인 장애인고용촉진공단 설립과 노동부에 정부출연금, 사업주의 부담금 등으로 조성되는 장애인고용촉진기금을 설치하도록 하였다. 장애인고용촉진공단의 주요사업은 장애인 고용에 관한 정보의 수집 · 분석 · 제공 및 직업소개, 장애인의 고용촉진 및 직업재활에 관한 조사연구, 장애인 적응 훈련 및 장애인 직업생활 상담원의 양성 연수, 사업주와 관련 기관에 대한 직업생활 및 고용관리에 관한 기술적 사항의 지도

지원, 장애인에 대한 적성검사 · 직업지도 · 평가 · 기타 직업에 필요한 지식과 기능 교육, 장애인 직업 훈련원 및 장애인 표준사업장 운영, 장애인 고용촉진을 위한 홍보 · 교육 및 장애인 기능경진대회 등 관련 사업으로 되어 있다.

동법은 1995년 8월 4일의 개정에 이어 2000년 1월 12일 법률 제6166호 장애인 고용촉진 및 직업재활법으로 전면 개정되었다. 그러나 2000년 개정법도 적용사업장이나 중증장애인에게 우선적으로 고용기회를 주는 제도적 지원이 되지 않았다. 이 영향으로 의무고용제는 고용률의 정체현상과 아울러 중증장애인들의 직업재활이 중요한 화두로 등장하게 되었다. 이는 참여정부가 지향하는 정책이념과도 맞지 않기 때문에 2004년, 2005년 법률 및 시행령의 개정을 통해 그동안 문제가 되었던 적용사업장 규모를 단계적으로 50인 이상으로 확대하고 적용제외율도 민간은 폐지, 공공부분은 68% 수준에서 2008년 현재 15% 수준으로 축소하는 정책의 변화를 꾀하였으며, 2008년부터는 자회사형 표준사업장 확대 등 새로운 모델이 시작되고 있다. 이는 정체되어 있는 의무고용제의 고용률을 증대시킬 수는 있지만 의무고용률의 잠식과 아울러 장애인들을 기업 내에서도 저임금, 저기술 직종으로 분리시키는 결과를 초래하는 등의 우려도 예상된다.

그리고 2007년에 대표 발의된 중증장애인 생산품 우선 구매 특별법이 2008년 2월 19일 제정되어 중증장애인들의 고용에 새로운 전기를 불어넣었다. 이 법의 제정 목적은 중증장애인들을 고용하는 직업재활시설 등의 생산품에 대한 우선구매를 지원함으로써 중증장애인의 직업재활을 돕고 국민경제발전에 기여하는 것이다. 이 법은 우선구매를 촉진하기 위한 방안으로 제4조(중증장애인 생산품 우선 구매 촉진에 관한 계획의 수립)와 제6조(중증장애인 생산품 우선 구매 지원), 제7조(공공기관의 구매촉진), 제17조(다른 법률과의 관계)에서 관련사항을 규정하고 있다.

또한 2007년 4월 10일 법률 제8341호로 제정되고 2008년 3월 21일 법률 제8974호로 일부 개정된 장애인 차별금지 및 권리구제 등에 관한 법률은 모든 생활영역에서 장애를 이유로 한 차별을 금지하고 생활영역을 고용, 교육, 재화와 용역, 사법 · 행정절차 및 서비스와 참정권, 모 · 부성권, 성, 가족 · 복지시설, 건강권, 장애여성 및 장애아동 등으로 제시함으로 장애인의 고용차별을 금지하고 있다. 이 법률에서 고용차별은 ① 장애인을 장애를 사유로 고용에 있어 정당한 사유 없이 제한 · 배제 · 분리 · 거부 등에

의하여 불리하게 대하는 경우, ② 장애인에 대하여 형식상으로는 제한 · 배제 · 분리 · 거부 등에 의하여 불리하게 대하지 아니하지만 정당한 사유 없이 장애를 고려하지 아니하는 기준을 고용에 있어 적용함으로써 장애인에게 불리한 결과를 초래하는 경우, ③ 정당한 사유 없이 장애인에 대하여 정당한 편의 제공을 거부하는 경우, ④ 정당한 사유 없이 장애인에 대한 제한 · 배제 · 분리 · 거부 등에 의하여 불리한 대우를 표시 · 조장하는 광고를 직접 행하거나 그러한 광고를 허용 · 조장하는 경우, 이 경우 광고는 통상적으로 불리한 대우를 조장하는 광고효과가 있는 것으로 인정되는 행위를, ⑤ 채용 전 의학적 검사를 포함하며, 정당한 편의제공에 대하여는 이 법률 제11조에서 ① 시설 · 장비의 설치 또는 개조, ② 재활, 기능평가, 치료 등을 위한 근무시간의 변경 또는 조정, ③ 훈련제공 또는 훈련에 있어 정당한 편의 제공, ④ 지도 매뉴얼 또는 참고자료의 변경, ⑤ 시험 또는 평가과정의 개선, ⑥ 화면낭독 · 확대 프로그램, 무지점자단말기, 확대 독서기, 인쇄물 음성변환 출력기 등 장애인보조기구의 설치 · 운영과 낭독자, 수화 통역자 등의 보조인 배치 등을 규정하고 시행령에서 정당한 편의제공의 구체적 범위를 제한적으로 제시하고 있다(강위영 외, 2009). 이와 같은 우리나라 직업재활의 변천사를 볼 때 장애인 직업재활은 단순한 수용보호에서 적극적 우대정책(의무고용제와 보호고용), 그리고 최근에는 차별금지정책으로 변화하면서 점차 장애인들을 단순한 복지나 보호의 대상으로 간주하지 않고, 비장애인과의 동등한 기회보장이라는 측면에서 바라볼 때 장애인들의 일을 통한 재활을 시도하는 것으로 분석된다.

■ **요약, 퀴즈**

1. 직업재활의 가치, 목적을 정의하시오.

2. 직업재활의 과정을 설명하시오.

3. 직업재활의 역사적 변천과 앞으로의 발전방향에 대해 논하시오.

제2부

직업 적응 훈련의 개요

직업 적응 훈련의 기초

직업재활의 과정에서 직업 훈련은 기본적으로 적합한 직종에 대한 취업의 준비단계이다. 재활이 단순히 현재 기능의 파악과 그것의 효과적인 활용에만 국한하지 않고 잠재된 기능의 파악과 제한된 기능을 극복할 수 있는 대체기능의 개발에 진정한 가치를 두고 있다는 점을 감안해 본다면 재활에 있어 교육과 훈련의 중요성을 쉽게 이해할 수 있을 것이다.

직업 훈련에 있어서 단순한 직업적 기능의 습득만으로는 직업재활상의 성공을 거둘 수 없으며 직업인으로 갖추어야 할 작업 행동, 작업기술에 필요한 능력, 작업 태도, 습관, 작업에 대한 이해력, 성공적으로 일을 수행할 수 있는 능력의 배양과 전인적 훈련이 필요하게 된다. 따라서 장애인의 직업 훈련은 그 내용상 크게 직업 적응 훈련(work adjustment training)과 직업 훈련(vocational training)으로 구분된다.

직업 훈련이 특정한 직업 종목의 기능을 배양하기 위한 과정인 데 비하여 직업 적응 훈련은 직업인이 되기 위한 훈련을 실시하는 것이라고 할 수 있다. 기관에 따라서는 직업 적응 서비스를 작업습관훈련(work-habit training), 직업 준비훈련(work readiness training), 또는 직업 전 훈련(prevocational training)으로 지칭하기도 한다.

1. 직업 적응 훈련의 개념

1) 적응의 개념

직업 적응 훈련의 개념을 정의하기 위해서 먼저 적응에 대한 개념을 이해할 필요가 있다. 적응(adaptation)이란 환경에 대한 개인의 조정이라고 할 수 있다. 즉, 특정한 지리적 · 사회적 · 구조적 공간 속에서 인간과 상호작용 및 상호교류를 일으키는 환경에 대하여 일반적으로 기대할 수 있는 수준에 적합하도록 내적인 조화를 유지하려는 지속적인 과정이다. 적응은 특정한 기준이나 상황, 소속된 집단과 관련되어 개념화되는 것이므로 효과적인 적응은 인간이 자신이 속한 환경, 사회적 요구에 대처하고자 할 때 나타난다.

적응은 동화(assimilation)와 조절(accommodation)이라는 두 가지의 보완적 과정으로 나뉜다. 동화는 이미 경험이나 학습으로 형성된 개념인 기존의 도식에 맞게 새로운 자극을 이해하는 것이다. 즉, 개인이 새로운 경험을 기존의 도식 또는 구조에 통합시키려는 과정으로 기존 도식의 관점에서 새로운 경험을 해석하는 경향을 말한다. 한편, 환경이 유기체에게 도식의 변화를 요구할 수 있는데 이러한 기존의 도식에 대한 변화가 조절이다. 조절은 대상의 새로운 차원 또는 감추어진 사건을 설명하기 위해 기존의 도식을 수정하는 과정이다.

조절을 통해 도식의 형태에 질적인 변화가 발생하므로 조절은 새로운 도식이 형성되는 과정이라고 할 수 있다. 예를 들어, 도시에서 자란 아동이 부모와 함께 시골에 갔을 때 아동은 벼를 보고 쌀나무라고 했고 부모는 쌀나무가 아니고 벼라고 가르친다. 이 아동은 열매가 달린 것은 나무라는 자기 나름의 도식을 갖고 있어서 이 기존의 도식으로 새로운 사물인 벼를 이해하려 하였고 이것이 동화이다. 그러나 쌀나무가 아니라 벼라는 설명을 듣고 이 아동은 기존 도식과 새로운 사물 간의 차이를 인식하면서 기존의 도식을 변경시킨다. 쌀이 달려 있어도 나무는 아니라는 것을 인식하면서 도식을 변경하는데 이것이 조절이다. 동화와 조절은 보완적이며 동시에 작용하지만 환경의 요구나 개인의 발달 수준에 따라 하나가 다른 하나에 선행할 수 있다(이인정 외, 1997).

피아제(Piaget)는 환경에 대한 인간의 적응력을 인지와 연관시켜 설명했다. 동물의 본능대신 작용하는 인간 특유의 환경에 대한 적응능력을 곧 인지라고 보고, 인간의 인지구조는 조직화와 적응이라는 두 가지 과정에 의해 구성된다고 했다. 조직화는 개념들을 분류하고 개념들 사이의 관계를 이해하여 경험을 체계화하는 것이다. 이때 새로운 경험을 받아들이기 위해서 적응이 일어나게 된다.

지적장애인과 같은 중증장애인들은 그 사회가 요구하는 사회문화적 환경을 받아들이고 조직화하는 능력이 비장애인에 비해 매우 낮다. 이것은 낮은 지능으로 인해 인지발달이 지체되어 있기 때문이다. 그러나 인지능력은 생리적 성숙, 물리적 세계와의 상호작용으로 얻어지는 경험, 유의미한 타인에게서 전수된 지식을 통한 사회적 경험 등이 이루어진다면 충분히 발달할 가능성이 있다.

개인이 그의 나이나 집단에서 기대되는 사회적 책임감, 개인적 자립의 수준에 도달할 수 있는 능력이 적응행동이다. 적응행동은 인간의 성장에 따라 발달단계가 나누어지는데, 유아나 아동 초기에서는 감각, 운동기술, 의사소통능력, 신변생활의 자립, 타인과 협력하는 사회성 등이 발달되며, 아동기와 청년 초기에서는 매일 생활에서 기초지식의 응용, 환경의 조작이나 적절한 추리판단, 집단생활에 참가하는 대인관계 사회적 기술이, 청년기와 성인기에는 직업적, 사회적 책임감과 능력이 주요 발달과업이다.

2) 직업 적응 훈련의 정의

일반적으로 사람들은 성장하면서 자연스럽게 환경에 적응하는 기술을 향상시키며 가정, 지역사회, 직장 등의 환경에 적응해 나간다. 그러나 장애를 갖고 성장한 사람들은 어려서부터 환경의 박탈이나 충분한 기회 또는 경험의 부족으로 인해 적절한 적응기술들을 발달시키지 못하는 경우가 흔히 발생할 수 있다. 특히 직업세계에서 부족한 적응기술은 개인의 삶 전반에 커다란 영향을 미친다(박희찬, 2005).

파커와 지맨스키(Parker & Szymanski, 1998)는 이러한 영향이 장애인들의 심리적 문제이기보다는 비장애인의 태도로 인해 사회적·직업적 부적응을 초래한 결과라고 보았으며, 이처럼 장애인이 가질 수 있는 직업적인 부적응을 해결하고자 하는 과정이 직업 적응 훈련(work adjustment training)이라고 하였다.

라시터(Lassiter, 1983)는 직업 적응을 개인과 작업 환경 간의 조화라고 규정하였고, 가드너(Gardner, 1981)는 사람들로 하여금 우리 사회에서 일을 수행하는데 필요한 작업 행동을 소유하도록 도와주는 일련의 활동으로 정의했다.

라이트(Wright, 1980)는 장애인이 일의 의미, 가치, 요구를 이해하도록 돕고 개인의 직업과 관련된 태도, 개인의 특성, 작업 행동을 개발하거나 수정하며 신체기능을 개발하여 적절한 직업발달을 모색하는 과정이라고 하였다. 강위영(1991)은 직업 적응은 직업의 의미, 가치, 요구를 학습하는 과정으로 태도, 성격, 직업행동 등을 수정하거나 개발하는 과정이며 긍정적인 직업발달을 이루는 데 필요한 기능을 개발하는 과정이라고 보았다.

이와 같은 내용을 종합해 보면 직업 적응 훈련은 직업영역에서 필요한 근로자로서의 기본적인 능력과 태도를 길러 구체적인 직업생활을 할 수 있도록 지원하는 과정으로 개념화할 수 있다. 즉, 직업 적응 훈련은 노동시장에서 필요로 하는 기술(skill)이 부족한 장애인들을 돕기 위해 다양한 경험을 제공함으로써 개인으로 하여금 자기확신, 자기통제, 업무지구력, 대인관계 기술, 직업세계에 대한 이해, 근로자로서의 태도와 자세 등을 개발하도록 돕는 활동이다(나운환 외, 2009). 따라서 직업 적응 훈련은 직업항목에서 공통적으로 필요한 근로자로서의 태도를 형성해 주는 데 그 목적을 가지고 있기 때문에 직업 적응 훈련 프로그램은 노동시장에서 필요로 하는 기술이 부족한 장애인들에게 다양한 경험을 제공하여 부족한 기술을 습득할 수 있도록 지원되어야 한다. 직업 적응 훈련 프로그램에서는 집단활동이나 작업활동을 통해 바람직하지 못한 직업행동을 소거하고 바람직한 행동을 강화하여 직업 적응도를 향상시키는 훈련이 실시된다. 직업세계에서 공통적으로 요구되는 체력과 인내심, 노동습관과 기초지식, 그리고 직업인으로서의 차림새에서부터 인간관계 및 역할인식에 이르기까지 모든 훈련이 포함된다.

미국 버지니아(Virginia) 주 직업재활 매뉴얼에 제시된 직업 적응 훈련의 개념은 통합된 작업 환경에 고용되기 위해 필요한 적정 서비스라고 규정하고 있으며, 훈련 방법으로는 개별적, 집단적 접근, 그리고 직업과 관련된 활동 과정을 활용한다고 하였다. 서비스 내용은 일반적인 직업 관련 훈련과 더불어 실제 상황과 유사한 작업 환경에서의 모의 훈련을 실시하여 훈련에 참여하는 이용자들이 직업에 대한 가치와 태도, 작업 환경에서의 적절한 행동양식을 개발하게 된다. 직업 적응 훈련에 참여하는 장애인들은 직업의 의미와 가치, 직업이 요구하는 기능을 이해하게 되고 직업에 대한 개인의 태도와 성격, 작업 행동에 대해 변화를 추구한다. 이러한 훈련을 통해 이용자들은 직업개발의 최적의 수준에 필요한 직업적 기능들을 습득하게 된다.

우리나라에서 통용되고 있는 직업 적응 훈련의 개념을 파악하기 위해 세부적으로 구분하여 정의해 보면 조작적 정의, 문헌적 정의, 법적 정의로 다음과 같이 나타낼 수 있다.

① 조작적 정의

구직을 원하는 장애인이 작업 환경에 적응할 수 있도록 개인·사회생활, 직업 준비·직업 수행, 직업 능력 향상·직업 유지를 주요 내용으로 직업 배치 이전에 실시하는 훈련을 말한다.

② 문헌적 정의

직업 적응은 장애인이 직업의 의미와 가치, 그리고 직업적 요구들을 이해할 수 있도록 돕고, 개인의 태도나 성격 등을 변화시키며, 최적의 직업적 수준 도달에 필요한 기능적 능력을 개발시키기 위해 개인적, 집단적으로 실시되는 훈련의 과정이다.

③ 법적 정의

장애인복지법 제21조 1항에는 국가와 지방자치단체는 장애인이 적성과 능력에 맞는 직업에 종사할 수 있도록 직업 지도, 직업 평가, 직업 적응 훈련, 직업 훈련, 취업알선, 고용 및 취업 후 지도 등 필요한 정책을 강구하여야 한다고 명시하고 있다.

또한 장애인고용촉진 및 직업재활법 제11조 1항에는 고용노동부장관과 보건복지부장관은 장애인이 그 희망·적성·능력 등에 맞는 직업생활을 할 수 있도록 하기 위하여 필요하다고 인정하면 직업 환경에 적응시키기 위한 직업 적응 훈련을 실시할 수 있다고 규정하였다.

이러한 법정 정의와 관련하여 중증장애인 직업재활 지원사업운영 규정에서는 직업 적응 훈련을 장애인이 직무나 직업환경에 적응하는 데 직접적 혹은 간접적으로 필요한 훈련으로 규정하면서 구체적인 직업 적응 훈련의 내용을 다음과 같이 제시하였다.

<표 4-1> 직업 적응 훈련 내용

직업 적응 훈련 내용
1. 직업생활을 영위하기 위한 전제로서 일상생활 훈련, 대인관계 훈련, 출퇴근 등에 대한 개인 · 사회 적응 훈련
2. 직업 적성 인식과 탐색, 작업습관 형성, 직업환경 적응 등 직업 준비나 수행에 대한 적응 훈련
3. 장애인의 직무능력 향상과 직업 유지를 위한 적응 훈련

직업재활 실천 현장에서는 주로 지적장애인이나 발달장애인을 대상으로 직업 적응 훈련이 이루어지고 있다. 이것은 이러한 대상의 근로자들이 직업적 기술능력의 결여뿐만 아니라 직업 현장에 적응하는 능력이 부족하기 때문에 일상생활 훈련, 대인관계 기술, 출퇴근과 관련된 교통수단 이용 방법, 여가활동 등의 사회적 기술을 가질 수 있도록 지원하기 위함이다. 브라운(Brown, 1991)은 일반적으로 지적장애인들이 사회적 자립과 직업에 관한 기술을 학습할 때 다음과 같은 특징을 보인다고 했다.

첫째, 지적장애인들은 습득할 수 있는 기술의 수가 제한되어 있고, 둘째, 복잡한 기술을 습득하기가 어려우며, 셋째, 지적장애인들은 비장애인보다 일정한 시간이 지남에 따라 습득한 기술에 대한 망각 속도가 빠르고 망각된 기술을 원래의 수준으로 회복하는 데 걸리는 시간도 길다. 넷째, 지적장애인은 학습의 전이와 일반화의 정도가 낮으며, 다섯째, 배운 지식을 종합해서 사용하는 능력이 비장애인에 비해 떨어진다. 따라서 이러한 장애인들의 특성을 이해하고 실제 직업의 현장에서 일어날 수 있는 문제들을 효과적으로 해결할 수 있는 사회적 기술능력 향상에 대한 구체적 전략이 필요하다.

또한 조인수(1989)는 직업 적응에 어려움을 나타내는 장애인의 일반적 직업특성을 직업의식의 결여, 부정적인 자아의식, 비현실적인 동기 형성, 경직과 행동 및 성격상의 견고성, 작업 실패 경험의 누적, 전이의 결여 등이라고 지적하면서 지적장애인이 작업활동의 부담을 줄이기 위해 기능 습득에 문제를 갖는 변별력의 습득과 감각운동의 훈련, 느린 행동에 따른 저생산성 극복을 위한 강화 훈련, 방해행동이나 지나친 행동에 대한 수정 등이 필요하다고 보았다.

워커(Walker, 1988) 등은 직업 적응 훈련에 필요한 사회적 기술을 다음과 같이 정의하고 있다.

① 다른 사람과의 관계를 주도하여 긍정적인 관계를 유지하며 타인의 지시에 따라 행동할 수 있고, 적절한 방법으로 필요한 것을 요구할 수 있는 기술
② 동료에게 수용되고 집단생활에 성공적으로 적응할 수 있으며 기본적인 상호작용 기술, 대화 기술, 친구 사귀는 기술
③ 사회적 환경에 효과적으로 대처하고 적응하는 기술

이와 같이 장애인의 직업 적응 훈련이 성공적으로 실시되기 위해서는 장애인의 직업적 요구와 특성을 잘 분석하고 그들의 발달가능성을 전제로 지적, 심리, 운동, 사회, 정서, 직업적 가능성을 평가하여 개별화된 지도가 이루어져야 한다. 리거와 로렌츠(Rigger & Lorenz, 1985)는 직업 적응 훈련을 위해 고려되어야 할 사정 내용을 다음과 같이 제시하였다.

<표 4-2> 사정의 구체적 내용

단 계	구체적 내용
1단계 잠재적 문제 관심 영역 모순점에 대한 규명	① 문제의 범위 ② 발표 ③ 법적 위임과 수정 ④ 전문가 조직 ⑤ 지역사회 조직 ⑥ 장애인들 조직 ⑦ 개인관찰 ⑧ 개인인식 ⑨ 자료은행 조사 ⑩ 표적집단 조사
2단계 계획 수립과 조직	① 행정책임의 할당 ② 전략 결정 ③ 기준 설정 ④ 시간사용계획 ⑤ 다양하고 잠재적 정보 출처 규명 ⑥ 비용과 기금 출처 확인 ⑦ 특수이익집단 및 지역사회 기관에 대한 인식 ⑧ 자료 수집 계획 수립 ⑨ 기초자료 및 정보 수집 ⑩ 자료처리 계획 ⑪ 욕구조사에 따른 지역사회 관심과 지원 유도 ⑫ 조사 면접과 평가 ⑬ 자문확인 ⑭ 모순점 나열
3단계 문헌 조사	① 자료은행 및 선행연구로부터 정보 수집 ② 조사, 면접, 답사, 목록조사로부터 새로운 정보 수집 ③ 기대치 못한 욕구에 따른 유용한 정보의 제시
4단계 분석	① 정보에 대한 질적인 통합과 해석 ② 자료의 양적 분석과 해석 ③ 발견된 모든 사실들의 통합 ④ 2단계에서 설정된 기준과 결과 간의 차이점 규명
5단계 결론	① 이상과 실제 상태 차이점에 근거하여 욕구에 따른 결론 진술 ② 욕구의 우선순위 ③ 욕구 충족을 위한 프로그램의 규명 ④ 욕구 충족에 필요한 계획 수립을 위한 기금, 정치적, 사회적 요인 및 인적자원 규명 ⑤ 위 ①~④에 근거한 진행 건의서 작성

사정을 통해 나타난 결과를 바탕으로 구체적인 직업 적응 훈련 서비스가 계획되어지고 직업 적응 훈련을 신청한 개인에게 서비스가 제공된다. 미네소타(Minnesota) ABC(Ability Building Center)에서 직업 적응 훈련에 참여하는 장애인들에게 제공되는 서비스의 예를 들면 다음과 같다.

① 직업 상담(vocational counseling)
② 작업 숙련(work hardening)
③ 자원 의뢰(referral to appropriate resources)
④ 교통 훈련(transportation training)
⑤ 작업 기술 훈련(work skill training)
⑥ 현장 훈련(on-the-job training)
⑦ 직무 지도(job coaching)
⑧ 직무 수정(job modification)
⑨ 태도 관리(behavioral management)
⑩ 팀 배정과 조정(team staffing and coordination)
⑪ 개별프로그램 계획(individual program planning)
⑫ 진전 보고(progress report)
⑬ 옹호(advocacy)
⑭ 직무 개발(job development)
⑮ 직무 분석(job analysis)
⑯ 지역사회 작업 경험(community work experience)

2. 직업 적응 훈련의 의의와 목적

직업 적응 훈련은 모든 직업영역에 공통적으로 필요한 근로자로서의 기초능력과 태도를 길러 특정 직종의 훈련에 들어간 경우 토대가 되는 경험을 얻는 것을 그 목적으로 한다.

직업 적응 훈련에 대한 전문적인 기술과 자원은 아직 충분히 개발되지 않았지만 이 프로그램이야말로 장애인에게 가장 유용하게 활용될 수 있는 중요한 재활 서비스라고 그 중요성을 지적하고 있다.

직업 적응 훈련은 각종 직업세계에서 공통적으로 요구되는 근로자로서의 자격, 즉 체격, 인내심, 노동습관, 기초지식, 직업인으로서의 차림새, 직장에서의 인간관계와 역할 인식에 이르는 훈련과정을 그 내용으로 한다. 그러므로 직업 적응 훈련 프로그램은 노동시장에서 필요로 하는 기술(skill)이 부족한 장애인들을 원조하기 위하여 다양한 경험을 제공하여 개인으로 하여금 자기확신, 자기통제, 업무지구력, 대인 상호간의 관계에서의 기술, 작업세계에 대한 이해, 근로자로서의 태도와 자세 등을 개발하도록 도움을 주는데, 이러한 모든 것들은 그들이 일상적인 일에서 요구하는 것들을 처리할 수 있도록 돕게 된다.

라이트(Wright, 1980)는 직업 적응이 ① 청년기에 바람직한 행동양식을 학습하는 데 실패한 경우, ② 장애로 인해 상실한 기술의 회복 욕구, ③ 실제적인 행동의 수정이 요구되는 직종으로 직업을 바꾸고자 할 때 요구된다고 하였다.

또한 장애인의 직업 비교연구에서 미취업자의 특성을 ① 부정적인 자기인식, ② 자신은 다른 사람에게 좋은 인상을 심어줄 수 없다고 믿으며, 따라서 다른 사람을 숭배하거나 모방하는 태도, ③ 책임을 회피하며 다른 사람에게 관심 갖기를 꺼려함, ④ 자신을 애정이 있는 사람 혹은 남을 이해해 줄 수 있는 사람으로 보지 않는 점, ⑤ 자신과 다른 사람에 대한 부정적인 견해를 수정하려 하지 않는 점으로 언급하고 있어, 이들 경우에 직업 적응 훈련이 요구됨을 지적해 주고 있다.

직업 적응 훈련 프로그램은 장애인이 직업적 역할을 성공적으로 수행함에 있어 문제시되는 요소를 해결하거나 수정, 보완시키기 위해 개인이나 환경을 변화시키는 과정이다. 따라서 직업 적응 훈련은 직업상으로 긍정적인 기능을 강화시키고 부정적인 행동을 수정하려는 행동수정의 접근으로 볼 수 있으며, 이 과정의 궁극적인 목표는 클라이언트의 행동이 실제 작업수행 장면에서 요구되는 것과 일치하도록 하는 데 초점을 둔다. 이러한 의미에서 직업 적응 훈련의 접근영역과 대상문제는 직업적 역할 수행에 있어 요구되는 직업의 의미, 가치 및 직업적 욕구의 이해, 태도나 개인적 특성과 작업 행동(자기인식, 작업인내력)의 수정과 개발, 대인관계 기술의 개발로 볼 수 있다.

종합하면, 직업 적응 훈련은 장애로 인한 복합적인 심리, 사회적인 영향에 의해 가질 수 있는 직업기능상의 부정적인 특성을 제거하거나 극복시키기 위한 전문적인 개입으로서 원만한 직업 적응을 통한 사회통합과 참여를 촉진하는 직업재활 과정이라 할 수 있다.

직업 적응의 방법은 학교교육 중심의 직업 준비 훈련과 직업 적응 기관에서의 직업 적응 훈련이 있다. 학교교육 중심의 경우, 특수학교는 직업진로교육을 위한 직업 준비 프로그램을 중심으로 직업 결정을 위한 선행적 경험을 강조함으로써 모든 교육과정을 직업교육에 통합시켜 직업 적응 교육과정을 실시한다. 직업 적응 기관의 경우에는 장애인이 작업 환경에 쉽게 적응하는 것을 목적으로 행하는 적응 훈련 과정으로서 그 내용면에서는 일상생활 자립 훈련, 직업기술 향상 훈련, 인성 적응 훈련 등이 있다(최윤영 외, 2010).

3. 직업 적응 훈련의 과정

직업 적응 훈련의 과정은 크게 준비, 실행, 평가, 전이의 단계로 나누어 볼 수 있다.

준비의 단계에서 이루어져야 할 내용은 주로 훈련 실시를 위한 행정적, 물리적인 것들이다.

1) 준비 단계

먼저 행정적 준비는 운영지침 마련과 훈련교수안 마련, 훈련생 선정 등이 있겠다. 직업 적응 훈련은 전문가와 클라이언트 간의 권한과 책임이 담긴 계약에 의해 이루어지는 서비스이다. 따라서 그 계약 기준 마련을 위한 서비스의 운영지침이 정립되어 있어야 한다. 운영지침의 주요 내용은 서비스 당사자들의 권리와 책임에 관한 것들로 훈련 기간, 훈련 내용, 훈련 대상, 훈련의 시작과 종결에 대한 기준으로 구성된다.

훈련 교수안은 직업 적응 훈련 전문가의 전문성을 대변하는 것이다. 직업 적응 훈련은 원활한 직업생활 유지를 돕는다는 큰 맥락은 동일하겠지만 서비스를 수행하고자 하는 전문가나 기관의 철학과 이념에 따라 세부적인 구성은 달라질 수 있다. 또한 서비스 제공의 효율성을 위하여 실시하는 훈련생 선정 절차에 따라 구성된 서비스 수혜자의 평균 직업 준비도에 따라 훈련의 내용이 달라질 수 있다. 따라서 직업 적응 훈련을 수행하고자 하는 전문가는 자신과 자신이 속해 있는 기관의 철학과 이념을 고려하여 훈련 기준을 정하고 훈련 내용을 구성해야 한다.

일반적인 직업 적응 훈련 내용은 장애인이 직무나 직업환경에 안정적인 적응을 하는 것을 주목적으로 하고 있으며 크게는 개인 · 사회생활, 직업 준비 · 직업 수행, 직업 능력 향상 · 직업 유지, 좀 더 세부적으로는 일상생활 훈련 · 대인관계 훈련 · 출퇴근 적응 훈련, 직업 적성 인식과 탐색 · 작업습관 형성 · 직업환경 적응 직무능력 향상, 기초학습, 신변자립 훈련 등으로 구성될 수 있다.

운영지침이나 훈련 교수안 등의 시행 전 기본 행정 구조가 갖추어지면 서비스 수혜자인 훈련생을 선정하는 과정을 거친다. 학교의 정규교육과정과 달리 훈련생을 선정하는 절차를 가지는 것은 서비스의 효율성 때문이다. 이것은 서비스의 개별화와도 관련 있는 것으로 현실적으로 다양한 수준의 장애인들에게 개별적 서비스를 한 명의 전문가가 수행하기는 어렵다. 따라서 동일 수준의 직업 준비도를 가진 사람들을 대상으로 훈련 과정을 구성하고 서비스를 제공하게 되면 훈련의 효율성이 높아지게 된다. 훈련생은 준비된 직업 적응 훈련이 어떠한 대상에게 제공되었을 때 가장 효과적이겠는가를 고려하여 선정되어야 한다. 또한 선정은 신뢰도와 타당도가 검증된 방식으로 이루어져야 한다. 객관적이지 못하고 정확성이 떨어지는 훈련생 선정은 결국 훈련의 효과를 감소시키는 결과를 가져올 것이다.

2) 실행 단계

서비스 실행의 처음 과정은 선정된 훈련생의 개별 훈련 계획 수립이다. 훈련생들이 선정되면 그들의 개별 훈련 목표 달성을 위한 훈련 계획을 수립하게 된다. 훈련 계획은 초기 직업상담 이후 수립된 IWRP에 기반해서 보다 구체적으로 수립된다. 보통 1~3개월의 관찰 기간을 가진 후에 IWRP 수립을 위해 시행된 직업 평가와 관찰 기간 동안의 평가를 종합하여 개별 직업 적응 훈련 계획을 수립한다. 개별훈련 계획에는 클라이언트의 욕구, 장기 목표, 단기 목표, 훈련영역, 목표 성취를 위한 서비스 과정 목표, 세부 지도방안 등이 포함된다. 이렇게 직업 적응 훈련 실시를 위한 행정적 준비와 훈련 실시 공간의 물리적 준비가 끝이 나면 수립된 개별훈련 계획과 교수안에 따라 서비스를 실시하게 된다.

운영지침과 서비스 일정에 따라 주간 서비스 계획, 월간 서비스 계획에 근거하여 훈련을 실시한다. 훈련 실시를 위한 교수안에 따라 훈련이 계획적이고 구체적으로 진행될 수 있도록 해야 한다.

3) 평가 단계

개별훈련 계획에 따라 제공되는 서비스의 중간 점검 과정으로 수립된 훈련의 목적과 목표가 계획대로 잘 진행되는지 평가를 실시한다. 이것을 서비스 과정 평가라 한다. 서비스 과정 평가는 훈련의 목적과 목표를 점검할 수 있는 평가도구를 선정하는 것이 중요하다. 즉, 수립된 개별훈련 계획의 목표와 서비스 과정 평가의 방법은 상호간에 일관성과 연계성을 가져야 한다. 서비스 과정 평가는 훈련 기간 중 초기, 중기, 말기 평가를 실시하며, 중기 평가의 주기는 전체 훈련 기간을 고려하여 정한다.

서비스 과정 평가의 결과는 개별훈련 계획의 수정으로 이어진다. 즉, 서비스 과정 평가를 통하여 개별훈련 계획에서 수립된 훈련 목표를 평가하여 달성된 목표는 삭제하고 새로운 목표를 첨가하거나 기존의 목표를 상향시키는 등의 수정을 실시한다. 그래서 수정된 개별훈련 계획에 따라 다시 서비스를 실행한다.

4) 전이 단계

마지막 단계인 전이는 직업 적응 훈련 이후의 서비스 지원에 관한 내용이다. 직업 적응 훈련의 클라이언트는 훈련 중에 고용이 되거나 훈련이 종료되어 다음 서비스 대기의 상태에 놓이게 된다. 고용이 된 경우는 적응지도를 통하여 사례관리 서비스로 전이가 되며, 훈련 단계의 조정이나 타 기관으로의 의뢰가 필요한 경우 서비스를 전이하게 되는 과정을 거친다.

4. 직업 적응 훈련 평가와 유의사항

1) 직업 적응 훈련의 평가 방법

(1) 개인별 직업 적응 훈련 계획서 수립 여부

직업 적응 훈련의 적절성에 대한 평가항목으로 개인별 재활계획서 혹은 개인별 직업 적응 훈련 계획서와 훈련장애인의 개별파일에 서비스 제공 내용이 기록되고 있는지에 대해 평가할 수 있다. 직업 적응 훈련이 중증장애인을 대상으로 실시된다는 점을 고려하여야 하며, 재활계획 수립을 통한 개별적 재활접근으로 직업 훈련의 효과성을 극대화할 필요가 있다. 따라서 재활계획의 수립은 훈련 이후의 성공 가능성을 높이고 전문화된 직업재활 서비스의 적용이라는 점에서 직업 적응 훈련의 평가요소로 작용한다.

(2) 직업 적응 훈련 계획서 및 훈련일지 작성 여부

직업 적응 훈련의 적절성에 대한 평가항목으로 직업 적응 훈련 실시에 따른 계획서를 규정의 내용에 의거하여 수립하였는지 여부와 계획서 내용상으로 훈련 목표,

훈련 과정의 기간, 훈련 시간, 인원, 훈련 내용의 편성 등이 합리적으로 이루어졌는가에 대한 평가이다. 또한 훈련일지를 작성하여 프로그램의 진행사항이 정기적으로 기록되고 있는지에 대한 것이다.

(3) 사업계획에 따른 직업 적응 훈련 실시 정도

직업 적응 훈련의 적절성에 대한 평가항목으로 직업 적응 훈련이 사업계획에 의거하여 어느 정도 이루어지고 있는지 퍼센티지를 설정하여 확인한다.

(4) 개인별 직업 적응 훈련 계획에 따른 훈련 실시 정도

직업 적응 훈련의 효과성에 대한 평가항목으로 운영계획대로 프로그램 활동이 이루어졌는지, 계획된 양과 질의 자원(인적, 물적)이 계획된 시간에 투입되었는지, 원래 의도한 대상을 상대로 서비스가 전달되었는지, 관련된 법규나 규정을 지키면서 전달되었는지에 대한 평가이다. 또한 정기적으로 프로그램 및 훈련장애인의 평가와 사례회의의 실시 여부에 대해 확인한다.

(5) 직업 적응 훈련 서비스의 전문성

직업 적응 훈련의 효과성에 대한 평가항목으로 적절한 전문교사의 배치와 직업재활 전담 직원과의 연계성, 훈련 방법의 다양성, 훈련 과정의 합리성 등을 훈련일지, 인사기록카드, 현장 확인을 통해 평가할 수 있다.

또한 훈련 과정이 진척됨에 따라 개별 훈련생에 대한 평가가 이루어져야 한다. 훈련생의 진척도평가와 더불어 평가 결과의 적용은 곧 훈련접근성의 수정과 개별적 접근성을 높여 훈련의 효과를 극대화하는 방법이 될 것이기 때문이다.

(6) 신규 프로그램 개발 노력

직업 적응 훈련의 효과성에 대한 평가항목으로 지역사회의 특수성을 반영하는 신규 프로그램 개발 노력에 대한 근거와 프로그램의 적용효과를 확인할 수 있는 경우로 사업계획서, 업무일지 등을 통해 확인한다.

(7) 사회 적응 훈련의 실시 정도

직업 적응 훈련의 효율성에 대한 평가항목으로 훈련의 내용 중 직업생활 영위와 간접적으로 관련된 치료서비스, 일상생활 기술 훈련, 사회성훈련, 지역사회 적응 훈련, 이동능력 향상 훈련, 의사소통 훈련, 신체협응능력 향상 훈련 등의 프로그램 내용구성과 관련하여 업무일지, 직업 적응 훈련 계획서, 훈련일지 등을 통해 확인한다.

(8) 직업생활 관련 적응 훈련의 실시 정도

직업 적응 훈련의 효율성에 대한 평가항목으로 훈련 내용 중 직업능력 향상과 직접적으로 관련된 작업 태도, 작업 습관, 직업 인식, 직업 탐색, 직업 준비, 전환교육 등을 실시하고 있는지에 대해 개별파일, 훈련 계획서, 훈련일지 등을 통해 확인한다.

(9) 훈련생 확보를 위한 노력

직업 적응 훈련의 효율성에 대한 평가항목으로 훈련생 확보를 위한 정기적인 활동과 매체 활용 등의 내용을 홍보물이나 홍보 노력에 관한 관련 자료를 통해 평가할 수 있다. 대다수의 장애인은 아직도 훈련 정보나 훈련의 시기를 놓쳐 훈련의 기회를 갖지 못하는 경우가 많다. 따라서 보다 많은 장애인에게 기회접근성을 보장한다는 측면에서 직업 훈련에 대한 홍보가 활성화되어야 할 것이다.

2) 직업 적응 훈련 시의 유의사항

(1) 과정, 내용 및 방법 면에서의 유의사항

① 과정 면에서의 유의사항

훈련의 계획 시 직업 적응 훈련 담당자가 기관 및 개인의 편의에 의해 무작위로 훈련을 계획한다면 목표달성에 결정적으로 영향을 미치는 중요한 영역들의 많은 부분이 누락될 수 있다. 따라서 훈련의 계획은 평가를 통해 얻어진 정보를 바탕으로 해야 하며, 그것은 직업 적응 훈련 담당자가 먼저 분석, 연구한 후 장애인과 함께 계획되어져야 한다. 직업 적응 훈련 담당자는 훈련생의 흥미를 끌고 각 훈련 계획의 중요성을 전달하는 것은 매우 중요하며, 이를 통해 훈련생에게 동기부여를 하여야 한다.

② 내용 면에서의 유의사항

선택된 훈련 계획은 고정되어 불변하는 것이 아니라 상황이나 훈련생의 정도 등에 따라 계획적으로 수정 발전되어야 한다. 훈련의 내용은 취업의 경험의 유무 등의 요소들은 내용 면에서 고려되어야 하며 같은 내용의 훈련일지라도 모두에게 동일한 성과를 기대하여서는 안된다.

③ 방법 면에서의 유의사항

훈련의 계획은 원칙적으로 개별화된 접근법을 사용하여야 한다. 그러나 경우에 따라서 집단적 방법이 사용될 수 있으며, 각각의 훈련 계획은 영역에 따라 요약되어 제시되어야 한다. 이는 훈련 계획의 수정 및 평가에 큰 영향을 미친다.

■ 요약, 퀴즈

1. 직업 적응 훈련의 목적과 대상자들에 대해 구체적으로 토의하시오.

2. 직업 적응 훈련의 과정을 설명하시오.

제3부

직업 적응 훈련의 실천모델

생활 중심 진로교육 프로그램(LCCE)

1. 이론적 배경

1979년 미국에서는 특수교육 및 재활 서비스국(OSERS: The Office of Special Education and Rehabilitation Service)이 교육부 내에 설치되어 특수교육과 직업재활의 연계를 도모하였다. 그러나 학령기를 마친 이후에도 고용의 기회가 적고, 비장애인에 비해 실업률이 월등히 높아 1983년 중등교육 및 전환기 서비스 조항이 PL 98-199 수정안으로 통과되어 직업전 교육에 보다 많이 투자를 유도하게 되었다. 이러한 법 제정의 결과로 여러 대학에서는 장애인 교육, 직업재활, 직업전환 프로그램을 실시하며 다양한 직업전 교육의 모델을 개발하였다.

브롤린(Brolin, 1983)에 의해 제시된 생활중심 진로교육(life centered career education)은 일상생활 기능, 개인-사회적 기능, 직업적 기능, 이 세 가지를 기반으로 성공적인 직업생활의 기본이 되는 22개의 주요 수행기능을 강조하고 있다. 이 커리큘럼은 Brolin과 동료들이 컬럼비아 미조리 대학에서 15년간 개발하고 연구한 장애학생 진로교육의 일환으로서 진로발달(career development) 경험의 논리적인 결과를 제시하여 여러 사람들로부터 많은 지지를 받았다.

생활중심 진로교육 프로그램은 일상생활 기능, 개인-사회적 기능, 직업적 기능을 보조하는 학문적 기능을 중요시 여긴다. 이것은 진로교육이 학생들이 배워야 할 유일한 것을 의미하는 것이 아니라 진로교육이 가르쳐야 할 중요하고 광범위한 부분이 되어야 한다는 것이다. 진로교육이 단순히 직업교육을 지칭하는 또 다른 용어가 아니라 삶의 모든 역할과 환경, 사건들에 대해 인간을 성장시키고 개발시키는데 초점을 맞춘 교육이 되어야 한다는 것이다(조인수, 1995).

생활중심 진로교육의 폭넓은 관점은 22개의 학생이 익혀야 할 주요수행능력(competency)을 일상생활 기능(daily living skills), 개인−사회적 기능(social−personal skill), 직업지도와 준비(occupational guidance and preparation)의 3개 큰 범주로 나누고 학문적 주요수행기능은 이 세 가지를 보조하는 기능을 한다.

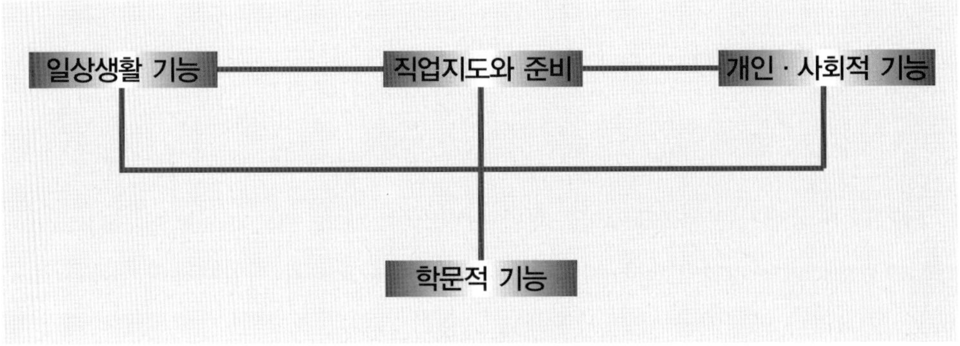

[그림 5-1] 생활 중심 진로교육 영역

일상생활 기능, 직업지도와 준비, 개인 - 사회적 기능 등의 3개 영역에서 추출된 22개의 주요 수행능력과 이것을 구체화 한 97개 하위 수행기능으로 체계화 한 생활중심 진로교육 모형은 장애학생들에게 직업교육의 목표와 긴밀하게 관련된 학습 경험의 구성을 강조하고 있으며, ① 진로 인식, ② 진로 탐색, ③ 진로 준비, ④ 배치와 사후지도 4단계로 구분하여 접근할 것을 제시하고 있다.

2. 주요 개념

생활중심 진로교육 프로그램은 교사들에게 장애학생들을 학교에서 직업에 성공적으로 뛰어들 수 있도록 하는 효과적이고 기능적인 커리큘럼의 골격을 제공한다(Brolin, 1989).

〈표 5-1〉은 생활중심 진로교육의 주요 수행기능과 진로발달의 단계가 어떻게 관련되는지 설명하고 있다. 이 모델은 통합적인 모델로서 생활중심 진로교육의 수행에 있어서 누가 함께 참여해야 하는지 보여주고 있다. 학령기에는 특수 교사가 주요 책임을 담당하고 학령기 이후에는 직업재활사가 책임을 담당해야 한다. 또한 학부모와 지역사회 공동체가 함께 참여하도록 구성되어 있다.

<표 5-1> 생활중심 진로교육 모델

단 계	초 등	중 등	고 등	고등부 이후	성인기
교육과정 100% 50% 0%	기본적인 학습기술을 습득하도록 교육함 직업인식	직업탐색	직업 준비	취업지도 사후지도 계속교육	
직업교육의 책임소재	특수교육이 우선적인 책임 상담 / 일반교육이 이차적 책임 부모 기업 / 산업기관 지역사회 기관		특수교육 (1차 책임) 직업교육 일반교육 / 상담 부모 기업 / 산업 지역사회 기관	특수교육 직업교육 직업재활 부모 기업 / 산업기관 지역사회 기관	직업재활 (1차 책임) 독립생활P/G 재활기관 부모 기업 / 산업체

생활중심 진로교육의 전통 모델은 성공적인 성인의 역할을 위한 진로교육, 개발, 준비의 과정에 대해 11가지의 중요한 가정을 제시하고 있다(Brolin, 1989).

① 개인 특유의 능력과 욕구와 같은 작업 퍼스넬리티 개발이 출생 이후 아동기부터 형성되기 시작되므로 초기에 개인환경에 적절한 강화를 주면 충분히 성숙한다.

그러므로 학교와 학부모들이 초기에 적절한 진로발달과 성숙을 위해 필요한 경험과 강화를 제공하여야 한다.

② 개인의 진로는 직업 이상의 것이다. 진로는 가정이나 여러 공동체에 무보수로 일하는 것도 포함된다.

그러므로 개인의 진로는 보수를 받는 고용뿐만 아니라 공동체의 편익을 위한 자원봉사자로서 가정이나 부업을 통한 생산적 활동에 참여하는 방법으로 작업 욕구를 충족할 수도 있다.

③ 개인의 진로만족(career satisfaction)을 주는 잠재력과 기능을 습득하는 데는 진로발달의 4단계가 적용된다.

진로인식(career awareness)은 초등학교 때부터 시작되어 성인의 삶에까지 지속된다.

④ 성공적인 진로발달과 생활기능을 얻기 위해서는 네 가지 부분의 학습이 필요하다.

첫째, 학문적 기능은 읽고, 쓰고, 계산하고, 예술과 음악을 음미하는 것이다. 둘째, 일상생활 기능은 돈을 관리하고, 가정을 꾸려 나가며, 개인적 욕구를 충족하고, 음식을 준비하는 것과 같은 독립적 생활과 직장을 갖는 것을 말한다. 셋째, 개인 · 사회적 기능은 자신과 사람들 사이의 관계를 알 뿐 아니라 문제를 해결하고, 독립적인 기능을 수행하며, 일과 삶에 필요한 자질을 갖추는 것을 말한다. 넷째, 직업 기능은 초기부터 시작하여야 하고 직업에 대한 이해와 욕구, 태도, 능력을 개발하고, 장래의 직업을 성공적으로 수행할 수 있도록 학교 관계자들의 관심이 필요하다.

⑤ 진로교육과 주요 수행기능 지도는 교과과정에서 융합되어 나타나야 한다.

위의 4가지 영역은 매우 밀접하게 연관되어 있으며 동시에 가르쳐야 한다.

⑥ 성공적인 진로 개발과 전환교육은 학교, 학부모, 기업, 산업, 장애인 개개인을 위한 직업 안내를 제공하는 공공기관 사이의 능동적인 유대관계를 필요로 한다.

LCCE모델에서는 이 같은 유대관계가 고등학교 과정에서 끝나는 것이 아니라 이후에도 지속되어야 하는 것이다.

⑦ 실습경험학습(hands-on experimental learning)은 장애를 가진 학습자를 잘 가르칠 수 있는 방법이다.

많은 사람들이 직업적, 사회적, 일상생활에서와 같은 실제 세계에서 동기부여

받고 친숙하게 학습활동을 수행할 수 있다. 교사는 가능하면 이와 같은 많은 경험을 수업계획에 포함시켜야 한다.

⑧ main-streaming을 통한 정상화(normalization)는 성공적인 진로발달과 전환노력에 매우 중요하다.

장애가 있는 사람들은 성인으로서 살아남으려면 모든 형태의 인간들과 일하며 살아가는 법을 배워야 한다.

⑨ 협동적 학습환경은 장애를 가진 학습자의 높은 자존심과 좀 더 나은 상호작용, 수업, 학급에서 좀 더 올바르게 행동하는 법을 배우는데 있어 경쟁적이고 개인적인 환경보다 훨씬 성공적이다.

협동적인 학습환경은 비장애인과 장애인의 학습 사이에 긍정적인 관계를 형성하게 한다.

⑩ 진로교육 프로그램의 감독과 수행을 책임지는 조정자(coordinator)가 필요하다.

조정자는 프로그램을 수행할 팀을 구성해야 한다. 21세까지는 특수교사가 맡고 그 이후는 직업재활사가 맡는 것이 좋다.

⑪ 적절한 공공기관 사이의 동의와 여러 기관들의 현직훈련은 관련된 모든 사람들이 전환 프로그램의 목표와 역할, 책임, 위원회, 시설 자금에 대해 이해할 수 있게 하며, 마음을 같이 하는데 매우 중요한 역할을 한다.

성문화된 지침서와 토론을 통해 수행방법이 도출되어야 한다.

생활중심 진로교육 모델은 프로그램이 학생들로 하여금 훌륭한 성인이 되는데 필요한 진로교육과 직업 퍼스낼리티의 개발을 위해 조직화 되며, 체계적인 지도가 초등학교 때부터 시작되어야 한다고 보고 있다. 따라서 학문적, 일상적 생활, 개인·사회적, 직업적 기능의 습득을 통해 성공적인 고용이 가능하다고 전제하며 전인적 교육접근법이 학생들의 학업 종료 후에 생산적인 삶을 수행하는데 많은 도움을 줄 것으로 본다.

3. 실천과정

생활중심 진로교육 프로그램의 목표를 달성하기 위해서는 진로교육을 하면서 실질적인 관련 경험과 내용을 지도하도록 하여야 한다. 주요 수행기능의 개발과 적용에서 중요시할 2가지가 있다. 첫째는 각 단원 사이에 어떤 관련성을 갖고 있어야 하고 동시에 전반적 커리큘럼상에 어디에 위치해야 하는지 정확히 알아야 한다. 어떤 단원은 하나의 영역에 연결할 수 있는 반면, 어떤 자료는 그 연관성을 잘 파악할 수 없는 것도 있다. 이 단원들은 기능습득의 진척도, 개념의 난이도, 지식의 응용력에 따라 수행과정을 조금씩 조정해야 할 것이다.

상황이나 교육 여건에 따라 효과적인 주요 수행기능 단원의 이용은 달라질 수 있다. 다른 교육과 마찬가지로 교사와 상담사는 ① 학생들의 욕구와 동기부여, ② 다양한 지도 / 학습형태, ③ 신체적, 정신적 환경요인, ④ 평균지능과 학교의 교육운영 방침에 따라 각 자료의 사용을 결정하여야 한다. 그러므로 교사와 상담사가 이 자료를 이용하면서 품을 수 있는 의문에 대한 대답은 ① 학생들이 이용하기 쉽고 성장에 도움이 될 수 있는 것, ② 기존의 교사와 학생들 간의 분위기에 따라 결정하면 된다.

교사들은 사용할 자료의 범위와 결과, 난이도, 수업과정 중의 수정여부, 대체활동 이용, 시간제약, 팀별지도와 같은 사항에 질문하고 관심을 표명할지 모른다. 이에 대한 적절하고 일반적인 대답은 교사들이 의사결정을 내리는데 있어 자신의 개인적, 전문적 판단을 사용하면 된다. 교사와 상담자가 내리는 최선의 선택은 학생들의 진로발달에 도움이 될 것이다.

1) 지도단원의 구조와 내용

생활중심 진로교육 프로그램은 22개의 진로교육 주요 수행기능을 바탕으로 97개의 하위 수행능력을 체계적으로 구성하고 있다. 각 단원은 목표, 활동 / 전략, 교사 / 관련자의 역할 3부분으로 구성되어 있으며, 학생들에게 각 수행능력을 지도할 수 있도록 교사와 상담사를 지원하도록 만들어졌다. 각 능력개발을 지도하기 위한 특별한 방법이 있는 것은 아니며, 이것은 개별 기관의 재량과 LCCE 계획에 따라 수행하도록 한다. 어떤 수행능력 단원은 초등부 때 가르쳐야 하는 반면, 어떤 것은 중 · 고등부 2, 3학년 때 지도해야 할 것도 있다. 어떤 능력과 하위능력을 어느 정도 성취하였는지 알 수 있도록 수행능력평가척도(competency rating scale, CRS)를 이용할 수 있다.

① 목표

각 수행능력단원은 하위 수행능력 단원을 통해 목표가 제시되어 있다. 각 자료는 교사가 학생 욕구에 따라 수업에 맞추어, 또는 이용 가능한 자료에 맞추어 사용할 수 있지만, 논리적인 순서로 배열하려고 시도하였다. 학생들이 학습능력을 배양할 수 있도록 세분화해서 지도할 수 있으며, 아울러 개별 학생들의 욕구에 부응하도록 새로운 목표를 추가할 수 있다.

② 활동 / 전략

담당자는 지속적으로 학생들이 주요 수행기능에 좋은 본보기가 될 수 있는 공공기관의 대표들과 접촉할 수 있는 기회를 자주 갖도록 노력해야 한다. 또한 특수교육을 받는 학생들이 장차 자신이 갖고자 하는 일들과 유사한 직업을 가진 산업체 사장들을 초대하여 수업시간에 그들이 하는 일들을 들어보아야 한다. 진로에 대한 정보제공자, 유사한 경험을 했던 상급 학생, 동료들이 포함된다. 어떤 경우에는 부모님이 가장 적절한 도움을 줄 수 있는 보조원이 될 수 있고, 어떤 경우에는 부모님과 동료들이 수업에 함께 참여할 수 있다.

③ 교사 / 관련자의 역할

가. 특수교사의 역할

특수교사는 학교, 공동체, 학부모가 학생의 진로발달 욕구를 지원하기 위한 주위의 도움을 조정하고 모으는 역할을 한다. 학교나 비학교 관계자들에게 그들이 학생들의 교육에 어떻게 최선을 다해 도울 수 있을지 조언을 제공할 수 있다.

㉠ 현직 조언, ㉡ 지도 방법과 학습자료 자문, ㉢ 학습 자료 수정 개발, ㉣ 학생의 기본적 학문 기능, 태도에 관련된 정보의 공유

나. 가족의 역할

학교 관계자의 안내와 지원을 받아 학생이 모든 능력을 배양하는 데 도움을 준다. 부모들은 학생들이 책임감을 갖고 진로에 대한 특수한 기능을 가르치고 자존감과 독립심이 자랄 수 있도록 건강한 정신적 환경을 제공한다. 또한 가족 구성원들이 학급활동에 적극적으로 참여하여 학생을 돕는다.

다. 공공기관 / 산업체 역할

복지관, 직업재활기관, 직업안내소, 병원 등의 전문가들은 진로 탐색과 진로교육 계획수립을 위한 다양한 정보를 제공한다. 기업과 산업체는 직업지도와 실습을 통해 진로교육 커리큘럼의 실무적인 요소를 배우는 데 도움을 준다. 기업과 산업체에 종사하는 사람을 초청하여 강의할 수 있고, 현장학습을 통해 실무를 경험하게 한다. 그 외에도 성직자, 은행가, 정치가, 소방관, 경찰, 의사, 기타 노동자들은 일상생활 기능 단원을 배우는 데 도움을 주며 학생들에게 의미 있는 진로교육 자원이 된다.

2) 생활중심 진로교육 영역

진로교육 커리큘럼은 지역사회를 기반으로 이루어져야 한다. 교사들이 커리큘럼의 목적, 목표, 지도방법을 결정하는 데 많이 참여하여 질적인 진로교육 프로그램을 구성해야 한다. 생활중심 진로교육 프로그램은 주요 수행기능 지도를 위한 커리큘럼의 골격이 제시되어 있으나 이 골격은 지역사회 환경에 맞게 쉽게 조장할 수 있도록 만들어져 있다. LCCE 3개 영역의 97개 하위영역에 대한 구체적인 내용은 〈표 5-2〉와 같다.

<표 5-2> 생활중심 진로교육, 교육과정 영역, 주요 수행기능 및 하위기능

커리큘럼 영역	주요수행기능	하위기능						
1) 일상생활기능	(1) 자기금전 관리	1. 금전 계산과 정확한 거스름돈 주고받기	2. 현명한 소비생활 이행	3. 기본적 금전 기록의 보존	4. 세금을 계산하고 지불한다.	5. 은행이나 신용금고 시설의 이용	6. 은행의 서비스의 활용	
	(2) 가사도구의 선택과 관리, 유지	7. 가정(옥내 및 옥외) 관리	8. 기본적인 설비 및 도구 이용	9. 적절한 주거환경의 선택	10. 집안의 시설설비	11. 가정관리		
	(3) 자기 욕구의 충족과 관리	12. 신체적 적용, 영향 및 체중 조절의 지식 이해	13. 적절한 몸단장 및 위생 상태 유지	14. 적절한 옷입기	15. 질병, 예방, 치료의 지식	16. 자기 안전의 실천		
	(4) 자녀 양육(결혼책임 인식하기)	17. 어린이 양육 준비(신체적 보호)	18. 어린이 양육의 심리적 측면 이해	19. 결혼적응의 준비				
	(5) 식료품의 구입, 요리	20. 식료품 구매	21. 부엌 청소	22. 음식 저장	23. 음식 요리	24. 적절한 식사습관	25. 균형 있는 식사 계획	
	(6) 의복의 구입, 관리	26. 의복 세탁	27. 의복의 구입	28. 의복의 다림질, 수선 및 보관				
	(7) 책임 있는 시민적 활동 이행	29. 시민적 권리와 책임 이해	30. 중앙, 지방정부의 역할 이해	31. 법지식 및 법 준수 능력	32. 시민으로서의 권리와 책무 이행			
	(8) 오락과 여가 활용	33. 유용한 지역사회 자원의 이해	34. 활동을 현명하게 계획하고 선택함	35. 오락의 가치 이해	36. 집단 및 개인행동에 적극 참여	37. 휴가 계획 세우기		
	(9) 지역에서의 이동과 주변 익히기	38. 교통 법규와 안전수칙의 이해	39. 여러 가지 교통수단에 대한 지식 및 활용	40. 지역사회의 구역 알기	41. 운전			

커리큘럼 영역	주요수행기능		하위기능						
2) 개인·사회적 기능	(10) 자아 인식하기	→	42.신체적·정신적 욕구와 확인	43. 흥미 및 능력의 파악	44. 정서의 파악	45. 신체 이해			
	(11) 자신감 획득하기	→	46.자기존중감 표현	47. 자기의 생각을 타인에게 표현	48. 칭찬하기 및 수용	49. 비판하기 및 수용	50. 자신감 증진		
	(12) 사회적 책임행동 수행 기능	→	51 타인의 권리와 존중에 대한 존중	52. 권위의 인정 및 지시 이행	53. 공공장소에서의 적절한 행동하기	54. 환영받는 성격 특성의 이해	55. 개인적 역할의 이해		
	(13) 좋은 인간관계 기능 유지하기	→	56. 듣고 반응하기	57.친밀한 대인관계 형성 방법의 이해	58. 우정의 형성 및 유지 방법 이해				
	(14) 독립심 배양하기	→	59. 자아실현을 위한 노력	60. 자아조직의 이해	61. 다른 사람에 미치는 행동의 영향 인식				
	(15) 문제해결 기능 배양	→	62. 조력자원의 활용	63. 결과에 대한 예	64. 대안의 개발 및 평가	65. 문제의 본질 인식	66. 목적 지향적 행동의 개발		
	(16) 타인과의 의사소통하기	→	67. 위급상황의 인지 및 대응	68. 알기 쉽게 말하기	69. 의사소통의 대처 방법의 이해				
3) 직업지도와 준비	(17) 직업 적성 인식과 탐색하기	→	70. 작업의 수지 측면 확인	71. 직업 및 훈련 정보의 원칙 확인	72. 작업을 통해 충족되는 개인적 가치의 확인	73. 작업을 통해 얻어진 사회적 가치의 확인	74.직무의 서로 다른 작업 체제의 분류 이해	75. 지역에서 얻을 수 있는 직업 기회의 발전	
	(18) 직업선택과 직업계획 세우기	→	76. 실제적인 직업 선택	77. 적절하고 유용한 직무 요구 조건 확인	78. 직업 적성 확인	79. 주요한 직업적 흥미 확인	80. 주요 직업적 요구의 확인		

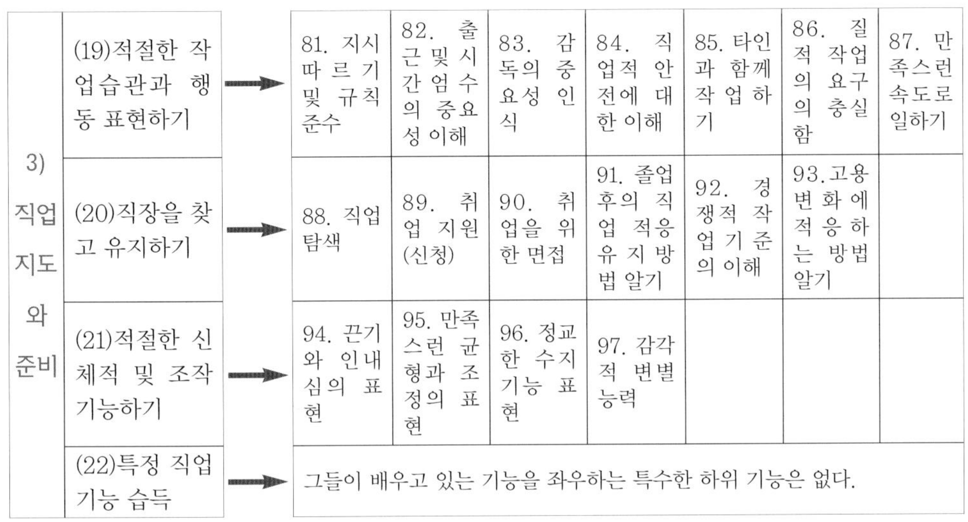

3) 직업지도와 준비	(19)적절한 작업습관과 행동 표현하기	81. 지시 따르기 및 규칙 준수	82. 출근 및 시간 엄수의 중요성 이해	83. 감독의 중요성 인식	84. 직업적 안전에 대한 이해	85. 타인과 함께 작업하기	86. 질적 작업의 요구의 충실함	87. 만족스런 속도로 일하기
	(20)직장을 찾고 유지하기	88. 직업 탐색	89. 취업 지원(신청)	90. 취업을 위한 면접	91. 졸업 후의 직업 적응 유지 방법 알기	92. 경쟁적 작업 기준의 이해	93.고용 변화에 적응하는 방법 알기	
	(21)적절한 신체적 및 조작 기능하기	94. 끈기와 인내심의 표현	95. 만족스런 균형과 조정의 표현	96. 정교한 수지 기능 표현	97. 감각적 변별 능력			
	(22)특정 직업 기능 습득	그들이 배우고 있는 기능을 좌우하는 특수한 하위 기능은 없다.						

출처: 조인수(1995). 발달지체인의 생활중심 진로교육 모델과 프로그램 구성을 위한 기초 연구에서 재구성

3) 커리큘럼 영역과 지도내용

(1) 일상생활 기능(daily living skill)

대부분의 장애학생들은 독립적이거나 반독립적인 시민이 될 잠재력을 가지고 있다. 이들은 부분적이기는 하지만 결혼하여 가족을 꾸려 나가며, 가장이나 주부가 될 것이다. 따라서 어떻게 가능한 한 효율적으로 가정을 꾸려 나가고, 가족을 부양하며, 돈 문제를 해결해야 하는지 아는 것이 중요하다.

① 자기 금전관리(managing personal finance)

각 개인이 어떻게 자신의 돈을 관리해야 하는지 아는 것은 특히 중요하다. 이러한 종류의 지식으로는 가계부를 사용하여 간단한 재무 기록의 가치를 파악하고, 은행과 신용기관의 이용법, 현명한 지출계획이 포함된다. 또한 수표 사용과 예산편성도 포함된다.

② 가사도구의 선택과 관리, 유지

학생들은 가구, 장비, 전자제품 관리 등 가정을 어떻게 적절히 관리해야 하는지 배워야 한다. 가전제품이나 부서진 가구의 수리, 전기 플러그 교환, 배수관 수리 등이 커리큘럼에 포함되어야 한다.

③ **개인적 욕구 관리**

화장과 위생법, 성교육, 육체적 건강과 같은 지식은 개인이 자신의 개인적, 신체적 욕구를 관리하기 위해 배워야 한다. 이와 같은 부류에 있어서의 능력 결핍은 다른 사람과 어울리거나 인정을 받는데 어려움을 초래한다.

④ **육아와 결혼에 대한 책임**

학생들은 효과적인 가정생활의 요소를 이해할 필요가 있다. 이러한 것으로는 가정의 목표를 설정하는 것, 올바른 의사결정, 유용한 자원의 이용, 출산과 피임, 아동과 성인의 욕구 충족, 안전하고 건강한 가족구성원 유지 등을 들 수 있다. 또한 중요한 것으로 육아와 청소년기 성 경험에 대한 이해가 있다.

⑤ **식료품 구입, 요리**

식단계획, 음식준비, 관리, 저장과 적절한 식사 준비는 매우 중요하다. 또한 부엌에서 안전하게 요리하는 법, 칼과 스토브 같은 기구를 다루는 법을 익히는데 중점을 둔다.

⑥ **의복구입과 관리**

자신의 몸에 알맞은 의복 고르는 법, 세탁, 다리미질, 수선법이 학생들의 훈련과정에 포함되어야 한다. 또한 예단을 뜨거나 커튼, 벽걸이, 뜨개질 같은 기능도 포함되어야 한다.

⑦ **책임감 있는 시민 정신**

공동체의 구성원들에게 공헌하기 위해서는 학생들은 법률과 개인이 갖은 권리, 후보 등록, 투표, 시민으로서의 책임, 관습, 기타 적절한 시민정신을 함양하여야 한다.

⑧ **오락과 여가선용**

모든 학생들이 오락활동에 대한 지식을 갖추도록 하는 것은 매우 중요하다. 이러한 활동은 친구를 사귀거나 자신감 배양과 같은 기능을 배우는 데도 도움을 준다.

⑨ **지역이동(mobility), 여행**

학생들은 지역에서 이동하고 여행자원을 이용할 수 있어야 한다. 운전을 배우고,

교통법칙을 준수하고, 이동에 도움을 주는 기관을 알아서 효율적으로 움직일 수 있어야 한다.

(2) 개인-사회적 기능(personal-social skill)

독립심, 자존감, 사회성, 사교성 등은 개인이 공동체 안에서 살아가는데 매우 중요한 기능이다. 개인-사회적 기능과 관련하여 익혀야 할 사항은 다음과 같다.

① 자아인식(self-awareness)

학생들은 개인으로서 자신의 특성을 이해하고, 수용하며, 존경해야 한다. 자신의 능력과 가치, 야망, 관심을 이해하고, 자신에게 의미 있고 생산적인 삶의 방식을 형성하는 것이 중요하다. 자신이 누구이며, 삶에서 무슨 일을 할 수 있을지에 대해 배우는 것과 사회적 친화력을 배양하는 것이 필요하다.

② 자기신뢰(self-confidence)

장애인들은 종종 비인간적인 조소와 비난의 대상이 되곤 한다. 이들은 주위로부터 일반인들과는 다르고, 무능하며, 소외된 사람이라는 생각을 갖게 하여 자신에 대해 실망하게 된다. 학생들은 학습과 행동에 있어서 자신에게 긍정적인 강화와 동기부여, 적절한 분위를 제공해 주는 환경이 필요하다. 성인으로 성장하기 위한 큰 변화와 개인적 혼란을 이기고 사회 속에서 개인으로서 역할을 확대, 개척할 수 있도록 해야 한다.

③ 사회적으로 책임 있는 행동 수행 기능

학교에 다니는 많은 학생들이 사회적 에티켓과 적절한 사회적 행동을 이해하지 못하고 있다. 다른 사람의 특성을 이해하고, 다양한 상황에서 어떻게 반응하고, 어떻게 사회적 관계를 형성하고 유지해 나가는지, 약속을 정하고, 식사하는 에티켓 등을 익혀야 한다.

④ 좋은 인간관계 유지

어떤 조사에 의하면 장애인들이 실직하는 주요 이유 중 하나가 좋은 인간관계를 유지하는 능력의 결핍이라고 한다. 레크리에이션, 여가선용, 적절한 사교모임 등을 통해 많은 사람들이 어떻게 의미 있는 우정을 발전시키는지 알아야 한다.

⑤ **독립심 배양**

학생들은 스스로 자신의 일을 처리하는 정신을 배양하여야 한다. 예를 들어, 모임의 선택, 친구 선택, 지각하지 않고 출석, 입을 옷 선정과 같은 것에서도 자신의 행동에 대해 책임을 지는 것을 배워야 한다.

⑥ **문제해결 기능 배양**

주요 수행기능 과정에서 학생들은 자신에 대한 결정을 해야 할 기회가 많이 있다. 모든 학생들은 좋은 의사결정이 갖는 구성요소와 의사결정 단계, 의사결정에 필요한 요소들을 고려하는 법을 배워야 한다.

⑦ **타인과의 의사소통**

자신을 표현하고 다른 사람을 이해할 수 있는 의사소통 기능을 배워 언어적, 비언어적으로 효과적 상호 의사소통이 가능해야 한다. 타인의 생각을 이해하는 능력은 아주 중요하나 발달장애인들에게는 상당히 어려운 일이 될지 모른다.

(3) 직업지도와 준비

만일 사람들이 자신의 진정한 잠재력을 발휘하려 한다면 그들은 교육시스템을 통해 다양한 직무를 인식하고, 필요한 기능을 익히고, 여러 작업을 경험하여 논리적이고 자신에 맞는 직업을 선택하여야 한다. 그러므로 초기의 교육적 노력은 직업인식과 직업 평가(vocational evaluation), 직업 적응(work adjustment), 직업교육과 훈련, 직업적성검사(job tryouts), 직업배치와 같은 영역에서 출발해야 한다.

① **직업 적성 인식과 탐색**

많은 청소년들은 일의 세계에 대해 매우 제한적으로 알고 있다. 이들은 정보와 경험도 부족하다. 현장 견학, 공공기관의 홍보, 아르바이트 경험, 국가 고용서비스, 영상 자료, 문헌 등을 이용하여 교육할 수 있다.

② **직업선택과 계획**

자신만의 특수한 능력, 관심, 욕구와 이것들이 장래 직업과 어떻게 관련이 있는지 인식하여야 한다. 학생들이 자신과 직업선택에 있어 충분한 정보를 가질 수 있도록 지도가 필요하다.

③ 적절한 작업습관의 행동 표현

직업 적응 훈련에서 실행하는 교육 프로그램은 공동체 환경에서 나타날 수 있는 작업 환경을 꾸며서 적절한 작업 행동을 익히도록 하는 것이 중요하다. 작업자의 특성에 대해 이해하고 작업에 필요한 기능을 개발해야 한다.

④ 고용탐색, 확보, 유지

학생들이 직면하는 가장 큰 문제는 어떻게 직장을 찾고 지원하며, 지속적으로 고용되어 있는가를 잘 모른다. 고용을 확보할 수 있는 전략과 자신의 구직에 도움을 줄 수 있는 기관을 이용할 수 있어야 한다. 예를 들면, 국가 고용서비스, 직업재활기관, 사회적 서비스, 재활기관, 구인광고 등을 활용한다.

⑤ 충분한 신체적-조작 기능을 갖춘다.

학령기 초기부터 학생들의 정신적, 신체적 능력을 개발시켜야 한다. 많은 작업들이 상당히 미세하고 우수한 손재주와 서 있기, 밀기, 잡아당기기, 들기, 운반하기 등의 조작 기능을 필요로 한다.

⑥ 특수 작업기능 습득

개인의 잠재력을 개발하여 특수한 작업 기능을 익혀주는 것은 장래 삶에 있어서 직업을 배우거나 수행하는데 도움을 준다. 학교에서도 중등교육 프로그램에 참여하면서 직업교육과 실무교육을 받는 것은 궁극적인 학생들의 직업배치에 있어 중요하다.

지역사회 적응 기술(CIS)

1. 이론적 배경

급변하는 현대사회에서 안전하고 보호적인 학교 환경을 벗어난 지적장애인들에게 가장 시급하고 절실한 것은 지역사회 적응이라고 볼 수 있다. 이러한 지역사회 적응은 사회화과정을 통해 이룩할 수 있는 것이며, 좀 더 구체적으로는 자립 생활을 영위할 수 있는 안정된 직업이 전제되어야 할 것이다.

시설에서 지역사회 주거환경으로 전이된 131명의 지적장애인 중 13%가 다시 시설로 돌아가게 되었다고 한다. 여기서 다시 돌아가게 된 가장 큰 이유는 가정생활에 필요한 기술(음식만들기, 금전관리하기, 집 청소하기)과 교통기관, 가게, 음식점, 자판기, 은행, 우체국 이용하기 등의 지역사회 생활에 필요한 기술의 부적응 문제가 발생하였기 때문이었다(장혜성, 2000). 지역사회 부적응 문제를 해결하기 위해서는 지적장애 학생에게 지역사회의 다양한 환경에 최대한 참여를 보장하도록 해야 한다.

적응이란 한 개인이 환경과의 상호작용으로 역동적 관계를 맺음으로써 사회적 욕구나 문제를 해결하려는 과정을 통하여 부적응을 극복하고 환경과 만족한 관계를 맺어가는 것이다(전봉윤, 1996). 지적장애인은 일반인과 함께 생활하게 되었을 때 이들의 활동적이고, 사회적 상황에 적절하게 반응하는 모습을 보면서 올바른 사회적 상호작용을 통해 자연스럽게 적응기술을 습득한다(Odom & Strain, 1984).

1975년 전장애아교육법(P.L. 94-142)이 시행된 이후 미국은 모든 장애아동에 대해 최소 제한적 환경 안에서의 교육이 보장됨에 따라 수용시설에 있던 장애인들이 그룹 홈을 포함하는 지역사회 주거환경으로 이전되고 이러한 탈 시설화로 인해 지역사회 적응에 필요한 훈련이 점차 중요하게 되었다(Cipani & Spooner, 1994). 장애학생이 학령기 이후에 접하게 될 지역사회 내에서의 적응에 대한 진단과 사회참여를 가능하게 하기 위해서는 특수교육과 전환교육 체계 내에서 직업생활과 직업에 대한 인식증대를 통해 장애인들이 구체적으로 직업을 준비하고 독립된 삶을 영위할 수 있도록 계획적이고 체계적인 서비스를 제공해 나가는 것이 필요하다.

지적장애인들은 지역사회의 장면에서 직접 가르치지 않고 교육기관이나 학교에서 인위적으로 환경을 만들어서 가르칠 때 아무리 잘 계획된 교육 방법이라 할지라도 한계가 있으며, 기술을 습득한 후 지역사회에서의 일반화에 어려움이 있으므로 비효과적인 경우가 종종 발생한다(Wehman, Renzaglia, & Bates, 1985). 지적장애인 학습 특성상 실제의 자연적 환경이나 그 환경과 가장 흡사한 상황에서 자연적 흐름과 일상적 과제의 맥락을 중시 여기면서 자연적인 단서와 자연적인 수정을 활용하는 능력을 발휘할 수 있을 때 효과적이다. 지역사회 환경 예를 들어, 음식점, 상점, 백화점, 은행, 다양한 여가와 오락시설, 현금인출기, 자동판매기, 대중교통 수단 등의 다양한 활동을 이용하는 것이 좋다. 타인과의 사교성, 협동성, 의존성, 모방성, 대인 순응성과 같은 대인관계기술이 이루어지며, 이것은 다른 사람과의 관계를 주도하여 긍정적 관계를 유지하며, 타인의 지시에 따라 행동할 수 있고, 적절한 방법으로 필요한 것을 요구하는 것과 기본적인 상호작용 기술, 대화기술, 친구 사귀는 기술, 사회적 환경에 효과적으로 대처하고 적응하는 사회적 기술을 배우게 된다. 신현기(2002)는 사회 적응 훈련을 실시하는 이유를 궁극적인 삶의 목표를 실현시킬 수 있도록 지원하기 위해서라고 보았다.

지적장애인과 발달장애인의 지역사회 적응기술을 파악하는 것은 매우 중요하다. 지역사회 적응기술은 장애인이 직업에 어느 정도 준비가 되어 있는지를 가늠하는 초기 척도일 뿐만 아니라, 직업 적응을 통해 장래의 직업적 성공을 예측하는 중요한 지표가 된다. 또한 중증장애인의 직업재활잠재력은 가능성의 문제라기보다는 적용성의 문제라는 것이 강하게 주장되고 있다. 즉, 훈련방법에 있어 정확하고 충분한 시간이 주어지며, 적절한 훈련자원들이 제공된다면 중증 장애인들도 매우 다양하고 유용한 직업적 행동들을 배울 수 있다(이달엽 외, 2004).

2. 주요 개념

지역사회 적응기술(Community Integration Skill-Assessment: CIS) 체계는 지적장애인이나 발달장애인이 지역사회에 통합하는 데 필수적인 기술들을 포괄적으로 구성하고, 이 기술들을 습득함으로 지역사회 내에서 독립된 삶을 유지하는 데에 기여하기 위함을 목적으로 한다.

지역사회 적응기술의 내용은 일상에서 자주 접하게 되는 버스 타기, 길 건너기, 외식하기, 식료품 쇼핑하기, 식료품 선택, 세탁기 사용하기, 은행 이용하기, 제세공과금 납부하기, 대중음식점 이용하기 등이다.

1) 적응기술의 일반 범주와 영역

전통적인 학습기술에 대비되는 개념으로 지역사회에서의 기능적 생활영역과 이 영역 속에 개인유지 및 가정생활영역, 직업영역, 여가영역 등을 구분할 수 있다.

기능적 생활기술은 개인유지 기술, 사회적 기술, 상징조작 기술 등으로 나누고 있다(Schleien, Wehman, & Kiernan, 1981). 다른 학자들은 기능적 생활기술을 가사기술, 의사소통기술, 자조기술 등의 범주로, 혹은 가사기술, 사회적 기술, 자조기술 등으로 제시하고 있다(Siperstein & Reed, 1990). 이를 토대로 영역을 크게 구분하면 개인생활 영역, 여가생활 및 이동 영역, 사회생활 영역, 직업 전 기초 능력 영역, 직업생활 영역의 다섯 가지로 나눌 수 있다.

지적장애인들은 그들의 지역사회 내에서 어떻게 독립적이거나 반독립적으로 기능할 수 있는가를 배워야 한다. 주의가 요구되는 영역들에는 클라이언트 주거 내의 자조 및 사회적 기능들, 요구되는 지역사회 서비스들에 대한 접근, 교통수단에의 접근과 이동, 그리고 여가와 레크리에이션 활동들을 경험할 수 있는 기회를 포함한다.

2) 지역사회 적응기술의 범주와 영역

CIS는 크게 기본 생활 영역, 사회자립영역, 직업생활영역으로 구성되어 있다. 기본 생활 영역이란 개인의 자조능력을 비롯하여 개인, 가정, 지역사회에 적응하는 데 필요한 기초적인 생활기술을 의미한다. 기본생활에는 색 · 방향 · 공간 · 양적 개념 등의 기초지식과 지역사회에서 자주 볼 수 있는 기능적 기호와 상징에 관한 지식, 독립적인 가정생활을 위해 필요한 지식, 개인의 건강관리 · 위생 · 응급처치 및 안전과 관련된 지식을 포함한다. 사회자립영역이란 공공 서비스에 대한 지식, 시간개념, 측정개념, 금전개념과 관련된 기술로서 독립적으로 사회생활을 유지하는 데 필요한 기술을 의미하며 직업생활영역이란 직업생활의 준비와 유지에 필요한 직업 관련 지식과 대인관계, 여가생활기술 등을 의미한다.

<표 6-1> 지역사회 적응 기술(CIS)의 구성

영역	요인	문항수	총문항수
기본생활	1. 기초 개념	17	164
	2. 기능적 기호와 상징	18	
	3 가정관리	17	
	4. 건강과 안전	17	
사회자립	5. 공공 서비스	17	
	6. 시간과 측정	19	
	7. 금전관리	19	
직업생활	8. 직업기능	21	
	9. 대인관계 및 여가	19	

3. 실천과정

1) 기본 생활 영역

(1) 기초 개념

본 영역은 색인지, 색변별, 방향인지, 공간 / 양적 개념, 모양변별에 관한 지식이 포함되고 있고 지역사회 적응에 필요한 매우 기초적인 개념을 포함한다. 기초 개념의 문항들은 지시 따르기, 의사소통기술과 관련된 시청각적인 단서에 대한 이해능력을 포함한다. 인간행동 발달상에서 개인이 언어적인 지시를 이해하고 적절히 반응하는 능력은 중요한 요인이 된다.

① 색인지와 색변별능력(기본색에 대한 지식, 2차색의 변별, 명도변별능력)

② 방향 개념

③ 크기, 모양, 공간변별

(2) 기능적 기호와 상징

이 영역에서는 직장, 학교, 공공기관, 지역사회 및 기타 공공 서비스에서 사용되는 기본적인 신호와 상징을 인식하는 능력을 포함한다. 상징기호 정보는 지역사회 안에서 역할을 수행하는 데 매우 중요한 요소이다. 문자정보 문항은 기본적인 독해능력과 어휘식별능력만을 요구한다.

① 교통과 관련된 상징 및 문자표시의 변별

② 건물 내에서 흔히 볼 수 있는 생활표지판 변별

③ 기타 여러 가지 상징표시들의 변별

(3) 가정관리

이 영역에서는 독립적인 가정생활에 필요한 기술의 습득 정도를 포함한다. 가정

관리에는 음식준비 및 의복 관리에 필요한 가정용품 또는 가전제품에 대한 사용능력이 요구된다.

① 가정관리(음식, 음식준비, 음식저장 등에 관한 지식)

② 의복관련(옷의 치수재기, 계절에 맞는 옷입기)

③ 세제사용(세제의 구별과 사용법)

④ 의복 관리(세탁, 다림질, 세탁기의 작동법)

(4) 건강과 안전

이 영역에서는 일상생활에서 요구되는 개인의 건강관리, 위생, 응급처치 및 안전기술에 대한 이해를 포함한다. 건강, 응급처치, 안전기술 등을 위한 기초적인 정보나 절차에 관한 지식은 한 개인이나 가정 및 작업 환경에서 적절히 대처하는 능력에 중요한 의미를 부여한다.

① 건강과 청결(칫솔, 손톱깍기, 비누, 샴푸 등 청결을 위한 도구 등에 관한 지식)

② 응급처치(화상, 고열, 약 사용법 등)

③ 안전대처능력(바른 자세, 안전한 절단법, 가연성 물질 분별 등)

2) 사회자립영역

(1) 공공 서비스

이 영역에서는 지역사회 생활에서 광범위한 공공 서비스에 대한 지식을 포함한다. 여기에는 대중교통수단, 상점 이용, 우체국 서비스, 은행 서비스, 전화기 사용법, 전화번호부 활용법에 관련된 지식이 요구된다.

① 지역사회 자원활용(버스 이용, 우체국 이용 등)

② 대금지불(메뉴판 보기, 잔액계산 등)

③ 전화사용능력(전화 사용 방법 등)

(2) 시간과 측정

이 영역에서는 시간과 관련된 개념을 이해하는 능력과 온도 측정, 액체 및 길이 측정과 관련된 보편적인 측정 관련 기술을 포함한다. 시간과 관련된 검사에는 아날로그 시계와 디지털 시계의 사용법, 시간의 계산, 달력 사용 능력을 포함한다.

① 아날로그 시간변별
② 디지털 시간변별
③ 시간 활용 능력(소요 시간 계산 등)
④ 달력 사용 능력(요일의 순서 등)
⑤ 측정능력(길이 재기 등)

(3) 금전관리

이 영역에서는 동전 및 지폐의 판별, 같은 금액 알기, 거스름돈 받기 등과 같이 돈을 인식하고 다루는 기술을 포함한다.

① 화폐 인지(동전, 지폐의 인지)
② 화폐 조합(동전과 지폐의 총액 계산 등)
③ 화폐 활용(거스름돈 받기 등)

3) 직업생활 영역

(1) 직업 기능

이 영역에서는 1차, 2차, 3차 산업과 관련된 직업명과 직무에 관련된 기초지식, 공구 및 도구의 이름, 직장생활에서 필요한 태도, 규칙 등 직업생활과 관련된 전반적인 지식을 포함한다.

직업생활과 관련된 요인에서는 직업의 종류를 인지하고 그와 관련된 직무탐색, 적절한 작업습관 및 행동과 관련된 기본적인 직업태도에 대한 인식 수준을 판별하며, 직업과 관련된 도구들이 정확한 판별 및 사용과 관련된 정보를 제공해 준다. 이처럼 직업과 관련된 도구들의 정확한 판별 및 사용능력은 직업상 직무수행을 위해 기초가 되는 능력이다.

① 직종(직업의 종류에 대한 지식)

② 직무(직종별 직무의 내용에 대한 지식)

③ 도구명과 쓰임새(대걸레, 삽 등의 용도)

④ 직업 준비와 태도(구인광고, 작업 태도, 도움 요청하기 등)

(2) 대인관계 및 여가

대인관계 및 여가는 지역사회뿐만 아니라 직업생활을 성공적으로 수행해 나가는 데 결정적인 요소라고 할 수 있다. 이 영역에서는 인사하기, 도움 요청하기, 대화기술 등과 관련된 기본적인 대인관계기술과 여가생활과 관련된 지식을 포함한다. 여가생활에는 극장 · 미술관 이용, TV · 비디오 시청, 노래방, 등산, 스포츠 관련 지식이 포함된다.

① 대인관계(인사하기, 전화받기 등)

② 시설이용(영화관람, 음식점 등)

③ 실내여가(비디오, 노래방 등)

④ 체육 · 놀이(볼링, 명절놀이 등)

미네소타 직업 적응 이론

1. 이론적 배경

미네소타 직업 적응 이론은 롭퀴스트와 데이비스(Lofquist & Dawis, 1969)가 개발한 이론으로 개인의 직업 적응과 성공은 직업능력과 직업 욕구로 구성되어 있는 작업 인성(work personality)과 직업요구 조건과 직업강화제로 구성되어 있는 작업 환경(work environment)의 일치 정도에 따라 이루어진다는 것이다(나운환, 2008).

미네소타 직업 적응 이론은 개인과 직업간의 균형, 조화, 일치라는 측면을 중요시한다. 미네소타 직업 적응 이론은 일차적인 관심을 재활 서비스가 필요한 클라이언트와 중재 전략의 효과에 관한 것에 두고 직업재활 결과를 예측하기 위한 모델로 개발되었다.

2. 주요 개념

미네소타 직업 적응 이론은 인간의 환경과 경험을 중시하며, 학습 이론, 성격이론(특히, 욕구이론), 그리고 개인차의 심리측정에 강조를 두는 개별심리학에서 유래되어 강화구조라는 심리학의 기본적인 양상에 기초한다(이달엽, 1998).

개인은 환경과 상호작용하는 독특한 잠재적 반응 세트를 가지고 다양한 외부의 보상적 자극 조건들에 의해 경험의 성숙과 더불어 초보적인 능력과 욕구 세트를 발전시킨다. 이러한 직업 인성의 구성요건들은 개인의 신체적 성숙과 함께 더욱 발달한다. 또한, 개인의 직업인식은 능력과 욕구뿐만 아니라 개인을 특징짓는 태도와 행동을 포함하며, 출생 직후부터 형성되기 시작하여 그 개인의 유전적 소인과 가정 및 지역사회 환경 속에서 경험되는 강화제의 종류와 강도에 따라 달라진다. 직업강화제에 대한 반응으로서 개인의 환경에 대한 독특한 반응양식이 형성되고 이것이 직업 인성으로 통합되는데 긍정적 강화제는 개인의 능력을 발달시키는데 기여한다.

따라서 개인이 그들의 직업환경과의 일치를 성취하고 유지시키려고 노력한다는 것이며, 개인의 직업능력이 어떤 특정 직업에 요구되는 조건들과 일치되면 고용주의 근로자에 대한 만족(satisfactoriness)에 이르고, 반면에 개인의 직업 욕구가 특정 직업이 주는 강화제들에 일치됨에 따라 그들이 하고 있는 일에 대한 행복감을 느끼며, 근로자의 직업에 대한 만족(satisfaction)에 이른다는 것이다. 고용주 만족(satisfactoriness)은 잠재적 근로자가 회사, 직장상사 등 환경적 원천과의 적합한 조화를 이룬 일치의 외적 표시이고 직업환경의 요구조건들을 충족시킨 그 개인의 직업적 접합성을 반영한다. 반면, 근로자 만족(satisfaction)은 직업환경이 근로자의 개인적, 금전적, 직업적 욕구를 충족시키는 범위를 평가하는 것을 나타내는 내적 일치의 표시이다.

개인은 직업에 필요한 노동, 기술들을 제공하는데 반해, 작업 환경은 그 개인에게 임금, 인간관계 등 특정의 보상물을 제공한다는 것이다.

롭퀴스트와 데이비스(Lofquist & Dawis,1969)는 이 이론을 주창하면서 다음과 같은 기본 전제를 제시하였다.

첫째, 때에 맞춘 시점에서 개개인의 직업조정은 동시에 나타나는 만족감과 만족의 수준으로 나타났다.

둘째, 만족감은 개인의 욕구가 직업(일) 환경의 강화 시스템과 일치(대응)하도록 제공된, 개인능력과 직업(일) 환경의 능력요구들 사이에서의 대응적인 기능이다.

셋째, 만족은 개인의 능력이 직업(일) 환경의 능력요구에 대응하도록 제공된 직업 환경의 강화 시스템과 개인의 욕구 사이에 대응적인 기능이다.

넷째, 만족은 만족감과 능력-욕구 대응 사이의 기능적 관계를 조절한다.

다섯째, 만족은 만족감과 만족과 요구-강화 대응 사이의 기능적 관계를 조절한다.

여섯째, 개개인이 직업(일) 환경으로 강요될 개연성은 반대로 그의 만족감과 관련된다.

일곱째, 개개인의 직업(일) 환경을 자발적으로 떠날 개연성은 반대로 만족과 관련된다.

여덟째, 재직 기간은 만족감과 만족의 공동 기능이다.

아홉째, 직업 인성-직업 환경 대응은 재직기간을 증가시키는 기능과 일치한다.

이 이론의 특징은 개인의 직업능력과 욕구, 직업의 요구조건과 직업 보상체계들 간의 일치 정도를 통해 개인의 직업 적응과 고용안정을 예측할 수 있다는 것이다. 따라서 클라이언트의 직업 적응을 극대화하려면 클라이언트의 잠재적인 욕구와 능력에 가장 적합한 직업요구조건들과 강화제를 구비한 일자리를 발견해야 한다(이달엽, 2000).

이 이론에 따라 근로자의 능력 정도를 측정할 수 있는 도구는 일반적성검사(General Aptitude Test Batteries: GATB), 근로자 욕구 정도는 미네소타 중요성질문지(Minnesota Importance Questionnaire), 고용주 만족 정도는 미네소타 만족 척도(Minnesota Satisfactoriness Scale), 그리고 근로자 만족 정도는 미네소타 만족 질문지(Minnesota Satisfaction Questionnaire) 등이 있다.

3. 실천과정

미네소타 직업 적응 이론에 따르면, 개인의 직업적 능력 및 욕구와 직업의 욕구조건들 및 직업보상 체계들 간의 일치 정도를 알 수 있으면 그 개인의 직업 적응과 고용 안전을 예측가능하다는 것이다. 따라서 일반적으로 심리적, 정서적, 신체적 장애에 의한 충격은 개인의 직업적 욕구와 능력에 중요한 변화를 일으키기 때문에 직업재활사는 장애가 어떻게 한 개인의 직업 적응을 저해하는지를 결정하는 것이 중요하다고 본다. 따라서 이러한 잠재적 근로자의 욕구 및 능력에 가장 적합한 직업적 요구조건들 및 강화제를 구비한 일자리를 발견하는 것이 클라이언트의 직업 적응을 극대화하는데 필요하다.

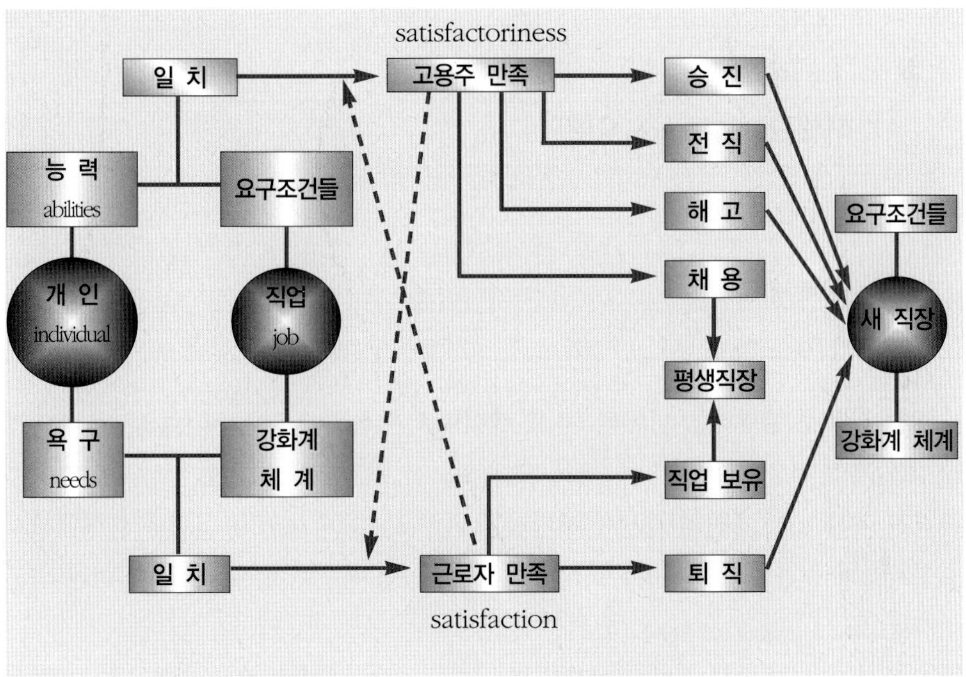

[그림 7-1] 직업 적응 (Loquist & Dawis, 1969, p. 54)

Hershenson 이론과 Jarrell 모형

1. 허셴슨(Hershenson) 이론

1) 이론적 배경

직업 적응을 설명하는 이론적 틀 중 데이비스와 롭퀴스트(Dawis & Lofquist, 1984)가 구성한 직업 적응 이론(theory of work adjustment)은 특성-요인 이론의 성격을 지니는 복잡한 이론으로, 개인의 특성에 해당하는 욕구(needs)와 능력(abilities)을 환경에서의 요구사항과 연관지어 직무만족이나 재직 등의 직업 적응의 행동을 설명하려는 이론이다(Osipow & Fitzgerald, 1996).

직업 적응 이론에서의 직업 적응(work adjustment)은 개인과 일의 환경의 욕구가 모두 만족되는 상태인 '부합(correspondence)'을 성취하고 유지하는 과정을 의미하는데, 구체적으로 환경에서 제공하는 강화 요인에 의한 개인의 욕구의 만족(satisfaction)과 개인이 제공하는 강화 요인에 의한 환경의 요구조건의 충족(satisfactoriness)으로 이루어진다. 이 이론에서는 직업 적응이 일반적으로 재직(tenure)의 형태로 나타난다고 하였는데, 즉 개인이 어느 직업을 유지하는 시간의 길이로 정의되는 재직은 만족과 충족의 수준에 의해 결정된다고 볼 수 있다. 직업 적응에 관한 또 다른 대표적인 이론은 허셴슨(Hershenson, 1996)이 제시한 모형이다. 허셴슨(Hershenson)은 직업 적응

(work adjustment)을 개인과 그를 둘러싼 직업 환경 내에 존재하는 세 가지의 영역 사이에 이루어지는 상호작용이라고 가정하였다. 이러한 Hershenson의 모형은 데이비스(Dawis)와 롭퀴스트(Lofquist)의 이론과는 달리 발달적인 관점을 취하고 있다.

2) 주요 개념

허셴슨(Hershenson)은 직업 적응(work adjustment)을 개인과 그를 둘러싼 직업 환경 내에 존재하는 세 가지의 영역 사이에 이루어지는 상호작용이라고 가정하였다.

허셴슨(Hershenson, 1981)은 각각 다른 중재 유형인 직업 인성, 직업 능력, 직업 목표가 서로 다른 결과를 가진다고 주장한다. 후천성 장애인의 경우, 직업능력은 회복되거나 재배치되어야 하고, 직업 인성은 재동기화 되어야 하며, 직업 목표는 재구조화 되어야 한다. 개인의 관심영역, 즉 직업 인성, 능력, 진로방향과 목표 등을 다루고 요구할 때마다 다른 기법을 사용하는 것이 중요하다고 보고 있다.

개인과 그를 둘러싼 직업 환경 내에는 직업 인성(work personality), 직업 능력(work competencies), 직업 목표(work goals)의 세 가지 상호작용하는 하위요소가 있으며, 직업 환경 내에도 행동적 기대(behavioral expectations), 기능 요구 사항(skill requirements), 보상 · 기회(rewards and opportunities)의 세 가지의 하위요소가 있는데, 직업 적응은 이들 하위요소 사이에 이루어지는 상호작용에 의해서라는 것이다. 그는 개인과 환경 사이에 직업 적응이 이루어지기 위해서는 직업역할 행동(work role behavior), 과업수행(task performance), 작업자 만족(worker satisfaction) 등의 세 가지 주요 요소가 구성되어야 한다고 한다.

대부분의 사람에게 있어 진로 발달은 우리가 살고 있는 사회의 수많은 직업들을 선택하고, 선택할 준비를 하는 전 생애에 걸친(lifelong) 과정이다(Brown & Brooks, 1984). 이론적으로 직업 적응은 직업 인성, 직업 능력, 그리고 직업 목표 세 가지 영역의 연속적이고 상호작용적 발달이다(Hershenson, 1981). 직업 인성은 일을 하게 되는 동기라는 개인적 시스템이나 근로자로서의 자아개념으로 설명될 수 있다. 직업 능력과 직업 목표 둘 다 직업 인성 개발에 영향을 미치는 것일지라도 직업 인성은 직업능력과 직업 목표의 개발의 토대가 된다. 직업 능력은 적절한 일을 하기 위한 신체적 · 정신적 기술, 직업 습관, 그리고 대인간 기술과 관련된 것으로 "대인관계에 능숙함(interpersonal skill)", 사회적 의사소통과 상호작용에 적용되는 의사소통적 알고리즘이다. "interpersonal skill"이라는 용어는 종종 개인의 능력을 측정하는 것으로 간주되는 사업적 상황(배경)으로 사용되어졌다.

3) 실천과정

허셴슨(Hershenson, 1974)은 직업행동이 비장애인에게서는 발달되는 반면에 장애인에게는 특별한 적응성을 갖도록 되어 있다고 주장한다. 이 모형은 다섯 가지로 구성되어 있는데, 그것은 개인의 배경(신체적, 심리적, 사회적 배경), 개인의 직업 특성(직업 적응을 조성하는 심리적 특성과 태도에 대한 응집), 개인의 능력, 직업의 선택, 그리고 개인의 직업 적응(자신의 직업행위에 있어 자타가 만족함)이다. 개인의 배경이 부분적으로 직업 특성, 개인의 직업 능력, 직업 선택 등을 결정하고 이 세 가지는 서로 영향을 미치며, 이 체계에서 산출결과는 직업 적응이다.

다음 그림은 허셴슨(Hershenson)의 장애인의 진로발달에 대한 모형이다(김충기, 1989).

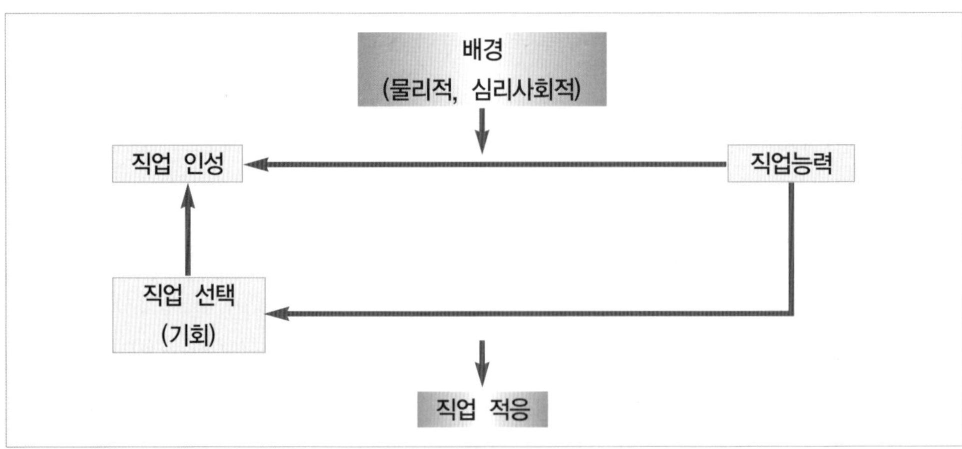

[그림 8-1] 허셴슨(Hershenson)의 장애인의 진로발달 모형

허센슨(Hershenson, 1974)과 오시포(Osipow, 1976)는 장애인은 비장애인과 다른 독특한 진로발달을 보여준다고 지적하면서, 오시포는 장애인의 진로발달을 다음과 같이 열거하고 있다.

장애 상태에서의 진로발달에 대한 가정

① 진로발달이 비체계적이고 우연에 영향을 받는다(즉, 장애인은 그들의 능력 이상의 것을 택한다).
② 장애인은 그렇게 주관적이지 않고 심리적 생활을 하지 않으므로 진로발달의 심리적 영향을 받지 않는다.
③ 장애인에게 진로발달이 그리 중요하지 않다.
④ 장애성이 진로행동 결정에 있어 개인의 다른 특성을 무시하게 된다.
⑤ 장애인의 진로선택은 매우 제한되어 있다.
⑥ 일반적 발달에서처럼 장애인의 진로발달은 매우 위축되거나 배타시 된다.
⑦ 장애인의 진로발달은 모든 시점에서 강력하다.

2. 자렐(Jarrell) 모형

자렐(Jarrell)은 직업 적응 훈련을 대인 적응 훈련, 직업 전 훈련, 보충적 기술 훈련으로 구분하고 있다.

1) 대인 적응 훈련(personal adjustment training)

대인 적응 훈련은 습관, 태도, 통찰력, 기술 등을 개발하는 데 사용되어질 수 있다. 일의 세계에서 요구하는 사항들과 조화될 수 있는 태도, 자신의 행동에 대한 책임감, 일의 세계에서 수용되어질 수 있는 작업습관, 타인들과 잘 어울리는 능력, 칭찬뿐 아니라 비판까지도 수용할 수 있는 능력 등 이러한 것들은 장애인이 고용가능성 있는 기술을 가지고 있다고 한다면 취업하는 데 있어 모두 필요한 것들이다.

맥고원(McGowan)과 포터(Porter)는 대인 적응 훈련은 다음과 같은 이유 때문에 필요한 훈련이라고 지적하고 있다.

첫째, 장애에도 불구하고 효과적으로 기능할 수 있도록 하기 위하여 개인적인 습관, 태도, 기술 등을 습득할 수 있도록 개인을 원조하고자 할 때.

둘째, 직업 훈련을 받거나 또는 취업 시에 작업에 대한 인내심을 증가시켜 주거나 개발시키고자 할 때.

셋째, 장애인이 직업의 세계를 지향할 수 있도록 하고 또한 장애인의 업무습관을 개발시키고자 할 때.

직업 적응 훈련에서 이루어지는 대인 적응 훈련의 실제적인 활동들은 결국에는 장애인들의 취업목표와 연관되어 계획되고 수행되어야 한다.

2) 직업 전 훈련(pre-vocational training)

직업 전 훈련은 장애인이 직업 훈련을 받게 되거나 취업을 했을 경우에 선행적으로 요구되는 지식과 기술을 습득하기 위하여 주어지는 기본적인 훈련의 형태를 말한다. 해밀턴(Hamilton)은 "직업 전 훈련이란 직업에서 요구되어지는 지식과 기술의 습득을 용이하게 하는 배경적이고 보충적인 훈련"이라고 정의하였다. 즉, 직업 전 훈련은 직업적 과정이나 취업과 관계되는 것으로 직장에 들어가기 위해 요구되는 지식과 기술의 습득을 용이하게 하거나 또 보충, 보완해 주는 것에 의해서 이루어지는 훈련을 포함한다. 따라서 직업재활에 있어서의 직업 전 훈련은 장애인이 이미 가지고 있는 직업적 지식과 기술들을 완전히 활용하는 데 방해가 되는 교육적 결함을 제거하기 위한 목적으로 훈련이 주어지기도 한다. 예로서, 읽기를 가르쳐 주고, 취업을 위해 응시원서를 작성하는 것 등에 대한 교육은 이 지점에서 이루어지는 경우이다.

3) 보충적 기술 훈련(compensatory skill training)

보충적 기술 훈련은 신체 일부의 상실이나 감각기능의 상실에 대해 보충을 하기 위하여 특수한 목적을 위한 기술을 제공함으로써 장애인이 기능할 수 있도록 원조해 주는 훈련이다. 보충적 기술 훈련의 예를 들어보면, 걸음걸이 훈련, 시각장애인을 위한 운동 훈련, 말하는 훈련 등이 있는데, 이러한 훈련들은 장애인이 정규 프로그램에 들어가거나 경쟁고용시장에 들어가게 될 때 요구되는 것들로 최고의 효과를 얻을 수 있게 하는 데 있어서도 필요시 되는 매우 특수한 기술들의 훈련을 의미한다.

■ **요약, 퀴즈**

1. 중증장애인의 생애과정을 발달적 측면에서 고찰하고 거기에 따라 직업 적응 훈련 방법을 어떻게 개입할 수 있는지를 논하시오.

2. 직업 적응 이론을 발전시키기 위해 장차 어떠한 노력들이 필요한지 논하시오.

제4부

직업 적응 훈련의 구성 및 내용

직업 적응 훈련의 구성요소

1. 전환기의 성공 조건

성공적인 생애-진로 개발을 위한 준비과정에 대한 연구는 오래전부터 진행되어 왔다. 마텐스(Martens, 1937), 헝거포드(Hungerford, 1941), 브롤린(Brolin, 1976, 1982) 등은 주로 정신지체를 지닌 것으로 분류되는 학생들에게 대부분 초점을 두고 진로 개발을 연구하였다. 1990년대에 접어들어 핼펀(Halpern, 1994)과 클락, 필드, 패튼, 브롤린, 실링톤(Clark, Field, Patton, Brolin, Sitlington, 1994) 등은 모든 장애학생을 위한 종합적인 진로 개발과 전환적 접근을 강조하였다. 실링톤(Sitlington, 2006) 등은 종합적인 진로 개발을 위해 다음과 같은 가정을 제시하였다.

① 진로 개발과 전환 서비스는 모든 사람들에게 필요하다.

젊거나 늙었거나 장애가 있거나 없거나 남자든 여자든 가난하든 부자든 모든 종족과 인종 집단들에게 해당한다.

② 한 사람의 진로는 한 가족 구성원, 시민 및 근로자로서의 일생을 통한 한 개인의 진보 혹은 전환이다.

③ 생애-진로 개발과 전환에서 프로그램을 만드는 일은 연령에 적합한 독립적 생활과 관련이 있다.

이러한 프로그램을 만드는 일은 선택과 결정을 하는 개인의 자유를 개발하는 것이 보호되어야 한다. 이것은 각자가 어떠한 대안들이 있는지, 그리고 그것들에 대해 어떻게 결정을 하는지 배울 수 있도록 돕는 것이다.

④ **인간 성장의 어떤 측면에서든지 심각한 유기나 역경은 한 사람의 생애-진로 개발에 영향을 미칠 수 있다.**

또한 일생의 독특한 전환 시기 동안의 유기나 역경은 개인의 독립적인 생활의 적응에 영향을 미친다.

⑤ **사회는 여전히 장애인의 생애-진로 개발과 전환에 제한점을 부과한다.**

이러한 요소들은 그들의 독립적 생활에 제약을 준다.

⑥ **오늘날의 복잡하고 변화하는 세계에서 한 생산자나 소비자로 참여하고 선택하는 사람은 적응성에 있어서 다양한 생활기술을 가지고 있어야만 한다.**

⑦ **신체적, 정신적 장애를 지닌 사람의 생애-진로 개발과 전환은 훈련과 서비스에서 특별한 주의가 요구된다는 점에서 비장애인의 것과는 그 성격과 정도에서 다르다.**

⑧ **장애인과 비장애인 사이에 다른 프로그램에 대한 요구가 있는 것처럼 다양한 장애 집단 사이에 또한 각 인구 집단 내의 다양한 기능적 수준 사이에 각각 다른 프로그램에 대한 요구가 실재한다.**

⑨ **모든 사람을 위한 생애-진로 개발과 전환계획과 훈련은 유아기에 시작되어야 하며, 성인기에 걸쳐 지속되어야 한다.**

조기 훈련은 장애인에게 특히 중요하다.

장애인의 진로교육이 현장에서 실효성 있는 성과를 거두기 위해서는 사정, ITP팀, 훈련과 배치, 관련 인사, 사후 서비스 제공 등이 제대로 갖춰져야 한다. 아직 이러한 진로교육의 체계가 부족한 우리나라 현실에서 조인수(2002)는 진로교육이 성공하기 위해서는 다음과 같은 조건들이 갖춰져야 한다고 제시하였다.

첫째, 특수학교 전공과 과정은 장애학생이 신체적, 물질적, 정서적, 사회적, 생산적 삶의 질을 누릴 수 있도록 교육 프로그램의 목표와 방법이 설정되어야 한다.

둘째, 전환교육 실시를 위한 전문 인력 구축이 필요하다.

셋째, 직업전환 교육과정이 장애인 삶의 질 향상, 즉 직업, 이동, 주거, 여가 등의 사회적 적응기술의 제 측면을 포괄적으로 반영하여 기능중심 교육과정(function-based curriculum)으로 개발되어야 한다.

넷째, 학교와 관련 기관 간의 서비스 전달체제의 협력구축이 필요하다. 학교, 기업, 대학, 재활 서비스, 성인 시설, 직업 훈련 기관, 지역사회 등 장애인 관련 기관들의 통합된 노력이 필요하다.

다섯째, 장애학생의 부모와 학생의 적극적인 참여가 필요하다. 학교에서 성인생활로의 성공적인 전환을 위해서는 자녀들을 보조하는 부모의 역할이 중요하다. 전환계획의 수립 시 부모가 관여하여 활동적인 역할을 반드시 해야 한다.

한편, 미국 특수아동자문위원회(The Council of Exceptional Children, 1998)에서 제시한 자격기준을 살펴보면, 전환교육과 관계되는 전문가의 지식과 기능영역을 ① 독립, ② 의사소통, ③ 개인 생활 및 고용에 적절한 생활기능, ④ 교육적, 기능적 생활, ⑤ 작업 환경에 필요한 사회적 기능, ⑥ 자기 옹호 ⑦ 독립 생활을 장려하는 환경조성 등을 포함하고 있다. 테이먼스(Taymans, 1995)는 전환 전문가의 자격조건을 7가지 영역으로 구분하여 기관 및 체계 변화의 지식, ITP의 개발 및 관리, 전환 과정에서 다른 사람과의 협력, 직업 평가 및 직업발달, 전문성, 옹호, 법적 쟁점사항, 직업 훈련 및 지원 등을 제시하고 있다.

핼펀(Halpern, 1994)은 독립생활과 지역사회 적응 모델(Independent Living and Community Adaptation Model)을 소개하면서 장애인의 진로교육에 있어서 성과중심의 교육효과를 극대화하기 위해 지역사회의 적응을 통한 성인생활의 자립을 강조했으며, 성인사회에 적응하기 위한 영역으로 취업(직업 훈련 프로그램, 직업조사기술, 최저임금 수준), 주거환경(레크리에이션, 이웃관계, 안전), 사회·대인관계기술(의사소통, 자아존중, 가족지원, 정서적 성숙, 우정, 친밀감, 인간관계기술)을 들고 있다. 이 모델에서는 진로교육의 주요 목표를 취업성공으로 보고 있으며, 취업성공은 질적인 주거환경과 원만한 사회·대인관계 기술 영역까지 확대하고 있다.

이상의 내용을 종합해 보면 효과적인 장애인의 진로교육이 이루어지기 위해서는 정부, 학교, 장애인, 학부모, 산업체, 지역사회가 함께 포괄적인 팀 접근을 실행할 수 있도록 환경을 조성해야 한다. 또한 장애학생을 위한 국가의 교육체계는 모든 학생들이 궁극적인 교육 성과인 성인사회 직업생활을 준비할 수 있는 전달체계 속으로 반드시 통합되어야 한다.

장애인의 삶의 질 향상을 위한 진로교육은 포괄적인 지원체제를 뒷받침하기 위해서 전환기 진로교육에 대한 충분한 이해와 더불어 장애 자체에 중심을 두기보다는 성과중심의 계획이 체계적으로 실행되어야 한다(Edgar & Polloway, 1994). 이를 위해서는 취업, 고용에 초점을 둔 전환교육 시기를 앞당겨 실시해야 하며, 현행 교육과정 운영을 생활중심, 현장실습 중심으로 운영할 수 있도록 제반 규정을 융통성 있게 제도화 하는 전략이 필요하다.

2. 종합적 진로교육 모델

패트리셔(Sitlington, 2006) 등은 이전의 다양한 진로교육 모델을 바탕으로 종합적인 진로교육 모델을 제시하였다. 이전의 모델들은 네 개의 교육과정 내용 영역을 제시하였는데, ① 가치, 태도와 습관, ② 인간관계, ③ 직업 정보, ④ 직업 및 일상생활기술 영역이다. 이것들은 유치원에서부터 중등학교까지 제공하여야 하고 심지어는 중등 이후와 성인기의 평생교육에서도 다뤄질 필요가 있는 교육적 내용이다.

현재의 모델은 학교가 제공해야 하는 특별히 고안된 교육과정과 교수 영역보다는 학생을 위한 전환계획 영역으로서의 수행범위와 영역에서 성과지향적인 교육이 지향되어야 한다. 종합적인 진로교육 모델은 한 학생이 교육, 지역사회 경험, 고용 및 중등 이후 성인 생활 영역들에서 자신의 전환기 요구를 충족하기 위하여 무엇이 필요한지를 결정하도록 ITP 요구사항에 반응하기 위한 9가지 영역이 제안된다.

이 모델에서 제시하는 9가지 지식과 기술 영역으로는 ① 의사소통과 학업수행, ② 자기 결정, ③ 대인관계, ④ 통합된 지역사회 참여, ⑤ 건강과 체력, ⑥ 독립적 / 상호의존적 일상생활, ⑦ 여가와 레크리에이션, ⑧ 고용, ⑨ 고등학교 이후 교육과 훈련

영역이다. 이 영역들은 다양한 발달 수준들에 걸쳐 삶의 요구에 성공적으로 대처하는 데 중요하다고 믿는 기술 혹은 수행 영역을 나타낸다. 즉, 출생에서 죽음에 이르기까지 일생의 각 단계에서 성공적으로 적응하기 위해 지식 혹은 기술의 특정 종류와 양을 요구하는 사람들의 기대가 있다. 예를 들면, 어린 아동들은 정상적으로 5세가 되면 가족 언어체계의 기능적 사용을 개발한다. 자신의 욕구를 표현할 수 있는 충분한 어휘를 가지게 되고 구체적으로 자신에게 향한 언어의 대부분을 이해할 수 있다. 그러나 이러한 수준의 의사소통이 고등학교나 성인기에 적절하다고 말하는 사람은 아무도 없을 것이다.

진로교육의 개발 시점은 생애주기적인 관점에서 유아기에서부터 시작하여 생애의 모든 단계들과 생애 기간의 연속성을 강조한다. 각 단계는 각각의 기준되는 성과들을 제시하고 있어서 가족과 교사들이 단기 계획을 위해 목표화 할 수 있는 성과를 확인할 수 있다. 진로교육에 있어서 우리는 자칫 전환의 장기적인 성인기 성과만을 강조할 수 있다. 그러나 장기적 성과는 어린 아동들의 가족과 교사들에게는 너무 멀리 떨어져 있어서 성과지향적인 목표 설정을 어렵게 만들 수 있다.

개발 시점의 성과들은 발달적 혹은 생애 단계를 연속체로 사용함으로써 생애의 수직적 평생 전환 과정을 나타낸다. 유아기에서 시작해 성인기까지의 전환 과제와 서비스상의 중요한 시점을 고려하여 전문가들과 가족들은 주요 교육적 수준에서 개인의 연령에 적절하고 기대되는 성과와 특정 환경을 조성해야 한다.

9가지 지식과 기술 영역들이 성공적으로 성과를 나타내기 위해서는 진로교육과 관련된 서비스 전달체계들이 협력적으로 지원되어야 한다. 특히 가족, 이웃, 친구들은 학생들을 위한 교육적 지원체계로서 유용성과 잠재적 위력이 다양하다. 어떤 자원은 유용하고 접근 가능하고 매우 지지적이지만 어떤 자원은 접근하기 어렵고 제공하는 것이 매우 제한적일 때도 있다. 제시된 모든 체계들은 각각의 잠재성을 가지고 있으며, 만약 한 시점에서 학습을 위한 자원이 잘 기능하지 않는다면 다른 교육적 지원 전달체계들을 대안적으로 선택해야 한다.

<표 9-1> 종합적 진로교육 모델

<table>
<tr><th rowspan="2">지식과 기술 영역들</th><th colspan="2">전환 개발 시점과 성과</th><th rowspan="2">교육과 서비스 전달체계</th></tr>
<tr><th>발달단계</th><th>개발시점</th></tr>
<tr><td rowspan="6">의사소통과
학업수행
자기 결정
대인관계
통합된 지역사회 참여
건강과 체력
독립적 / 상호의존적 일상생활
여가와
레크리에이션
고용
고등학교 이후
교육과 훈련</td><td>영유아기 및 가정훈련</td><td>학령 전 프로그램과 통합된 지역사회 참여</td><td rowspan="6">가정과 이웃
가족과 친구들
공립 및 사립 영유아 프로그램
지원 서비스를 동반한 일반교육
지원 서비스를 동반한 특수교육
지역사회 조직과 기관들
(고용, 건강, 법, 주거, 재정)
특별한 지역사회 조직들
(위기관리, 시간제, 지속적 서비스)
도제 프로그램
학교와 지역사회 직업 중심 프로그램
중등 이후의 직업 혹은 응용기술 프로그램
지역사회 대학
대학원, 전문학교
성인 및 평생교육 / 훈련</td></tr>
<tr><td>학령 전 교육기관 및 가정 훈련</td><td>초등학교 프로그램과 통합된 지역사회 참여</td></tr>
<tr><td>초등학교</td><td>중학교 프로그램과 연령에 적합한 자기 결정과 통합된 지역사회 참여</td></tr>
<tr><td>중학교</td><td>고등학교 프로그램, 초보 고용, 연령에 적합한 자기 결정과 통합된 지역사회 진출</td></tr>
<tr><td>고등학교</td><td>중등 이후 교육이나 초보 고용, 성인 평생교육, 전업주부, 자기 결정을 통한 삶의 질과 통합된 지역사회 참여</td></tr>
<tr><td>중등 이후 교육</td><td>특수한, 기술적, 전문적 혹은 관리직 고용, 대학원이나 전문학교 프로그램, 성인 평생교육, 전업주부, 자기 결정을 통한 삶의 질과 통합된 지역사회 참여로 진출</td></tr>
</table>

출처: Sitlington 등(2006) 재구성

3. 자기 결정의 강조

미국에서는 1933년 오하이오 주의 쿠야호가(Cuyahoga) 카운티에서 최초로 부모단체가 결성되었고, 뒤를 이어 수많은 부모단체가 생겨났다. 그중에서도 발달지체아동협의회(Association for Retarded Children)에서는 매우 활발한 교육권리 쟁취 활동을 일으켰다. '교육권리법'은 이러한 교육권 운동에 의해 입법화된 것으로 장애아동이 자기의 독특한 요구에 부합되는 교육프로그램과 훈련을 받을 수 있는 권리를 요구하고 있다.

장애인의 교육권은 1960년대 여러 민권운동과 탈시설화의 영향으로 더욱 강조되었다. 니르제(Nirje, 1972)는 장애 개념화가 자리 잡기 전에 자기 결정이 우선되어야 하며, 교육성과로 자기 결정이 강조되어야 하는 것은 장애를 병리로 보던 관점에서 장애를 인간경험 연속체의 일부로 보는 관점으로의 변화라고 했다. 이는 자기 결정이 장애인복지의 기반이 되는 정상화 원칙에 매우 중요한 요소임을 말하는 것이다.

이후 미국사회에서는 장애인에 대한 시각이 정상화원리에 의한 서비스체계의 변화로 이어졌으며, 독립생활, 자조 / 자기옹호운동, 시민권리법 제정 등이 자기 결정의 중요한 교육성과로 등장하게 되었다. 이러한 움직임에 따라 교육성과로서 자기 결정의 요인들을 분석하게 되었으며, 장애인 당사자 요구 증가, 자기 결정에 의한 교육의 긍정적인 성과의 증거, 효과적 교육실천으로서 자기주도 학습의 출현, 학교에서 직장으로의 성공적 전환교육에 대한 강조(Wehmeyer et al., 1998) 등이 촉진되었다.

"타인이 우리를 기대하는 방식이 아닌 우리가 원하는 방식으로 우리의 삶을 이끌어 가는 힘, 시민으로서 투표하고, 함께 살고 싶은 사람과 어디서 살고, 어디서 일할 것인가 결정하고, 올바른 결정을 할 수 있는 통제력이 바로 자기 결정이다. 가장 중요한 것은 자기 결정이 우리의 목적과 꿈을 추구하기 위해 우리 권리를 존중한다는 것이다."

최근 들어 자기 결정 기술을 갖춘 성인이 되도록 학생을 가르치는 것이 진로교육의 중요한 목적이라는 인식이 점점 증가하고 있으며(조인수 외, 2006), 자기 결정이 촉진된 사람은 다음과 같은 특징을 지닌다(Michal L., et al, 1998, 이영철 외, 2007).

- 자기 삶에서 주도적으로 일에 착수하고 필요할 때는 행동하고
- 자기가 특히 좋아하는 것과 흥미를 알고 있고
- 자기가 원하는 것과 필요로 하는 것을 알고 구분할 수 있고
- 자기가 특히 좋아하는 것, 흥미, 원하는 것과 필요로 하는 것에 바탕을 두고 선택하고
- 다양한 선택과 결정 결과를 고려하고
- 이런 고려사항을 토대로 결정하고
- 이전 결정의 성과를 토대로 한 자기 결정 효율성을 평가하고 그에 따른 미래 결정을 수정하고
- 자기 목적을 설정하고 그 목적 달성을 위해 노력하고
- 체계적인 방식으로 반드시 늘 성공적이진 않다고 하더라도 문제를 정의하고 그 문제에 접근하고
- 자신이 이 세상에서 다른 사람과 상호의존하고 있다는 것을 인식하면서 독립을 얻으려고 노력하고
- 적절하다고 생각될 때엔 자신을 위해 자기 권리를 주장하고
- 자기 장점과 단점을 이해하고 이에 대한 지식을 가지며
- 자기 삶의 질을 최대화하는 데 이들 지식과 이해를 적용하고
- 자기 행동을 스스로 통제하고
- 달성코자 하는 목적과 목표를 위해 지속적으로 노력하고 이를 달성하기 위해 협상, 타협 및 설득하고
- 어떤 상황에서도 행동할 수 있는 자기 능력에 대한 긍정적인 믿음을 지니고 만약 자기 노력만 하면 선호하는 성과가 성취될 것이라고 믿고
- 자신감을 가지고 자기 성취를 자랑스럽게 여기고
- 다른 사람과 원하는 것과 필요한 것에 대해 이야기할 수 있고
- 자기 상황에 대해 창의적으로 반응한다.

이러한 특성 모두를 다 다루는 하나의 교육과정을 개발한다는 것은 매우 어려울 것이다. 그러나 교사는 이와 관련된 기술을 소개하고 그 중요성을 강조하고 교수전략을 세워 구체적으로 실천해 나가야 할 것이다.

위메이어(Wehmeyer, 1998) 등은 자기 결정을 갖춘 사람은 ① 자율적으로 행동하고, ② 행동은 자기 규칙적이고, ③ 심리적 역량을 갖추고 일하며 일에 반응하고, ④ 자아실현 방식으로 행동하는 특성을 가지고 있다고 했다. 개인이 부당한 외부 영향이나 간섭을 받지 않은 채 자신의 기호, 흥미, 능력에 따라 독립적으로 행동한다면 자기 결정이 된 행동인 것이다.

시거푸스(Sigafoos, 1988) 등에 의하면 자율성에 영향을 주는 4가지 행동으로는 자기돌봄(self-care), 가족돌보기, 자기관리, 오락 / 여가활동과 사회 / 직업활동이다. 자기 규칙적 행동은 자기관리 전략, 목적 설정 및 획득, 문제해결 및 관찰학습 등이다. 심리적 역량을 갖춘 행동은 자기에게 중요한 환경을 자기가 통제하며, 원하는 결과를 성취하는 데 필요한 기술을 자신이 지니고 있고, 자신이 그런 기술 응용을 선택하면 찾아낸 결과가 생길 것이라는 믿음에 바탕을 두고 있는 것이다. 자기 결정 연구자들은 자기 결정이 된 태도는 능력과 태도의 결합을 원한다는 것을 강조하고 있다.

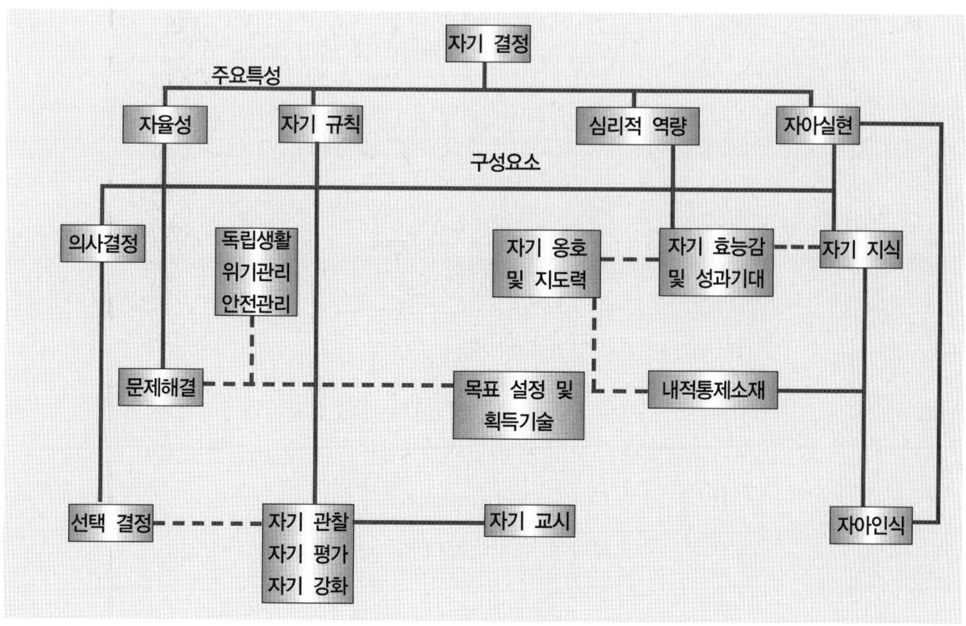

출처: Wehmeyer et al., 1998; 이영철 외, 2007

[그림 9-1] 위메이어(Wehmeyer)의 자기 결정 구조

직업 적응 훈련의 영역과 내용

직업 적응 훈련의 접근방법은 훈련기법이나 접근방식에 따라 여러 가지 형태로 이루어질 수 있다. 앞에서 살펴본 바와 같이 선행연구자들은 성공적인 전환요소들을 추출하여 모델화함으로써 장애인들이 직업 전 기능과 가정, 직장, 지역사회에서 필요한 기술들을 획득하는 데 요구되는 직업 적응 훈련 모델을 제시하였다.

<표 10-1> 직업 적응 이론에서의 직업 적응 훈련 영역 비교

이 론	영 역	하 위 영 역
LCCE 모형	일상생활 기능	1) 자기 금전 관리 2) 가사도구의 선택과 관리, 유지 3) 자기 욕구의 충족과 관리 4) 자녀양육(결혼 책임 인식하기) 5) 식료품의 구입, 요리 6) 의복의 구입, 관리 7) 책임있는 시민적 활동 이행 8) 오락과 여가활용 9) 지역에서의 이동과 주변 익히기
	개인 · 사회적 기능	1) 자아 인식하기 2) 자신감 획득하기 3) 사회적 책임행동 수행 기능 4) 좋은 인간관계 기능 유지하기 5) 독립심 배양하기 6) 문제해결 기능 배양 7) 타인과의 의사소통
	직업지도와 준비	1) 직업적성 인식과 탐색하기 2) 직업선택과 직업계획 세우기 3) 적절한 작업습관과 행동 표현하기 4) 직장을 찾고 유지하기 5) 적절한 신체적 및 조작 기능하기 6) 특정 직업기능 습득

CIS 모형	기본생활	1) 기초 개념 2) 기능적 기호와 상징 3) 가정관리 4) 건강과 안전
	사회자립	1) 공공서비스 2) 시간과 측정 3) 금전관리
	직업생활	1) 직업기능 2) 대인관계 및 여가
Jarrell 모형	대인 적응 훈련	습관, 태도, 통찰력, 기술
	직업 전 훈련	직업에서 요구되는 지식과 기술 습득을 용이하게 해주는 훈련
	보충적 기술 훈련	신체 일부의 상실이나 감각기능 상실에 대한 보충적 훈련

이 장에서는 선행연구자들이 제시한 직업 적응 훈련 모델과 우리나라 장애인복지 실천 현장에서 적용하고 있는 직업 적응 훈련 프로그램을 바탕으로 직업 적응 훈련의 영역을 제시하고 각 영역에 따른 교수 전략과 실행 방법을 기술하였다.

본서에서 제시한 직업 적응 훈련의 영역으로는 ① 개인 기초 훈련, ② 자기주장 훈련, ③ 문제해결 능력 훈련, ④ 직업 준비 훈련, ⑤ 직무 기술 훈련 등으로 구분되며, 세부적인 직업 적응 훈련의 목표와 훈련 내용은 다음과 같다.

<표 10-2> 직업 적응 훈련 영역

영 역	하위영역
개인 기초 훈련	개인 신변 처리
	기능적 기호와 상징
	자기 금전 관리
	건강과 안전
	의복의 구입 관리
	지역사회 자원 활용
	여가활용
자기주장 훈련	자아 인식하기
	자신감 획득하기
	자기 결정
	독립심 배양하기
문제해결 능력 훈련	문제해결 기능 배양하기
	타인과의 대인관계
	좋은 인간관계 기능 유지하기
	사회적 책임행동 수행하기
직업 준비 훈련	직업인식
	근로자로서의 자아상
	구직활동
	직업태도 형성하기
	스트레스 관리하기
직무 기술 훈련	과제 지시 따르기
	자발적으로 하기
	과제에 집중하기
	직업 유지하기
	작업 환경 적응하기
	작업기술을 향상하기

1. 개인 기초 훈련

1) 목표

지역사회 내에 생활하기에 개인적으로 준비되어야 될 개인 신변, 기능적 기호와 상징, 자기 금전 관리, 건강과 안전, 의복의 구입 관리, 지역사회 자원 활용, 여가활동을 충분히 습득하여 보다 원활한 직업생활을 이룰 수 있는 초석을 다진다.

2) 개인 기초 훈련 내용

영 역	내 용
개인 신변 처리	• 상황에 맞는 옷을 선별하여 입기 • 위생 및 청결을 스스로 유지하기 • 집 안에서 적절한 청소하기
기능적 기호와 상징	• 각종 관공서나 건물 내의 표식을 알고 구분하기 • 문자로 제시되는 각종 안내판의 글을 읽고 그 뜻을 이해하기
자기 금전 관리	• 돈의 단위를 종류별로 구분하기 • 슈퍼에서 물건 구입하기 • 체크카드 만들기 및 입 · 출금하기
건강과 안전	• 지역사회 체육시설 이용하여 스스로 규칙적으로 운동하기 • 전기를 안전하게 사용하기 • 가정상비약으로 간단한 응급처치하기
의복의 구입 관리	• 적절한 의복의 구입요령 익히기 • 빨래의 종류와 옷 손질에 대해 이해하기
지역사회 자원 활용	• 의료기관 이용하기 • 주민자치센터 이용하기
여가활동	• 영화 관람하기 • 야구 경기 관람하기

3) 훈련 시 유의점

- 각 기초훈련과정에서 장애학생 이야기 들어주기
- 어설픈 표현이라도 끝까지 귀 기울여 들어주기
- 말이 늦어 시간이 걸려도 끝까지 들어주기

4) 평가

- 자주 직면하는 실제 장면을 다양하게 접할 수 있는 기회를 제공하였는가 점검
- 어색한 행동이 나타나지 않도록 자연스런 장면에서 발표하였는가 점검
- 개인 기초 훈련의 의미를 충분히 이해하고 있는지 점검
- 교사와 학생들의 시연을 통해 행동을 학습하고 학습 내용이 일반화 되었는지 점검

5) 세부 내용

(1) 개인 신변 처리

① 상황에 맞는 옷을 선별하여 입기

■ 활동 목표

- 때와 장소에 맞는 적절한 옷을 선별하여 입을 수 있다.
- 자기에게 맞는 옷의 치수를 알 수 있다.

■ 준비물

남자 / 여자 속옷, 바지, 치마, 상의, 양말, 점퍼, 블라우스, 반소매 티셔츠, 반바지, 긴 옷, 장갑, 목도리, 두꺼운 옷, 내복, 벨트 등

■ 활동 장소

교실, 가정, 지역사회 기관, 작업장

■ 활동 방법

- 상황에 맞는 옷을 선별하여 입을 수 있다.
  - 상황에 맞지 않는 옷을 입었을 때의 경험을 이야기한다.
  - 때와 장소에 맞지 않는 옷을 입었을 때의 불편했던 점을 이야기한다.
- 자기에게 맞는 옷의 치수 알기
  - 시장이나 백화점에서 옷을 고르는 방법을 알게 한다.
  - 자기의 신체 치수를 안다(가슴둘레, 허리, 키).
  - 자기 옷의 치수를 안다(속옷, 상의 , 하의)

② 위생 및 청결을 스스로 유지하기

■ 활동 목표

- 얼굴에 비누칠하여 씻는다.
- 칫솔을 이용하여 자기 이를 닦는다.
- 비누나 샴푸를 사용하여 머리를 감는다.

■ 준비물

비누, 수건, 세숫대야, 화장품(스킨, 로션), 칫솔, 치약, 컵, 드라이어 등

■ 활동 장소

교실, 가정, 지역사회 기관, 작업장

■ 활동 방법

- 얼굴과 목을 비누칠하여 깨끗이 씻게 한다.
  - 뒷정리를 잘 할 수 있게 한다.

• 칫솔을 이용하여 자기 이를 닦는다.
  - 양치 도구를 준비하게 한다.
  - 이 닦기 시범 동작을 보면서 칫솔로 자기 이를 닦게 한다.
• 비누나 샴푸를 사용하여 머리를 감는다.
  - 빗, 비누, 샴푸, 린스, 수건, 세숫대야를 준비한다(샴푸, 린스와 중성세제 구별하기)
  - 머리 감는 방법과 순서를 알게 한다.

③ 집 안에서 적절한 청소하기

■ 활동 목표
• 집 안이 지저분해지는 원인을 안다.
• 집 안이 청결하지 못할 때 일어나는 문제점을 안다.
• 집 안을 깨끗이 청소한다.

■ 준비물
빗자루, 쓰레받기, 걸레, 진공청소기 등

■ 활동 장소
교실, 가정, 지역사회 기관, 작업장

■ 활동 방법
• 집 안이 지저분해지는 원인을 안다.
  - 밖에서 들어오는 먼지로 인하여 지저분해진다.
  - 몸에서 떨어지는 먼지나 머리카락으로 인하여 지저분해진다.
  - 일용품을 다룰 때 떨어지는 먼지로 인하여 지저분해진다.
  - 거미, 파리, 바퀴벌레 등으로 인하여 지저분해진다.
• 집 안이 청결하지 못할 때 일어나는 문제점을 안다.
  - 집 안에 손님이 찾아왔을 때 실례가 된다.

- 기분이 상쾌하지 못하다.
- 먼지나 곰팡이로 인해 식구들의 건강이 나빠진다.

• 집 안을 깨끗이 청소하기
- 청소 도구의 용도를 알게 한다.
- 청소하는 방법을 알게 한다.
- 진공청소기로 청소를 해본다.

(2) 기능적 기호와 상징

① 각종 관공서나 건물 내의 표식을 알고 구분하기

■ 활동 목표

• 각종 관공서의 표식을 알고 구분한다.
• 건물 내의 시설에 대한 안내 표식을 알고 구분한다.

■ 준비물

각종 건물 안내도(매표소, 식당, 상점, 전화, 계단 등) 그림 자료
각종 관공서 표식(구청, 주민자치센터, 경찰서, 우체국, 전화국 등)

■ 활동 장소

교실, 가정, 지역사회 기관, 작업장

■ 활동 방법

• 각종 관공서의 표식을 알고 구분한다.
- 구청, 주민자치센터, 경찰서, 우체국, 전화국 등 표식 기호를 확대한 게시 자료를 준비한다.
- 준비된 여러 장의 그림 자료에서 같은 표식(기호)끼리 모으게 한다.

- 결과물을 확인하고 교정하여 준다.
- 게시 자료에서 지적하는 표식 기호와 같은 표식 기호를 찾아서 들게 한다.
- 표식 기호가 의미하는 기관을 설명하고 제시 표식 기호의 장소를 말하게 한다.

• 건물 내의 시설에 대한 안내 표식을 알고 구분한다.
- 매표소, 식당, 상점, 화장실, 전화, 엘리베이터, 에스컬레이터, 계단, 음료수, 승강장, 자판기 입구, 출구, 출입금지, 금연, 장애인 전용이나 편의 시설 안내 표식을 확대한 게시 자료와 개인용 낱개 그림 자료를 준비한다.
- 준비된 여러 장의 그림 자료에서 같은 표식 기호끼리 모으게 한다.
- 표식 기호가 의미하는 기관을 설명하고 제시 표식 기호의 장소를 말하게 한다.
- 장소나 물건의 특성을 말하여 주고 해당하는 표식 기호를 찾게 한다.
- 여러 가지 기호를 일람표로 만들고 각 기호를 스티커로 준비한다.

② 문자로 제시되는 각종 안내판의 글을 읽고 그 뜻을 이해하기

■ 활동 목표

• 여러 가지 안내문을 읽는다.
• 여러 가지 안내문의 의미를 이해한다.

■ 준비물

각종 안내문(잔디에 들어가지 마시오, 절수, 절전, 열지 마시오 등)

■ 활동 장소

교실, 가정, 지역사회 기관, 작업장

■ 활동 방법

• 여러 가지 안내문을 읽는다.
- 생활 속에서 접하는 여러 가지 안내문을 찾는다(예: 잔디에 들어가지 마시오, 절수, 절전, 열지 마시오, 파손 주의, 금연, 정숙, 위험, 추락 주의, 입구, 출구, 출입 금지, 매표소, 식

당, 상점, 화장실, 전화, 엘리베이터, 에스컬레이터, 계단, 자판기, 승강장).

- 여러 안내문을 낱말 카드, 해당하는 그림 카드로 만들어 준비하고 지적하면 알아맞히게 한다.

• 여러 가지 안내문의 의미를 이해한다.

- 정숙, 들어가지 마시오, 위험, 파손 주의, 출입 금지의 안내문을 준비한다.
- 준비한 안내문을 제시하고 해당하는 그림 자료를 찾도록 한다.
- 그림 자료를 제시하고 해당하는 안내문을 찾도록 한다.
- 그림의 의미를 서로 이야기하고 의미를 정확히 알도록 한다.

(3) 자기 금전 관리

① 돈의 단위를 종류별로 구분하기

■ 활동 목표

• 돈의 의미와 올바른 사용 방법을 알 수 있다.

• 돈의 단위(동전, 지폐)와 종류를 구분할 수 있다.

■ 준비물

동전(10원, 50원, 100원, 500원), 지폐(1,000원, 5,000원, 10,000원, 50,000원) 등

■ 활동 장소

교실, 가정, 지역사회 기관, 작업장

■ 활동 방법

• 돈의 의미와 올바른 사용 방법을 알아보기

- 어떤 상황에서 돈이 필요한지 이야기한다.
- 돈을 가지고 할 수 있는 일이 어떤 일이 있는지 이야기한다.

- 돈이 부족하여 불편한 점은 무엇인지를 이야기한다.
- 돈의 단위(동전, 지폐)는 어떤 것이 있는지 이해하기
  - 실제 돈을 가지고 돈의 단위를 이야기한다.
  - 동전을 구분한다.
  - 지폐를 구분한다.
  - 각 단위의 동전과 지폐를 섞어 센다.

② 슈퍼마켓에서 물건 구입하기

■ 활동 목표

- 슈퍼마켓에서 물건 구입의 유의점을 알 수 있다.
- 슈퍼마켓에서 정확하게 돈을 세어 물건을 구입할 수 있다.

■ 준비물

슈퍼마켓에서 파는 물건 5가지 정도 등

■ 활동 장소

교실, 가정, 지역사회 기관, 작업장

■ 활동 방법

- 슈퍼마켓에서 물건 구입의 유의점을 알 수 있다.
  - 필요한 물건의 목록표를 작성하여 물건을 구입한다.
  - 물건의 품질과 유통기한을 반드시 확인한다.
  - 진열대 상품을 함부로 만지거나 다루지 않는다.
  - 물건을 살펴보고 구입하지 않을 것은 제자리에 둔다.
  - 계산대에서는 차례를 지킨다.
- 슈퍼마켓에서 정확하게 돈을 세어 물건을 구입할 수 있다.
  - 현재 소지한 현금 중 가용 한도액 내에서만 지출계획을 세워 물건을 구입한다.

- 구입한 물건을 들고 계산대로 가서 차례를 기다린다.
- 물건 값을 알아보고 돈을 지불한다.
- 물건 값이 부족하면 꼭 필요하지 않은 물건은 다음에 구입한다.
- 거스름돈과 영수증을 받아 물건의 종류와 금액이 정확한지 확인한다.

③ 체크카드 만들기 및 입 · 출금하기

■ 활동 목표

• 체크카드를 만든다.

• 체크카드로 출금할 수 있다.

■ 준비물

체크카드, 주민등록증, 도장, 신규가입서류, 현금지급기(ATM), 지갑 등

■ 활동 장소

교실, 가정, 지역사회 기관, 작업장

■ 활동 방법

• 체크카드 만들기
  - 체크카드를 만들고 싶은 은행의 이름과 위치를 안다.
  - 통장과 주민등록증을 챙겨 은행을 찾아간다.
  - 신규 가입 서류를 받아 이름, 직업, 집주소, 전화번호, 비밀번호 등을 적고, 도장, 주민등록증을 은행원에게 제출한다.
  - 즉석에서 발급되는 체크카드를 잘 받아 챙겨 넣는다.

• 체크카드로 출금하기
  - 체크카드를 챙기고, 비밀번호를 알고 있는지 확인한다.
  - 체크카드 코너나 은행에 찾아간다.
  - 자동기계의 화면을 읽으며 지시문에 따라 체크카드를 사용해 본다.

<표 10-3> 활동 사례-체크카드로 입 · 출금하기

회 기	1	주 제	체크카드로 입 · 출금하기
목 적	체크카드 만들기 및 활용 방법을 알아 지역사회 내 적응 능력 향상을 도모한다.		
집단구성	전 체	소요시간	50분
준 비 물	체크카드, 주민등록증, 도장, 신규가입서류, 현금지급기(ATM), 지갑 등	자 료	은행이용 동영상 등 시청각 자료
활동요소	활 동 내 용		
시청각 교육	동영상을 통하여 은행에서 체크카드 만드는 방법 및 현금지급기 이용하는 방법을 소개한다. 소개 후 미리 준비된 그림이나 사진을 보여주며 학습 숙지 확인을 한다.		
활동 준비	시청각 교육 후 조를 나누어 조별로 책상과 의자를 정리한다. 조별로 미리 필요한 활동 준비물을 배부한다. 조별 팀 활동에 앞에 나가 발표 및 시연 등에 대해 적극적으로 참여해야 된다고 미리 공지한다.		
활동하기	[활동1] 은행 업무 알기 -은행의 하는 업무가 무엇인지 조별로 자율적으로 토론하게 한다. -토론된 내용을 가지고 전체적인 업무를 조별로 정리하도록 한다. -조별로 정리된 내용을 조장이 앞에 나와 타 팀에 설명하도록 한다. [활동2] 체크카드 만들기 -동영상을 통해 사전에 숙지된 체크카드 만드는 것을 다시 학습한다. -조별로 은행원 및 이용자 등에 대한 역할극을 실시해 본다. -타 훈련생들에게 역할극에서 부족한 부분에 대한 의견을 듣는다. -역할극의 부족한 부분을 스스로 연습하도록 한다. [활동3] 체크카드로 출금하기 -동영상을 통해 사전에 숙지된 체크카드 출금하기를 다시 학습한다. -조별 1명씩 순서대로 출금방법에 대해 타 훈련생 앞에서 실시해 본다. -타 훈련생들에게 보였던 시연에서 부족한 부분에 대한 의견을 듣는다. -시연 부분에서 부족하다고 말한 내용으로 스스로 연습하도록 한다.		
마무리	• 소감문을 작성한 후 활동을 하면서 배운 점, 느낀 점을 자유롭게 이야기한다. • 현장 훈련을 통하여 체크카드 만들기 및 출금하기 업무를 차후 경험할 수 있도록 재교육한다.		

출처: 국립특수교육원(2002, 2007) 재구성.

(4) 건강과 안전

① 지역사회 체육시설 이용하여 스스로 규칙적으로 운동하기

■ 활동 목표

• 규칙적인 운동의 유익한 점을 안다.
• 체육공원 이용 시 주의할 점을 안다.

■ 준비물

다양한 체육시설(운동기구) 사진 등

■ 활동 장소

지역사회 체육시설, 학교 운동장 등

■ 활동 방법

• 규칙적인 운동의 유익한 점을 안다.
  - 규칙적으로 운동을 해본 경험을 이야기하게 한다.
  - 매일 규칙적으로 운동을 하면 어떤 점이 좋은지를 이야기하게 한다.
  - 체육공원에서 할 수 있는 운동에는 어떤 것이 있는지 이야기하게 한다.
• 체육공원 이용 시 주의할 점을 안다.
  - 체육공원에서 할 수 있는 운동에는 어떤 것이 있는지 이야기하게 한다.
• 달리기, 철봉, 줄넘기, 배드민턴, 공차기, 농구, 그 외 할 수 있는 운동을 열거한다.
  - 공원에서 운동이나 놀이를 할 때의 주의 사항에 대해 알게 한다.

② 전기를 안전하게 사용하기

■ 활동 목표

- 전기를 안전하게 사용하는 방법을 알 수 있다.
- 전기의 위험성을 알 수 있다.
- 전기에 의한 화재나 감전 사고 시 바르게 대처한다.

■ 준비물

화재를 담은 시청각 자료, 소화기, 전기난로, 전기다리미 등

■ 활동 장소

교실, 가정, 지역사회 기관, 작업장

■ 활동 방법

- 전기를 안전하게 사용하는 방법을 알 수 있다.
  - 생활 속에서 전기가 어떻게 이용되고 있는지 이야기하게 한다.
  - 전기에 의한 화재와 감전 사고에 대한 비디오 자료를 보고 전기의 위험성을 알게 한다.
- 전기의 위험성을 알게 한다.
  - 전기 플러그를 안전하게 꽂고 빼는 방법을 익히게 한다.
  - 화재가 발생하기 쉬운 전기 기구를 사용할 때의 안전 수칙을 익히게 한다.
- 전기에 의한 화재나 감전 사고 시 바르게 대처하게 한다.
  - 전기에 의한 화재에 어떻게 대처해야 하는지에 대해 알게 한다.
  - 소화기가 있는 곳(학교, 가정에서)을 알아둔다.
  - 소화기 사용법을 익힌다.
  - 불이 났을 때 소방서에 신고하는 방법을 익힌다.
  - 감전 사고 발생 시 대처 방법을 알게 한다.
  - 그 외 감전 사고를 예방하기 위한 방법에 대해 알게 한다.

③ 간단한 응급처치 하기

■ 활동 목표

• 피가 날 때의 응급처치를 할 수 있다.
• 화상을 입었을 경우의 응급처치를 할 수 있다.
• 응급 환자가 발생했을 때 조치 방법을 안다.

■ 준비물

가정 상비약(소화제, 진통제, 변비약, 감기약, 지사제 등) 등

■ 활동 장소

교실, 가정, 지역사회 기관, 작업장

■ 활동 방법

• 피가 날 때의 응급처치를 할 수 있다.
  - 칼, 연장 등에 의한 상처를 입었을 경우의 처치 방법을 알게 한다.
  - 코피가 많이 나올 경우의 응급처치 방법을 익히게 한다.
• 화상을 입었을 경우의 응급처치를 할 수 있다.
  - 간단한 화상이나 뜨거운 물에 데었을 경우의 응급처치 방법을 알게 한다.
  - 수도가 있는 곳으로 가 찬물을 틀고 상처 부위를 차게 해준다.
• 응급 환자가 발생했을 때 조치 방법을 안다.
  - 환자를 함부로 움직이지 않는다.
  - 빠른 동작으로 부모님이나 선생님께 알린다.
  - 위급하면 119로 신고를 한다.
  - 신고할 때는 위치, 사고 내용을 차근차근 분명하게 설명한다.

(5) 의복의 구입 관리

① 의복의 구입 요령을 익히기

■ 활동 목표

• 적절한 의복의 구입 요령을 이해한다.
• 상황에 맞는 옷을 선별하여 구입할 수 있다.

■ 준비물

체육복, 등산복, 수영복, 작업복, 잠옷, 정장, 평상복, 한복 등

■ 활동 장소

교실, 가정, 지역사회 기관, 작업장

■ 활동 방법

• 적절한 의복의 구입 요령을 익힌다.
  - 좋은 옷이란 어떤 옷인지 이야기하게 한다.
  - 상황에 맞는 옷(때와 장소, 계절, 하는 일)에 대해 서로 이야기한다.
• 상황에 맞는 옷을 선별하여 구입할 수 있다.
  - 때와 장소, 계절, 하는 일에 적합한 옷을 선별하여 구입하는 습관을 갖게 한다.
    ㉠ 운동할 때(체육복, 등산복, 수영복) ㉡ 작업할 때(작업복, 직업의 종류에 따라 다름), ㉢ 잠잘 때 (잠옷) ㉣ 방문 시(정장), ㉤ 외출할 때(평상복), ㉥ 명절(한복), ㉦ 4계절(계절에 맞는 옷)

② 빨래의 종류와 옷 손질에 대해 이해하기

■ 활동 목표
- 빨래의 종류(손 · 세탁기 등)를 알고 전반적인 순서를 이해한다.
- 다양한 옷감에 대한 다림질 순서를 익힌다.

■ 준비물

세탁물, 세제류, 세탁 용구, 세탁 표지판, 세탁기, 다리미, 다리미대, 분무기, 옷걸이, 그림자료 등

■ 활동 장소

교실, 가정, 지역사회 기관, 작업장

■ 활동 방법
- 빨래의 종류(손 · 세탁기 등)를 알고 전반적인 순서를 이해한다.
  - 빨랫감 준비하기
  - 손빨래, 세탁기 빨래, 드라이클리닝할 것을 구분한다.
  - 빨래 종류에 따른 방법을 익힌다.
  - 말리기에 대해서 이해한다.
- 다양한 옷감에 대한 다림질 순서를 익힌다.
  - 다림질의 요령과 주의점 알기
  - 다림질할 옷과 다림질하지 않아도 될 옷을 구별한다.
  - 다림질 용구를 안다(다리미, 다리미 방석, 보조대, 보조천, 분무기).
  - 옷감의 종류에 따라 다리미의 온도를 조절한다.
  - 화상을 입지 않도록 다리미를 조심스럽게 다룬다.

(6) 지역사회 자원 활용

① 의료기관 이용하기

■ 활동 목표

- 병원에 가는 이유와 병원에서 하는 일을 이해한다.
- 우리 주변에 있는 병원의 위치를 파악한다.
- 병원을 이용하는 방법을 이해한다.

■ 준비물

병원 표식, 삽화자료, 의료보험 카드 등

■ 활동 장소

지역사회 내 병원, 진료소, 보건소

■ 활동 방법

- 병원에 가는 이유와 병원에서 하는 일을 알게 된다.
  - 병원을 찾는 이유를 이야기한다.
  - 병원에서 하는 일에 대해 알아본다.
  - 병이 났을 때 병의 부위에 따라 가야 할 병원을 알게 한다.
    예 내과, 외과, 치과, 안과, 이비인후과, 정신과 기타
- 우리 주변에 있는 병원의 위치를 파악한다.
  - 지역지도를 보고 병원의 위치를 찾아본다.
  - 가족이나 주변 사람의 도움으로 병원에 찾아간다.
- 병원을 이용하는 방법을 알게 된다.
  - 의료보험증을 접수창구에 제시하고 대기실에서 기다린 후, 호명을 듣고 진찰실에 들어간다.

- 의사 선생님께 병의 증상을 자세히 설명하고, 의사 선생님의 질문에 정확히 대답한다.
- 주사를 맞거나 조제약을 받은 후 복용 방법에 대해 설명을 듣는다.

② 주민자치센터 이용하기

■ 활동 목표

• 주민자치센터를 이용할 수 있다.

• 주민자치센터에서 발급하는 증명서를 발급받는다.

■ 준비물

민원 발급 신청서, 지역 관내도 등

■ 활동 장소

지역사회 내 주민자치센터

■ 활동 방법

• 주민자치센터를 이용할 수 있다.
  - 주민자치센터에서 이용할 수 있는 것에 대해 이해한다.
  - 주민자치센터를 이용하는 방법에 대해 이해한다(전화, 팩스 등)
  - 전화번호부를 준비하고 민원서류는 전화로도 신청할 수 있음을 알려준다.
• 주민자치센터에서 발급하는 주민등록등본을 발급받는다.
  - 신청서를 작성한다(예: 주민등록등본 신청서 쓰기)
  - 신청서 양식에 따라 해당하는 사항을 쓰도록 지도한다.
• 역할극을 통해 이해한 내용을 실시해 본다.

〈활동 예〉

-**신청인:** 안녕하세요?
-**직 원:** 어서 오세요. 무엇을 도와 드릴까요?
-**신청인:** 주민등록등본을 발급받으려고 하는데요.
-**직 원:** 여기 신청서가 있어요. 내용을 기록해서 주세요.
-**신청인:** 이렇게 쓰면 되나요?
-**직 원:** 잘 썼어요. 잠시만 기다리세요.
-**신청인:** 예, 알겠습니다.
-**직 원:** 인지대가 ㅇㅇ원이에요.
-**신청인:** 여기 있습니다.
-**직 원:** 신청하신 주민등록등본 2통 여기 있습니다.
-**신청인:** 감사합니다. 안녕히 계셔요.
-**직 원:** 네, 안녕히 가세요.

(7) 여가활동

① 영화 관람하기

■ 활동 목표

• 영화 관람에 필요한 전반적인 사항을 이해하고 관람할 수 있다.

■ 준비물

영화 관람비, 교통카드 등

■ 활동 장소

지역사회 내 영화관 등

■ 활동 방법

• 영화 관람할 때 적절한 영화표 구입과 자신의 좌석을 찾는다.
  - 자신이 보고 싶은 영화를 선정한다.

- 자신이 선택한 영화를 관람하기 위해 영화관에 직접 간다.
- 입장권을 구입해 본다.
- 영화를 관람한다.

② 야구경기 관람하기

■ 활동 목표

• 야구경기 관람에 필요한 전반적인 사항을 이해하고 관람한다.

■ 준비물

모자, 경기 관련 동영상 자료들, 야구 관람비 등

■ 활동 장소

지역사회 내 야구경기장

■ 활동 방법

• 야구경기 관람에 필요한 전반적인 사항을 이해하고 관람한다.
  - 야구의 용어와 기본 규칙을 안다.
  - 경기장에서 지켜야 할 질서와 규칙을 익힌다

2. 자기주장 훈련

1) 목표

자기주장의 의미를 알게 하고 이를 행동으로 실행하는 연습을 통해 장애학생들이 직면할 수 있는 상황에서 스스로 필요한 것을 요구할 수 있게 한다.

- 자기 인식 개발
- 자기에게 주어진 상황에서 스스로에게 필요한 것을 요구할 수 있는 능력 개발
- 자기 인생에 대해 책임을 지는 것을 익힘
- 자신이 원하는 것과 그것을 획득하는 방법을 이해
- 자기 흥미와 관심의 충족을 주장
- 개인의 삶과 관련하여 자신의 주관에 따라 선택하고 결정
- 직업 인터뷰 시 필요한 자기주장 기술을 익힘

2) 자기주장 훈련 내용

영 역	내 용
자아인식	· 기본적 욕구 확인하기 · 흥미 및 능력 파악하기 · 정서 파악하기 · 신체 이해하기
자신감 획득	· 생각을 타인에게 전달하기 · 칭찬 수용하기 · 비판 수용하기 · 자신감 증진하기
자기 결정	· 자신에 대한 인식 · 자기 관리 능력 · 선택하기 능력 · 자기 옹호 능력 · 자기 결정 실행
독립심 배양	· 책임감 가지기 · 과업지향적 행동 · 자립생활 준비

3) 훈련 시 유의점

- 자기주장 하는 장애학생 이야기 들어주기
- 어설픈 표현이라도 끝까지 귀 기울여 들어주기
- 말이 늦어 시간이 걸려도 끝까지 들어주기
- 가정에서 자녀의 제안 반영하기

4) 평가

- 자주 직면하는 실제 장면을 다양하게 접할 수 있는 기회를 제공하였는가 점검
- 어색한 행동이 나타나지 않도록 자연스런 장면에서 발표하였는가 점검
- 자기주장의 의미를 충분히 이해하고 있는지 점검
- 교사와 학생들의 시연을 통해 행동을 학습하고 학습 내용이 일반화 되었는지 점검

5) 세부 내용

(1) 자아 인식하기

① 기본적 욕구 확인하기

■ 활동 목표

- 일반 사람들의 기본적인 신체적, 심리적 욕구에 대해 간단한 문장으로 설명할 수 있다.
- 신체적, 심리적 욕구를 충족시키는 방법을 알고 적절하게 활용할 수 있다.

■ 준비물

사진자료, 문장카드, 낱말카드, 시청각 기기, 조사표, 녹음기, 카메라

■ 활동 장소

교실, 가정, 지역사회 기관, 병원, 작업장, 영화관

■ 활동 방법

• 기본적인 신체적 욕구 확인
  - 사람들이 살아가는 데 필요한 것들에 대한 사진이나 그림을 스크랩할 수 있도록 한다.
  - 스크랩해 온 학생들 자료와 교수 자료를 비교하면서 생존에 필요한 것들에 대하여 설명한다.
  - 질의와 발표를 통하여 인간이 살아가는 데 환경의 고마움과 필요성을 인식할 수 있도록 한다.
  - 산업체 현장 등을 견학하여 환경의 고마움과 필요성을 실제적으로 체험한다.
  - 견학한 곳의 경험과 느낌을 개인별, 조별로 발표할 수 있도록 한다.
  - 조사표를 만들어 사진과 자료를 스크랩할 수 있도록 한다.
  - 열악한 작업 환경에서 일하는 근로자에 대해 인식할 수 있도록 한다.
• 기본적인 심리적 욕구 확인
  - 사랑, 안전, 신뢰, 가치, 인정 등과 같은 욕구의 종류를 알게 한다.
  - 일상생활에서 흔히 느끼고 보는 것들 중 개인적으로 사랑하고, 다투고, 우울하고, 칭찬받았던 경험 등을 조사해 오도록 한다.
  - 1가지씩 조사한 사례를 발표할 수 있도록 한다.
  - 각 항목마다 간단한 문장으로 쓸 수 있도록 하거나 녹음기를 사용하여 녹음할 수 있도록 한다.

<표 10-4> 우리가 살아가는 데 필요한 것들

월 일 작성자:

순번	경험이나 본 것	언 제	누 가	이 유	어떻게 생각하고 있나?	어떻게 되었나?
1	누구를 좋아한 경우					
2	서로 다투었던 경우					
..	...					

- 신체적 욕구 충족 방법
  - 사람들의 신체적 욕구를 해결하는 방법에 대하여 설명한다.
  - 질의나 모의 역할극을 통해서 신체적 욕구를 해결하는 방법을 인식할 수 있도록 한다.
  - 다양한 작업 경험과 보상을 통해서 일을 해야 하는 이유와 일에 대한 보람을 가질 수 있도록 한다.
  - 지역사회에서 제공하는 여러 가지 취업 정보, 사회문화 서비스 등에 대해서 받을 수 있는 방법을 익힐 수 있도록 한다.
  - 무엇을 배우고 싶을 때 지역사회 기관이 제공하는 서비스를 받을 수 있는 방법과 절차를 익히도록 한다.
- 심리적 욕구 충족 방법
  - 학생들이 경험했던 일들에서 느낀 점, 고민스러웠던 일, 해결한 방법 등을 발표한다.
  - 역할극을 통해 좋은 친구 관계를 유지하기 위한 방법을 익힌다.
  - 꾸중 들었을 때, 스트레스 받았을 때 해결하는 방법에 대해서 익힌다.

② 흥미 및 능력 파악하기

■ 활동 목표

- 여러 가지 취미활동을 알고 취미활동을 즐길 수 있다.
- 사람들의 여러 가지 특기를 알고 자신의 특기를 발전시킬 수 있다.

• 사람들의 여러 가지 성격과 단점을 알고 자신의 단점을 고칠 수 있다.
• 혼자 힘으로 집안일 돕기 계획을 세워 계획대로 실천할 수 있다.

■ 준비물

특기, 성격, 단점 조사표, 지역 정보지

■ 활동 장소

지역사회 체육 문화시설, 가정, 기관

■ 활동 방법

• 취미활동하기
  - 친구, 가족, 동료들이 하고 있는 취미활동을 개인별, 조별로 조사한다.
  - 취미활동 사진이나 그림 자료를 스크랩한다.
  - 취미활동의 좋은 점을 인식한다.
  - 취미활동을 할 수 있는 곳을 견학하여 여러 가지 취미활동을 접할 수 있는 기회를 갖도록 한다.
• 특기 확인하기
  - 사람들에게 각자 잘하는 능력이 있다는 것과 노력하여야 성공한다는 것을 설명한다.
  - 개인별, 조별로 친구와 가족들의 특기를 조사한다.
  - 사람들의 여러 가지 특기를 알고 자신의 특기와 비교할 수 있도록 한다.
  - 특기가 같거나 취미가 같은 사람들이 모여 만든 것이 동아리임을 알 수 있게 한다.
  - 역할극이나 현장학습을 통해 지역의 체육, 문화시설을 이용하는 방법과 동아리 모임에 참가하는 방법도 익힐 수 있도록 한다.
• 자신의 성격과 단점 확인하기
  - 사람들에게 각자 성격과 단점이 있으며 서로 비슷하거나 다르다는 것을 설명한다.
  - 개인별, 조별로 친구와 가족들의 성격과 단점을 조사한다.
  - 가족들의 성격과 단점 및 단점을 고치는 방법을 조사, 발표할 수 있도록 한다.

- 여러 가지 성격 목록표를 보고 자신의 성격이 어떠한지 인식할 수 있게 한다.
- 자신의 단점을 알고 단점을 고치는 방법을 익힐 수 있도록 한다.

<표 10-5> 우리 가족들의 성격과 단점

작성자 :

관 계	이 름	나 이	성 격	단 점	단점을 개선하는 노력
할아버지	홍길동	65	엄하시다	없음	없음
할머니	장나라	62	자상하시다	없음	없음
아버지	홍한국	42	차분하시다	늦잠을 주무신다	아침에 등산
어머니	김선덕	40	조용하시다	몸이 약하시다	낮에 수영
나	홍대한	18	덤벙거린다	겁이 많다	태권도 배움
동생	홍민국	15	명랑하다	정리정돈 안 된다	집 안 청소당번

③ 정서 파악하기

■ 활동 목표

• 여러 가지 상황에 따른 감정 표현과 행동 형태를 알 수 있다.

• 잘못된 감정을 극복하는 방법을 알고 좋은 감정으로 바꿀 수 있다.

■ 준비물

영상 자료, 그림, 사진, 조사표, 낱말 · 문장 카드, 녹음기, 테이프

■ 활동 장소

교실, 가정, 지역사회 기관, 작업장

■ 활동 방법

• 감정 표현하기

- 그림, 사진, 동영상 자료를 통해서 여러 가지 감정을 파악할 수 있도록 한다.

- 화났을 때, 기쁠 때, 두려울 때, 잘못이나 실수를 했을 때, 행복할 때 등의 얼굴 표정과 몸짓이 다름을 알 수 있다.
- 감정 표현에는 언어를 사용하는 방법과 비언어적 표현(몸짓, 표정) 방법이 있음을 인식한다.
- 여러 가지 상황에 따른 말소리를 녹음하여 들려주고 그 말소리가 무슨 상황에서 나오는지 구별한다.

• 감정 극복하기
- 잘못된 감정과 격한 감정이 우리 인체에 어떤 영향을 주는지를 설명한다.
- 스트레스로 인하여 생기는 병을 조사할 수 있도록 한다.
- 여러 가지 스트레스에 따라 극복하는 방법을 익힌다.

④ 신체 이해하기

■ 활동 목표

• 신체 조직 체계를 알고, 하는 일을 설명할 수 있다.
• 개인의 신체적 특징을 설명할 수 있다.
• 일반적인 신체적 특징을 설명할 수 있다.

■ 준비물

신체 근육조직 체계표, 조사표, 체중계, 정상 체중표, 사진

■ 활동 장소

교실, 가정, 지역사회 기관

■ 활동 방법

• 신체 조직 체계 이해
- 신체훈련을 통하여 근육의 존재를 인식하게 한다.
- 근육의 작용이 힘으로 전달되어 신체를 움직일 수 있고, 걷거나, 먹거나, 말하

거나 등을 할 수 있다는 것을 인식하게 한다.
- 신체의 주요 체계와 하는 일을 설명한다.
- 신체의 주요 체계가 잘못되었을 때 어떻게 되는지를 인식하여 자신의 신체를 청결히 하고 아껴야 된다는 마음을 가질 수 있도록 한다.

• 개인의 신체적 특징 이해
- 개인의 신체적 특징을 나타내는 것은 무엇인지 설명한다.
- 개인의 신체적 특징을 서로 비교하여 차이점과 다른 점을 알 수 있게 한다.
- 자신의 신체적 외모에서 숨기고 싶은 부분과 가장 마음에 드는 부분을 설명한다.

• 일반적인 신체 특징 이해
- 정상적인 신체적 특징을 설명한다.
- 표와 그림을 통하여 정상적인 체중과 비정상적인 체중을 비교할 수 있도록 한다.
- 과다 체중일 때 다이어트 방법을 알고 다이어트 계획을 세워 실천할 수 있도록 한다.
- 과소 체중일 때 음식을 편식하지 않고 골고루 먹는 습관을 기를 수 있도록 한다.
- 규칙적이고 즐겁게 생활하기, 음식 골고루 먹기, 규칙적인 운동하기, 충분한 수면 취하기 등의 생활 계획표를 작성하고 실천할 수 있도록 한다.

(2) 자신감 획득

① 생각을 타인에게 전달하기

■ 활동 목표

• 여러 가지 상황에 따라 바람직한 행동과 바람직하지 못한 행동을 구별할 수 있다.
• 여러 가지 상황에 따라 바람직한 행동을 취할 수 있다.
• 여러 가지 성격을 알고 성격의 차이점을 설명할 수 있다.

■ 준비물

비디오 자료, 조사표, 노래방, 역할극 소모품, 낱말 · 문장 카드

■ 활동 장소

교실, 가정, 지역사회 기관

■ 활동 방법

• 바람직한 행동과 바람직하지 않은 행동 구별하기
  - 비디오 자료를 통한 여러 가지 상황에서의 행동 형태를 설명한다.
  - 질의식 문답을 통해 자신의 행동과 상대방의 생각을 인식하고 바람직한 행동을 구별하여 사용할 수 있도록 한다.
  - 역할극을 통해 실생활에서 경험해 볼 수 있도록 한다.
• 바람직한 행동이나 태도 취하기
  - 자료를 통해 상대방의 특정한 행동이나 무책임한 행동에 대하여 어떻게 반응해야 하는지를 설명한다.
  - 여러 가지 상황에서 부당한 행동이나 무책임한 행동에 직면했을 때 자신의 생각을 상대방에게 어떻게 표현해야 하는지를 익히도록 한다.
  - 부당한 지시나 일을 받았을 때, 상대방이 치근덕거릴 때, 괴롭힐 때, 업신여길 때 등의 역할극을 통해 여러 상황에 따른 언어와 행동 형태를 익힐 수 있게 한다.
  - 자신의 행동에 따른 책임 수행의 중요성에 대해서 인식하도록 한다.
• 여러 가지 성격 알기
  - 사람들에게는 각각의 성격이 있음을 알게 한다.
  - 자신의 성격은 어디에 해당하는지 찾을 수 있게 한다.
  - 가족, 친구의 성격이 각각 다르다는 것을 알고 차이점을 말할 수 있게 한다.

② 칭찬 수용하기

■ 활동 목표

• 일상생활에서 칭찬하는 말을 알고 적절하게 사용할 수 있다.
• 칭찬에 따른 적절한 행동과 부적절한 행동을 구별할 수 있다.
• 여러 가지 성격의 특징을 알 수 있는지를 평가한다.

■ 준비물

비디오 자료, 조사표, 노래방, 역할극 소모품, 낱말 · 문장 카드

■ 활동 장소

교실, 가정, 지역사회 기관

■ 활동 방법

- 칭찬하는 말 인식하기
  - 가정, 직장에서 사용되는 칭찬하는 말을 조사한다.
  - 여러 상황에서 칭찬하는 말이 약간씩 다름을 알 수 있도록 한다.
  - 역할극을 통하여 어떤 상황에서 어떤 칭찬을 사용하는지 알 수 있게 한다.
- 칭찬에 따른 행동 비교하기
  - 어떤 칭찬을 받는지 조사 발표한다.
  - 바람직한 행동과 적절하지 못한 행동을 구별할 수 있게 한다.
  - 웃어른이나 상대방에게 감사드리거나 칭찬해 줄 수 있는 경우가 있음을 알게 한다.
  - 도움을 받았을 때, 우리 모두를 대표해서 빛냈을 때를 예를 들어 설명한다.
- 칭찬에 따른 적절한 행동 취하기
  - 칭찬을 받으면 기분이 어떤지 발표할 수 있도록 한다.
  - 역할극을 통하여 칭찬하는 말, 감사하는 말, 축하하는 말 등의 사용 방법과 그에 따른 적절한 행동을 익힐 수 있도록 한다.

③ 비판 수용하기

■ 활동 목표

- 일상생활에서 비판하는 말이나 거부하는 말을 알고 적절하게 사용할 수 있다.
- 비판이나 거부받는 경우를 설명할 수 있다.
- 비판이나 거부받았을 때 적절한 행동을 취할 수 있다.

■ 준비물

비디오 자료, 조사표, 노래방, 역할극 소모품, 낱말 · 문장 카드

■ 활동 장소

교실, 가정, 지역사회 기관

■ 활동 방법

• 비판이나 거부하는 말 인식하기
  - 가정, 학교, 직장에서 사용되는 비판이나 거부하는 말을 조사해서 발표한다.
  - 여러 상황에서 비판당하는 말, 거부당하는 말이 다름을 알 수 있게 한다.
• 비판이나 거부받는 경우 파악하기
  - 비판, 거부받은 경험을 발표한다.
  - 영상 자료를 통해 어떤 때 비판, 거부받고 왜 상대가 비판하는지 설명한다.
  - 역할극을 통하여 직접 경험해 본다.
• 비판이나 거부받을 때 적절한 행동 취하기
  - 비판적인 말을 듣는 상황에 대한 역할극을 통해 비판적인 말을 들었을 때 느낌을 발표한다.
  - 비판적인 말을 들었을 때 적절하게 반응하는 법을 익힐 수 있도록 한다.
  - 비판을 들었을 때 자신의 잘못과 상대방이 왜 비판하는지를 알고, 화나거나 무서운 느낌이 오래가지 않도록 한다.

④ 자신감 증진하기

■ 활동 목표

• 여러 가지 영역에서 자신의 긍정적인 특징을 인식할 수 있다.
• 자신감을 증진시키는 방법을 익혀 자신감을 높인다.

■ 준비물

비디오 자료, 조사표, 노래방, 역할극 소모품, 낱말 · 문장 카드

■ 활동 장소

교실, 가정, 지역사회 기관

■ 활동 방법

- 자신감의 특징 파악하기
  - 운동선수들의 시합을 보고 자신감의 차이에 대해 발표한다.
  - 자신감과 허풍의 차이를 알 수 있게 한다.
  - 일상생활에서 자신감이 요구되는 상황을 조사하고 결과를 발표한다.
  - 자신감이 우리 생활에 어떤 영향을 주는지 설명한다.
- 자신감 증진 방법 익히기
  - 자신감을 증진시키는 방법에 대해 설명한다.
  - 자신감을 증진시키는 방법을 익히도록 한다.

<표 10-6> 자신감을 증진시키는 단계

할 수 있다는 생각을 갖는다. · 명상법을 익힌다. · 호흡법을 익힌다.	→	**할 수 있는 것부터 시작** · 생활계획표를 작성한다. · 할 수 있는 일에 대한 계획을 세운다
시간을 단축한다. · 할 수 있는 일의 수행 시간을 단축한다.	→	**어렵고 힘든 일을 선택** · 가정과 기관에서 할 수 있는 일 중에서 선택한다.
단계적으로 수행한다. · 단계별로 수행할 수 있도록 계획표를 작성한다.	→	**시간을 단축한다.** · 단계별 수행 시간을 단축한다.

(3) 자기 결정

① 자신에 대한 인식

(자아 인식하기 참조 P.153)

② 자기 관리 능력

■ 활동 목표

- 해결해야 하는 자신의 문제를 분석할 수 있다.
- 적절한 중재 방법을 선택하여 적용할 수 있다.

■ 준비물

비디오 자료, 조사표, 노래방, 역할극 소모품, 낱말 · 문장 카드

■ 활동 장소

교실, 가정, 지역사회 기관

■ 활동 방법

- 해결해야 할 자신의 문제 분석하기
  - 자신의 장점, 약점, 자신의 희망을 알아보는 과정을 통해 자신이 어떤 사람인지 인식한다.
  - 자신의 미래 소망이 무엇인지 동료들과 토의한다.
  - 자신의 삶에서 소중한 것이 무엇이 있는지 알아보고 자기 결정의 의미를 인식하게 한다.
- 적절한 중재 방법을 선택하여 적용하기
  - 자신의 반응에 대해 자연적 강화를 경험하게 한다.
  - 자신의 기술 습득이나 행동 중재에 능동적으로 참여하게 한다.
  - 책임감과 의사결정에 대해 학습할 수 있도록 기회를 부여한다.

③ 선택하기 능력

■ 활동 목표
• 자신이 선호하는 것을 표현하고 선택할 수 있다.
• 자신이 선택한 과제를 시간 내에 종결할 수 있다.

■ 준비물
비디오 자료, 조사표, 노래방, 역할극 소모품, 낱말 · 문장 카드

■ 활동 장소
교실, 가정, 지역사회 기관

■ 활동 방법
• 선호하는 것을 표현하고 선택
  - 주제에 관련된 여러 가지 활동 중 선택할 수 있도록 한다.
  - 한 가지 활동 내에서 선택할 수 있도록 한다.
  - 활동을 할 장소를 선택할 수 있게 한다.
  - 계획된 활동에 참여하지 않는 선택을 할 수 있다.
• 자신이 선택한 과제를 시간 내에 종결
  - 활동을 할 시간을 선택할 수 있도록 한다.
  - 자신이 선택한 시간에 활동을 종결할 수 있다.

④ 자기 옹호 능력

■ 활동 목표
• 자신의 신념을 가지고 행동을 취한다.
• 자기 결정을 위해 옹호적인 행동을 한다.

■ 준비물

비디오 자료, 조사표, 노래방, 역할극 소모품, 낱말 · 문장 카드

■ 활동 장소

교실, 가정, 지역사회 기관

■ 활동 방법

• 자신의 신념 가지기
  - 자기 권리에 대한 책임을 인식할 수 있게 한다.
  - 자기주장과 공격성을 분별할 수 있도록 한다.
  - 자기주장에 내재되어 있는 위험요소가 무엇인지 이해하게 한다.
• 자기 결정을 위한 옹호적 행동
  - 자신의 권리를 옹호할 때 적절한 몸짓, 자세, 얼굴표정, 눈 맞춤 등을 할 수 있도록 한다.
  - 상대방의 의견, 감정, 경험을 이해하고 존중한다는 것을 적절하게 표현한다.
  - 상대방의 의견을 적극적으로 청취하는 대화기술을 익힌다.

⑤ 자기 결정 실행하기

■ 활동 목표

• 자기 결정에 대한 목표를 설정한다.
• 자기 결정에 대한 계획을 세운다.
• 의사소통과 문제해결을 향상시킨다.

■ 준비물

비디오 자료, 조사표, 노래방, 역할극 소모품, 낱말 · 문장 카드

■ 활동 장소

교실, 가정, 지역사회 기관

■ 활동 방법

• 자기 결정에 대한 목표 설정
  - 자신의 장기 목표를 정하고 올바른 목표 정하는 방법을 알아본다.
  - 장기 목표를 달성하기 위해 단기 목표를 정하고 발표해 본다.
  - 단기 목표를 달성하기 위해 자신이 해야 할 활동들을 결정한다.
• 자기 결정에 대한 계획 세우기
  - 가장 먼저 성취해야 할 활동을 예견하고 정해 본다.
  - 자신이 계획한 활동의 결과에 대해 이야기해 본다.
  - 자신의 활동 결과를 평가하는 시간을 갖고 어려움을 극복하는 방법을 알아본다.
• 의사소통과 문제해결
  - 협력의 필요성과 방법을 알아본다.
  - 소극적, 공격적, 확신적 의사소통의 차이를 알아본다.
  - 올바르게 의사소통 하는 방법을 알아본다.
  - 올바른 협상에 대해 알아본다.
  - 갈등 해결 방법에 대해 알아본다.
  - 자기 결정에 도움을 줄 지역사회 자원과 지원망을 알아본다.

(4) 독립심 배양

① 책임감 가지기

■ 활동 목표

• 시민으로서의 역할을 이해할 수 있다.
• 지역사회 구성원으로서의 역할을 이해한다.

■ 준비물

비디오 자료, 조사표, 노래방, 역할극 소모품, 낱말 · 문장 카드

■ 활동 장소

교실, 가정, 지역사회 기관

■ 활동 방법

• 시민으로서의 역할 이해
  - 타인의 권리에 대해서 인식한다.
  - 공공장소에서 지켜야 할 적절한 행동을 알아본다.
  - 민주 시민으로서 해야 할 역할을 찾아 이야기해 본다.
• 지역사회구성원으로서의 역할 이해
  - 우리 지역사회가 당면한 문제점을 파악해 본다.
  - 쾌적한 환경을 만들기 위해 청소의 필요성을 이해한다.
  - 가정과 직장에서 내가 할 수 있는 일을 조사하고 발표해 본다.

② 과업지향적 행동

■ 활동 목표

• 스스로 문제 해결하기
• 과제 분석하고 목표 세우기

■ 준비물

비디오 자료, 조사표, 노래방, 역할극 소모품, 낱말 · 문장 카드

■ 활동 장소

교실, 가정, 지역사회 기관

■ 활동 방법

• 스스로 문제 해결하기
  - 가정이나 직장에서 나에게 맡겨진 일이 무엇인지 파악해 본다.
  - 문제를 해결하기 위해 필요한 기술이나 자원을 알아본다.

• 과제 분석하고 목표 세우기
  - 주어진 과제의 본질을 이해한다.
  - 과제 해결을 위한 장 · 단기 목표를 세워본다.
  - 목표를 이루기 위해 필요한 행동을 작성해 본다.

③ 자립생활 준비

■ 활동 목표

• 자립생활에 필요한 기능을 익힌다.
• 자립생활에 도움이 되는 지역사회 자원을 이용한다.

■ 준비물

비디오 자료, 조사표, 노래방, 역할극 소모품, 낱말 · 문장 카드

■ 활동 장소

교실, 가정, 지역사회 기관

■ 활동 방법

• 자립 생활에 필요한 기능 익히기
  - 자립 생활을 위한 체험을 경험해 본다.
  - 돈을 관리하고 생활에 필요한 예산을 세워본다.
  - 필요한 물품을 구입한다.
  - 이동에 필요한 교통수단을 활용해 본다.

- 자립 생활에 도움이 되는 지역사회 자원 이용
  - 은행, 병원, 공공기관, 여가생활 장소를 파악한다.
  - 지역사회 자원을 이용하기 위한 절차와 방법을 이해한다.

<표 10-7> 자기주장 기술 측정

자기주장 기술 측정 검사지						
성 명		성 별		생년월일		
소 속						
SA		IQ		장애유형		
검사 방법	검사종류				검사날짜	
	사전검사( ) 중간검사( ) 사후검사( )					
검사자	성 명		성 별		직 책	
검사 결과	구 분	프로그램명			성취수준	
					원점	환산점
	1. 대화하기	① 친구 칭찬하기				
		② 다른 사람에게 자기소개 하기				
		③ 전화 받기				
		④ 같은 또래의 친구에게 말 걸기				
		⑤ 자신에게 공평하지 못한 사람의 행동 말하기				
	2. 참여하기	① 진행 중인 활동이나 집단에 스스로 참여하기				
		② 친구들의 학급활동 스스로 돕기				
		③ 친구들이 활동에 참여하도록 권유하기				
		④ 다른 사람에게 도움이나 지원 요청하기				
		⑤ 다른 사람의 나쁜 일에 같이 슬픔 느끼기				
	3. 갈등해결	① 다른 사람과 사이좋게 지내기				
		② 친구와 협력하기				
		③ 친구의 괴롭힘에 적절히 대응하기				
		④ 다른 사람과 갈등상황에서 감정 조절하기				
		⑤ 친구가 밀거나 때릴 때 적절히 반응하기				

<표 10-8> 활동 사례 -자기주장 훈련 프로그램

회 기	1	주 제	모임의 성격 설명 및 자기소개
목 적	구성원 각자가 자신의 장점을 애칭과 함께 소개함으로써 자기를 알리고 나를 알도록 하여 친밀감을 조성하고 자기주장 훈련 프로그램에 적극적으로 참여하게 한다.		
집단구성	전체	소요시간	50분
준비물	양초, 종이컵	자 료	서약서
활동요소	활동내용		
마음열기	• 간단한 인사하기 • '이웃을 사랑하십니까?' 게임하기 -의자를 사람 수보다 하나 부족하게 준비하고, 원을 지어 빙 둘러앉는다. -술래가 구성원 중 한 사람 앞에 가서 '이웃을 사랑하십니까?' 라고 묻는다. -'예' 라고 대답하면 '그러면 어떤 이웃을 사랑하십니까?' 라고 묻는다. -'00 이웃을 사랑합니다' 라고 대답을 하면 00 특성을 가진 사람은 모두 일어나 자리를 바꿔 앉아야 하며 술래도 빈자리를 찾아 재빨리 앉는다. -앉지 못한 사람이 술래가 된다.		
활동하기	[활동1] 애칭 짓기와 자기소개 -각 구성원은 애칭을 짓는다. -자기의 애칭과 그렇게 정한 이유를 소개한다. [활동2] 자기주장 훈련 프로그램 안내 -상대방에게 피해를 주지 않으면서 자신이 표현하고 싶은 것을 정확하고 당당하게 나타낼 수 있도록 도와주기 위한 프로그램임을 안내한다. [활동3] 집단 약속 정하기 -구성원들이 집단의 규칙을 만든다 -약속 선언: 지도자가 촛불을 켠 다음 맨 앞사람에게 불을 전달하면 다음 사람에게 계속 전달하여 불을 준다. 천천히 교실을 한 바퀴 돌고 한 명씩 초를 지도자에게 맡기고 손을 들고 서약한다. 다하면 초를 촛불 받침에 꽂는다. 모두 끝나면 일제히 자기 촛불을 끈다.		
마무리	• 소감문을 작성한 후 활동을 하면서 배운 점, 느낀 점을 자유롭게 이야기한다.		

3. 문제해결 능력 훈련

1) 목표

대인관계 및 사회생활에 기본이 되는 문제해결 기능 배양, 타인과의 대인관계, 좋은 인간관계 기능 유지하기, 사회적 책임행동 수행하기를 충분히 습득하여 보다 원활한 직업생활을 이룰 수 있는 초석을 다진다.

2) 문제해결 능력 훈련 내용

영 역	내 용
문제해결 기능 배양하기	• 갈등상황에서 자신의 감정을 조절하기 • 다른 사람이 자기에게 해주는 좋은 비판을 수용하기
타인과의 대인관계	• 타인에게 자신을 적절하게 소개하기 • 타인과의 약속 지키기
좋은 인간관계 기능 유지하기	• 동료 칭찬하기 • 감사의 표현하기 • 집단 활동에서 동료의 의견 받아들이기
사회적 책임행동 수행하기	• 시간준수의 중요성 인식하기 • 다른 사람의 물건 사용 허락 구하기 • 지시사항을 따르고 규칙을 관찰하기

3) 훈련 시 유의점

- 문제해결을 발표하는 학생 이야기 들어주기
- 적절하지 않은 표현이라도 끝까지 귀 기울여 들어주기
- 말이 늦어 시간이 걸려도 끝까지 들어주기

4) 평가

• 자주 직면하는 실제 장면을 다양하게 접할 수 있는 기회를 제공하였는가 점검
• 어색한 행동이 나타나지 않도록 자연스런 장면에서 발표하였는가 점검
• 문제해결 능력의 의미를 충분히 이해하고 있는지 점검
• 교사와 학생들의 시연을 통해 행동을 학습하고 학습 내용이 일반화 되었는지 점검

5) 세부 내용

(1) 문제해결 기능 배양하기

① 갈등상황에서 자신의 감정을 조절하기

■ 활동 목표
• 어른과의 갈등상황에서 자신의 감정을 조절할 수 있다.
• 언어적 조절전략을 학습한다.

■ 준비물
이야기책, 비디오 자료, 텔레비전 프로그램 등

■ 활동 장소
교실, 가정, 지역사회 기관, 작업장

■ 활동 방법
• 타인들과 문제가 있을 때의 경험 이야기하기
  - 부모님과 의견이 다른 것은 어떤 것이 있었는지 이야기한다.

- 선생님들과 의견이 다른 것은 어떤 것이 있었는지 이야기한다.
- 자기의 화를 조절할 수 있는 방법에는 어떤 것이 있는지 이야기한다.

• 언어적인 조절 전략을 학습한다.
- 무엇 때문에 갈등이 일어났는지 생각해 본다.
- 어른이 말하는 것에 귀를 기울인다.
- 조용하게 듣는다.
- 깊게, 천천히 숨을 쉰다.
- 자기의 생각을 말한다.
- 어른이 반응하는 것에 귀를 기울인다.

② 다른 사람이 자기에게 해주는 좋은 비판을 수용하기

■ 활동 목표

• 다른 사람이 자기에게 해주는 좋은 비판을 잘 받아들일 수 있다.
• 비판을 받아들이는 상황을 연습한다.

■ 준비물

이야기책, 비디오 자료, 텔레비전 프로그램 등

■ 활동 장소

교실, 가정, 지역사회 기관, 작업장

■ 활동 방법

• 다른 사람의 비판 받아들이기
- 어떤 일에 대하여 비판을 받은 경험을 이야기한다.
- 그때 비판을 받은 이유는 무엇인지 이야기한다.
- 비판을 하는 데 사용되는 잘못된 말에는 어떤 것이 있는지 이야기한다.

- 좋은 비판이란 어떤 것인지 이야기한다.
- 사람들이 다른 사람을 비판하는 이유는 무엇인지 이야기한다.
- 사람들이 다른 사람을 비판하는 방법에는 어떤 것이 있는지 이야기한다.
- 좋은 비판과 잘못된 비판에는 각각 어떤 것이 있는지 이야기한다.
- 기분이 나쁠 때 선생님이나 부모님이 좋은 비판을 한다면 기분이 어떤지 이야기한다.
- 친구들에게 우리가 할 수 있는 좋은 비판에는 어떤 것이 있는지 이야기한다.

• 비판을 받아들이는 상황 연습
- 목록을 만든다.
  예 학생들이 좋은 비판과 좋지 못한 비판의 목록을 만들도록 도와준다.
- 상황을 만든다.
  예 학생들이 좋은 비판을 받아들이는 데 있어서 자주 일어날 수 있는 여러 가지 상황을 생각하도록 도와준다. 그러한 상황에서 어떻게 할 것인지에 대해서 이야기를 나눈다.
- 매체를 이용한다.
  예 사람들이 비판을 받아들이는 방법을 보여주는 이야기책, 비디오 자료, 텔레비전 프로그램 등을 보여주고 이 좋은 비판을 확인하도록 지도한다.
- 여러 가지 상황에서 비판을 받아들이는 것을 연습하도록 한다.

(2) 타인과의 대인관계

① 타인에게 자신을 적절하게 소개하기

■ 활동 목표
• 타인에게 자신을 적절하게 소개할 수 있다.
• 타인과 약속을 지킬 수 있다.

■ 준비물

비디오 자료, 가족 가계도, 그림 자료 등

■ 활동 방법

• 타인에게 자신을 적절하게 소개할 수 있다.
  - 자신을 소개하기
  - 자기 이름의 발음을 정확하게 한 자씩 바르게 끊어서 말한다.
  - 자신의 나이를 정확하게 말한다.
  - 가족 구성원의 이름과 하는 일을 말한다.
  - 자신의 핸드폰 및 집 전화번호를 바르게 말한다.
  - 자신의 집 주소 및 집 위치를 설명한다.

② 타인과의 약속 지키기

■ 활동 목표

• 약속에 대해 알게 된다.
• 약속을 하는 것에 대해 이해한다.
• 약속을 지킬 수 있다.

■ 준비물

비디오 자료, 그림 자료

■ 활동 방법

• 약속을 언제 하는지 알게 된다.
  - 약속을 하는 경우를 알아본다.
    예 친구와 만나고 싶을 때, 친구에게 물건을 빌려줄 때, 친구에게 물건을 빌릴 때, 선생님과 규칙을 지키고자 할 때, 공중도덕을 지켜야 할 때

- 약속하기
  - 친구와 날짜, 시간, 장소를 정하여 만나기로 한다.
  - 친구에게 물건을 빌릴 때 언제까지 돌려주겠다고 약속을 한다.
  - 선생님께 학교에서 지켜야 할 규칙을 꼭 지키겠다고 약속을 한다.
  - 공중도덕은 우리가 지켜야 할 사회와의 약속임을 알고 지킨다.
- 약속 지키기
  - 친구와 만나기로 한 약속을 꼭 지킨다.
  - 친구의 물건은 약속일까지 꼭 돌려준다.
  - 선생님과의 약속대로 규칙을 지킨다.
  - 공중도덕을 지켜 서로 편리하고, 시간도 절약될 수 있도록 한다.

(3) 좋은 인간관계 기능 유지하기

① 동료 칭찬하기

■ 활동 목표

- 칭찬받을 일을 생각할 수 있다.
- 칭찬의 방법을 숙지할 수 있다.
- 진심으로 동료를 칭찬하는 것을 학습한다.
- 상대방이 칭찬을 받고 어떻게 반응하는가에 주목할 수 있다.

■ 준비물

학습과제, 역할놀이를 위한 여러 가지 상황

■ 활동 장소

직업 적응 훈련실, 가정

■ 활동 방법

- 좋은 일을 한 사람에게 칭찬의 말을 할 수 있다.
  - 다른 사람들이 무언가 좋은 일을 했을 때, 또는 그들이 좋은 사람이라는 것을 보여줄 때 그들에게 어떻게 칭찬하는 말을 할 것인지 관련된 질문을 통해 함께 이야기한다.

〈질문들〉

1) 어떤 사람이 여러분에게 좋은 말을 한다면 그것은 여러분을 칭찬하는 것입니다. 칭찬을 받을 때 기분이 어떻습니까?
2) 우리는 어떤 일로 다른 사람을 칭찬합니까?
3) 칭찬을 들을 때 사람들은 어떤 기분일까요?
4) 다른 사람들을 칭찬하는 데에는 어떤 방법들이 있을까요?
5) 칭찬을 들을 때 사람들이 때로는 기분이 상한다고 생각합니다. 그렇다면 왜 기분이 상할까요?
6) 진심으로 하지 않는 칭찬은 어떤 것입니까?

- 칭찬의 방법을 숙지할 수 있다.
  - 사람들이 무언가 좋은 일을 하였을 때 칭찬하는 말을 한다.
  - 좋은 일, 칭찬하는 말, 진심으로 하지 않는 칭찬을 파악한다.
- 진심으로 동료를 칭찬하는 것을 학습한다.
  - 남들을 칭찬하는 것은 그들을 기분 좋게 한다.
  - 남들을 칭찬하면 자신도 기분이 좋아진다.
  - 남들을 칭찬하면 그들은 우리를 좋은 사람이라고 생각할 것이다.
  - 남들을 칭찬하면 할수록 우리도 더 많은 칭찬을 받게 된다.
- 상대방이 칭찬을 받고 어떻게 반응하는가에 주목할 수 있다.
  - 여러 가지 상황의 모델링, 역할놀이 등 직접 시연의 과정을 가진다.
  - 훈련생들에게 다음과 같은 내용을 확인한다.
    ⇨좋은 일을 하는 것에는 어떤 것이 있습니까?
    ⇨좋은 일을 한 사람에게는 어떻게 칭찬을 해야 할까요?

⇨남을 칭찬하는 것은 왜 중요한가요?

⇨남을 칭찬하려고 할 때는 어떤 순서로 해야 할까요? 다같이 큰 소리로 순서를 하나씩 말해봅시다(과제수행단계를 확인한다. 기억을 돕기 위해서 단서를 제공해 준다).

② 감사의 표현하기

■ 활동 목표

• 타인이 어떤 좋은 것을 해주었는지를 생각할 수 있다.
• 얼굴 표정이나 눈맞춤으로 감사의 표현을 할 수 있다.
• 감사하다는 것을 말로 표현할 수 있다.
• 상대방의 반응에 주의를 기울일 수 있다.

■ 준비물

학습과제, 역할놀이를 위한 여러 가지 상황

■ 활동 장소

직업 적응 훈련실, 가정

■ 활동 방법

• 자기에게 무언가를 해줄 때 감사의 말을 할 수 있다.
• 얼굴 표정이나 눈맞춤으로 감사의 표현을 할 수 있다.

〈질문들〉

1) 주위 사람들이 언제 여러분이 좋아하는 무언가를 해주었으며 여러분은 그들에게 감사의 말을 했습니까?
2) 어른들이 여러분이 좋아하는 무언가를 해줄 때 여러분은 어떻게 했습니까?
3) 주위 사람들이 우리들에게 해주는 것에는 어떤 것들이 있습니까?
4) 다른 사람에게 무언가를 해줄 때 여러분이라면 감사의 말이 듣고 싶을까요?

• 감사하다는 것을 말로 표현할 수 있다.
  - 감사하다고 말하거나 애정을 보여줌으로써 감사의 표현을 한다.
• 상대방의 반응에 주의를 기울일 수 있다.
  - 사람들이 해준 무언가에 대해 감사의 표현을 한다면 그들은 또다시 무언가를 해주고 싶을 것이다.
  - 사람들에게 감사하다고 말하는 것은 존경을 표시하는 것이다.
  - 사람들에게 감사의 말을 한다면, 그들은 여러분을 칭찬해 줄 것이다.
  - 다른 사람에게 좋은 일을 한 사람이 감사의 말을 들으면 기분이 좋을 것이다.
• 다음 상황 중 한 가지를 이용하여 모델링하거나 역할놀이를 한다.
  - 부모님이 네 방에 텔레비전을 사주기로 하셨다.
  - 이웃집 아주머니가 너와 네 친구들을 영화관에 데리고 간다.
  - 아버지가 너와 네 친구들을 야구장에 데리고 간다.
  - 휴일에 담임선생님이 학급 어린이들을 데리고 동물원에 소풍을 간다.
  - 축구부 선생님이 팀 어린이들에게 아이스크림을 사주신다.

③ 집단 활동에서 동료의 의견 받아들이기

■ 활동 목표

• 동료의 제안을 끝까지 경청할 수 있다.
• 찬성하는 제안에 동의하고 협조할 수 있다.
• 반대하는 제안에 자신의 의견을 제시할 수 있다.
• 내 의견에 대한 동료의 생각을 수용할 수 있다.

■ 준비물

학습과제, 역할놀이를 위한 여러 가지 상황

■ 활동 장소

직업 적응 훈련실, 가정

■ 활동 방법

• 집단활동에서 동료의 의견 잘 듣기, 잘 듣고 질문하기, 동료의 의견에 대한 다른 생각 제안하기

〈질문들〉

1) 자기의 의견을 말할 수 있는 상황에는 어떤 것이 있을까요?
2) 여러분이 동료의 말이 마음에 들지 않는다면 그 사람에게 어떤 말을 하겠습니까? 여러분이 그렇게 말한다면 그 사람은 어떻게 할까요? 그 사람은 어떤 기분일까요?
3) 여러분이 동료의 말이 마음에 든다면 그 사람에게 어떤 말을 할 것입니까? 여러분이 그렇게 말한다면 그 사람은 어떻게 할까요? 그 사람의 기분은 어떤 것일까요?
4) 여러분의 동료들이 자기가 하고 싶은 것을 여러분에게 얘기할 때 어떻게 말했나요?
5) 여러분이 동료의 의견을 받아들였다면 어떤 좋은 점이 있을까요?

• 찬성하는 제안에 동의하고 협조할 수 있다.
  - 집단활동을 통해 동료의 의견 잘 듣기, 잘 듣고 질문하기, 동료의 의견을 받아들일 수 있다.
• 반대하는 제안에 자신의 의견을 제시할 수 있다. 또한 내 의견에 대한 동료의 생각을 수용할 수 있다.
• 과제수행단계를 이야기하고, 훈련생들에게 다양한 방법으로 반복하게 한다.

(4) 사회적 책임행동 수행하기

① 시간 준수의 중요성 인식하기

■ 활동 목표

• 좋은 출근율과 시간 엄수가 중요한 이유를 확인한다.
• 지각과 결근의 이유 중 수용 가능한 것과 불가능한 것을 확인한다.
• 직장에 지각이나 결근을 할 때 취할 적절한 행동을 확인한다.

■ 준비물

볼펜, 종이, 비디오 장비, 시계, 전화기

■ 활동 장소

직업 적응 훈련실, 가정

■ 활동 방법

- 출근, 시간 엄수의 개념, 시간 엄수의 습관이 주는 혜택과 중요성 3가지를 기록한다(예: 임금, 고용주와 작업 동료로부터의 존중과 좋은 관계, 직업의 안정성 증진).
- 가족과 시간 엄수와 좋은 출근율 유지에 대해 논의한다. 지각이나 결근에 대해 수용 가능한 이유와 불가능한 이유를 기술하고 지각이나 결근을 하는 경우 취할 적절한 절차와 방법을 학습한다. 그 결과를 다른 훈련생과 공유한다.
- 결근과 지각의 이유를 논의하고 수용 가능한지의 여부를 발표한다.
  - 수용 가능한 이유: 의사와의 약속, 질병, 가족의 사망, 긴급한 교통문제 등
  - 수용 불가능한 이유: 늦잠, 개인적 심부름, 충동적으로 가지 않는 경우
- 지역사회의 고용주나 근로자를 방문하여 아래의 사항을 질문하고 논의한다.
  - 지각, 결근의 이유 중 수용 가능한 것과 불가능한 것은?
  - 지각, 결근을 할 때 고용인이 취할 절차는?
- 결근, 지각의 합당한 이유를 논의한 후 한 가지를 선정하여 역할 연기를 한다.
  - 역할 시범 후 각 행동의 적절성을 논의한다.
- 지각이나 결근을 보고하는 지침과 단계를 학습하고 반복한다.
  - 감독자의 이름과 전화번호를 기록해 둔다.
  - 작업을 시작하기 전에 감독자에게 연락한다.
  - 적절한 부서와 접촉한다.
  - 지각이나 결근의 사유를 설명한다.
  - 돌아오게 될 때를 추정하여 알린다.
  - 결근이나 지각을 하게 되는 날은 모두 연락한다.

② 다른 사람의 물건 사용 허락 구하기

■ 활동 목표

- 무엇을 빌릴 것인지를 결정하고 허락을 구하는 말을 할 수 있다.
- 거절당하더라도 불쾌감을 나타내지 않을 수 있다.
- 물건을 빌리게 되면 소중히 사용하고 즉시 주인에게 돌려줄 수 있다.

■ 준비물

학습과제, 역할놀이를 위한 여러 가지 상황

■ 활동 장소

직업 적응 훈련실, 가정

■ 활동 방법

- 다른 사람의 물건을 사용하기 전에 허락을 구하는 말하기

〈질문들〉

1) 다른 사람의 물건을 빌려 본 경험이 있습니까?
2) 남의 물건을 빌릴 때는 어떤 방법으로 허락을 구해야 할까요?
3) 남의 물건을 빌릴 때의 나쁜 방법에는 어떤 것이 있을까요?
4) 남의 물건을 빌릴 때 공손하게 말한다면 어떻게 될까요?

- 물건을 빌리게 되면 소중히 사용하고 즉시 주인에게 돌려줄 수 있다.
  - 다른 사람의 물건을 사용하고 싶을 때 공손하게 말한다면 그 사람은 허락할 것이다.
  - 다른 사람의 물건을 사용할 때는 자기 것처럼 조심스럽게 사용해야 한다.
  - 우리가 다른 사람에게 물건을 빌려 준다면 그 사람도 우리에게 물건을 더 잘 빌려줄 것이다.
- 과제 수행 단계를 이야기하고, 훈련생들에게 다양한 방법으로 반복하게 한다.

다음 상황들 중 한 가지를 이용하여 상황을 모델링하거나 역할놀이를 한다.

1) 너는 공부 시간에 공책을 다 써버렸다. 그래서 민철이에게 공책을 한 권 빌리고 싶다.
2) 미술시간에 그림을 그리는데 빨간색 크레파스가 없다. 너의 친구 민준이는 빨간색 크레파스를 가지고 있다.
3) 너는 휴식 시간에 그림책을 보려고 한다. 친구 혜영이가 네가 좋아하는 책을 가지고 있다.
4) 너는 필통을 집에 두고 왔다. 그래서 공부 시간에 사용할 연필이 없다.

③ 지시사항을 따르고 규칙을 관찰하기

■ 활동 목표

• 언어적 지시와 문서화된 지시와 규칙을 준수할 수 있다.

■ 준비물

캠코더, 학습과제, 역할놀이를 위한 여러 가지 상황

■ 활동 장소

직업 적응 훈련실, 가정

■ 활동 방법

• 문서화된 지시사항의 예를 수집한다(예: 우편물 정리하기, 요리하기 등).
• 문서화된 지시사항을 해석하고 수행방법을 논의한다.
• 지시사항의 명확성, 논리적이고 연속적인 단계들이 중요함을 강조한다.
• 한 가지 과제를 샘플로 선택하고 완성한 후 과제기록지를 작성한다.
• 지시사항 수행과정을 캠코더로 녹화한 후 시청한다.
• 가정에서 부모는 문서화된 지시사항을 따르는 작업을 제공한다(예: 요리하기, 청소하기).

<표 10-9> 활동 사례 -시간준수의 중요성 인식하기

회 기	1	주 제	시간준수의 중요성 인식하기
목 적	시간준수의 중요성을 알아 지역사회 내에서 원만한 대인관계 능력 향상을 도모한다.		
집단구성	전 체	소요시간	50분
준 비 물	볼펜, 종이, 시계, 전화기 등	자 료	대인관계 시간준수 및 회사 내 결근 / 지각 보고에 대한 동영상 등 시청각 자료
활동요소	활 동 내 용		
시청각 교육	동영상을 통하여 시간엄수에 대한 회사, 가정 등의 적절한 방법을 소개한다. 소개 후 미리 준비된 그림이나 사진을 보여주며 학습 숙지 확인을 한다.		
활동 준비	시청각 교육 후 조를 나누어 조별로 책상과 의자를 정리한다. 조별로 미리 필요한 활동 준비물을 배부한다. 조별 팀 활동 중 앞에 나가 발표 및 시연 등에 적극적으로 참여해야 된다고 미리 공지한다.		
활동하기	[활동1] 시간준수의 개념 알기 -조별로 시간약속을 잘 지켜 타인 및 자신에게 받았던 느낌 등의 경험을 말한다. -조별로 시간약속을 잘 지키지 못해 타인 및 자신에게 받았던 느낌 등의 경험을 말한다. -토론된 내용을 가지고 전체적인 업무를 조별로 정리하도록 한다. -조별로 정리된 내용을 조장이 앞에 나와 다른 팀에 설명하도록 한다. [활동2] 회사에서 결근 및 지각 알기 -동영상을 통해 사전에 숙지된 회사 결근 / 지각 등에 대해 다시 학습한다. -회사에서 지각 및 결근에 대해 수용 가능한 이유 및 수용 불가능한 이유의 종류를 이야기한다. -토론된 내용을 가지고 전체적인 업무를 조별로 정리하도록 한다. -조별로 정리된 내용을 조장이 앞에 나와 다른 팀에 설명하도록 한다. [활동3] 회사에서 결근 및 지각 보고 알기 -동영상을 통해 사전에 숙지된 결근 / 지각 보고를 다시 학습한다. -조별 2명씩 순서대로 타 훈련생 앞에서 역할에 대한 시연을 한다. -타 훈련생들에게 보였던 시연에서 부족한 부분에 대한 의견을 듣는다. -시연 부분에서 부족하다고 말한 내용으로 스스로 연습하도록 한다.		
마무리	• 소감문을 작성한 후 활동을 하면서 배운 점, 느낀 점을 자유롭게 이야기한다.		

4. 직업 준비 훈련

1) 목표

개인이 직업을 선택하고 유지하고 적응하여 가기 위하여 직업의 개념 및 의의를 이해하고 근로자로서의 자아상, 구직활동, 직업태도 형성 및 스트레스 조정 능력을 기른다.

2) 직업 준비 훈련 내용

영 역	내 용
직업인식	• 직업의 의미를 이해하기 • 직업을 통해 충족되는 개인적 · 사회적 가치를 확인하기 • 개인의 직업적 선호와 흥미를 확인하기 • 선호하는 직업의 직업적 요구를 확인하기
근로자로서의 자아상	• 자기를 현실적으로 이해하기 • 근로자로서 자아상을 이해하기
구직활동	• 직업 정보 자원을 수집 및 활용하기 • 구인 광고를 활용하기 • 이력서 및 자기소개서를 작성하기 • 모의면접을 실시해 보기
직업태도 형성하기	• 작업에 임하는 자세와 태도를 습득하기 • 직업인으로서 갖추어야 할 소양 이해하기
스트레스 관리하기	• 스트레스 이해하기 • 스트레스 대처하기

3) 훈련 시 유의점

• 장애인의 경우 직업에 대한 이해 및 경험이 적기 때문에 다양한 자료를 활용해

야 한다.

- 장애학생의 이야기를 잘 들어주기
- 어설픈 표현이라도 끝까지 귀 기울여 들어주기
- 말이 늦어 시간이 걸려도 끝까지 들어주기

4) 평가

- 자주 직면하는 실제 장면을 다양하게 접할 수 있는 기회를 제공하였는가 점검
- 어색한 행동이 나타나지 않도록 자연스런 장면에서 발표하였는가 점검
- 직업 기능의 의미를 충분히 이해하고 있는지 점검
- 교사와 학생들의 시연을 통해 행동을 학습하고 학습 내용이 일반화 되었는지 점검

5) 세부 내용

(1) 직업 인식

① 직업의 의미를 이해하기

■ 활동 목표

- 직업이 무엇인가를 이해할 수 있다.
- 사람들이 하는 일을 통해 다양한 직업을 알 수 있다.

■ 준비물

책, 비디오, 기록지, 활동지

■ 활동 장소

가정, 학교, 지역사회 기관, 작업장 등

■ 활동 방법

• 직업이 무엇인가를 이해할 수 있다.
  - 우리 가족이 하는 일을 알아본다. 활동지를 통해 기술하여 보도록 한다.
  - 우리 고장에 있는 직업을 알아본다. 활동지를 통해 기술하여 보도록 한다.
  - 활동 기록지에 기술한 내용을 질의와 발표하도록 하고, 다른 사람의 의견들도 검토하게 한다.

<활용자료> 우리 가족이 하는 일

1. 아버지가 하시는 일에는 어떤 것이 있습니까?

1) 날마다 일터에 나가십니까? 예______ 아니오 ______
2) 일하신다면 어디에서 일하십니까? 일하는 곳________________
3) 일하신다면 어떤 일을 하십니까? 하는 일의 종류____________
4) 일을 안 하신다면 집에서 하는 일은? ____________, ____________

2. 어머니가 하시는 일에는 어떤 것이 있습니까?

1) 날마다 일터에 나가십니까? 예______ 아니오 ______
2) 일하신다면 어디에서 일하십니까? 일하는 곳________________
3) 일하신다면 어떤 일을 하십니까? 하는 일의 종류____________
4) 일을 안 하신다면 집에서 하는 일은? ____________, ____________

3. 나머지 집안 식구들이 하는 일에는 어떤 것이 있습니까?

나와의 관계	이 름	하는 일

• 사람들이 하는 일을 통해 다양한 직업을 알 수 있다.
  - 우리 고장에 있는 직업을 알아본다.
  - 우리 고장에 있는 기관을 기술하여 보거나 체크리스트를 통해 확인해 본다.
  - 기관에 일하는 사람들의 일(업무)을 이야기한다.
  - 우리 주변의 직업에 대해 열거할 수 있게 한다.

<활용자료> 우리 고장 사람들이 하는 일

다음 중 우리 동네에 있는 기관을 찾아서 ( ) 안에 ○표 해봅시다

시청	(　　)	주민센터	(　　)	경찰서	(　　)
학교	(　　)	파출소	(　　)	우체국	(　　)
구청	(　　)	보건소	(　　)	기차역	(　　)
은행	(　　)	농업협동조합	(　　)	수산협동조합	(　　)

다음 기관에서 일하는 사람들은 고장 사람들을 위하여 어떤 일을 하는지 조사하여 써봅시다

파출소	
학 교	
구청, 주민센터, 면사무소	
보건소	
농 협	
우체국	

② 직업의 개인적 · 사회적 가치를 확인하기

■ 활동 목표

• 직업을 통해 충족되는 개인적 가치를 확인할 수 있다.
• 직업을 통해 얻어지는 사회적 가치를 확인할 수 있다.
• 복지관 내의 일을 통해 보람을 느낄 수 있다.

■ 준비물

책, 비디오, 기록지

■ 활동 장소

가정, 학교, 지역사회 기관, 작업장 등

■ 활동 방법

• 직업의 개인적 가치 알기
  - 사람들이 직업을 가지는 이유를 이야기하거나 기술한다.
  - 내가 직업을 가지려는 이유를 이야기하거나 기술한다.
  - 가장 하고 싶은 일을 생각하게 된 이유를 기술하거나 체크리스트에 작성해 본다.
• 직업의 사회적 가치 알기
  - 직업이 사회에서 어떠한 역할을 하는지 이야기한다.
  - 직업에 대한 변화에 대해 기술해 본다.
• 복지관 내의 일을 통해 보람 느끼기
  - 복지관 등에서 자원봉사 활동에 참여하여 보람을 느껴 보게 한다.
  - 그러한 느낌을 함께 이야기 나눈다.

③ 개인의 직업적 선호와 흥미를 확인하기

■ 활동 목표

• 영상 자료를 활용하여 직업의 종류를 알 수 있다.
• 자신이 선호하는 직업을 이야기할 수 있다.
• 자신이 하고 싶은 일의 특징을 파악할 수 있다.

■ 준비물

책, 비디오, 영상 자료, 기록지

■ 활동 장소

가정, 학교, 지역사회 기관, 작업장 등

■ 활동 방법

• 영상 자료를 활용하여 직업의 종류를 파악한다.
  - 영상 자료를 통하여 직업의 종류와 하는 일을 알아본다.
• 자신이 선호하는 직업 찾기
  - 훈련대상자 스스로 본인의 직업적 홍미를 이야기하게 한다.
  - 지역사회 내의 다양한 직업 종류의 그림카드를 보여주고 그중 본인이 선호하는 카드를 고르도록 한다.
  - 훈련대상자에게 언어 능력이 있으면, 표준화된 직업홍미검사를 실시한다.
  - 사업장 등으로 훈련대상자를 데리고 간다. 그리고 현장에서 돌아온 뒤 견학간 직무에 대한 홍미를 서로 이야기한다.
• 자신이 하고 싶은 일의 특징을 파악하고 목록을 적는다.
  - 원하는 직업을 하나 이상 선택한다.
  - 자신이 하고 싶어 하는 직업의 특징을 기술하여 보고 함께 이야기 나눈다.

<활용자료> 직업 정보 수집

가장 관심 있는 직업 한 가지를 선택하여 그 직업에 관한 정보를 수집 평가해 봅시다

1. 관심 있는 직업은?________________

2. 위 직업에 대한 정보를 구한 곳은?
(1) 인쇄매체　(2) 시청각 매체　(3) 개인적 경험
(4) 현장방문　(5) 기타

④ 선호하는 직업의 직업적 요구를 확인하기

■ 활동 목표

• 자신이 선호하는 직업의 요구사항을 확인할 수 있다.
• 자신의 선호하는 직업의 요구사항과 자신의 특징을 매칭하여 볼 수 있다.

■ 준비물

책, 비디오, 기록지

■ 활동 장소

가정, 학교, 지역사회 기관, 작업장 등

■ 활동 방법

• 자신이 선호하는 직업의 직업적 요구사항을 확인한다.
  - 선호하는 직업의 직업적 요구조건을 확인한다.
  - 자신이 선호하는 직업 정보 분석표에 직업적 요구를 기술한다.
• 자신이 선호하는 직업의 요구사항과 자신의 특징을 매칭하여 볼 수 있다.
  - 직업 정보 분석표에 작성된 내용과 자신의 특성을 비교하여 본다.
  - 결과를 토대로 자신의 선호 직업에 자신의 적합성 여부를 파악한다.

<활용자료> 직업 정보 분석표

사 항	얻은 정보
1. 직업의 성질	
2. 직업 간의 관계	
3. 직업 환경	
4. 개인적 자질	
5. 요구되는 교육	
6. 직업의 현황	
7. 직업의 전망	
8. 보수 및 승진	
9. 직업의 안정성	
10. 기타	
11. 분석 결과는 자신의 특성 및 직업의 특성에 비추어 부합됩니까?	

출처: 국립특수교육원(2002), 재구성.

(2) 근로자로서의 자아상

① 자기 이해

■ 활동 목표
• 자기를 정확하게 이해할 수 있다.
• 자기를 정확하게 표현할 수 있게 된다.

■ 준비물
책, 비디오, 기록지

■ 활동 장소
가정, 학교, 지역사회 기관, 작업장 등

■ 활동 방법
• 자기는 어떠한 사람인지를 파악한다.
 - 다음 활동을 통해 자신을 파악한다.
  ⇨그림에서 좋아하는 것과 싫어하는 것을 말하게 한다(작업, 사람, TV프로, 사물).
  ⇨ '나는 누구인가' 활동을 실시한다.
• 각 훈련대상자에게 순서대로 '나는 누구' 인가를 대답하도록 한다.
• 훈련대상자에게는 이름 외에 자기가 제일 좋아하는 것이나 인생 설계, 목표, 특기 등에 대해 말하도록 지시한다.
• 각 훈련대상자에게 지도자가 알기 쉽게 고쳐 말하고 요약해 주며, 그러한 경우 선과 악의 평가는 삼가고 간단한 유사점, 차이점을 지적한다.
 - 훈련 절차 : 자아개념에 관련된 다음의 요인에 관하여 개별적 혹은 집단적으로 이야기시킨다.
  ⓐ 좋고 싫다.

ⓑ 다른 사람이 자기를 어떻게 보고 있는가?

ⓒ 장래에 대한 요망

ⓓ 훈련대상자 자신을 둘러싼 환경에 관한 정보와 사실

• 자기를 표현한다.
  - 위에서 파악된 자신에 대해 다른 훈련생과 이야기하며, 자신을 표현하게 한다.
  - 발표 및 피드백을 통해 자신의 특징을 파악하며, 그러한 내용을 보충하면서 자신을 표현할 수 있게 된다.

② 근로자로서 자아상을 이해하기

■ 활동 목표

• 자신이 선호하는 직업을 갖게 되었을 때 근로자로서의 역할과 책임을 이해할 수 있다.
• 작업장에서의 규칙이나 요구하는 작업에 적응할 수 있다.

■ 준비물

책, 비디오, 기록지

■ 활동 장소

가정, 학교, 지역사회 기관, 작업장 등

■ 활동 방법

• 자신이 선호하는 직업을 갖게 되었을 때 근로자로서의 역할과 책임을 이해한다.
  - 작업장에서의 규칙이나 무슨 일을 요구하고 있는가를 파악한다.
  - 작업장에서의 규칙이나 거기서 요구하고 있는 것을 이해시킨다.
  - 그러한 규칙이나 요청을 이해하고 있는가를 조사한다.
• 작업장에서의 규칙이나 요구하는 작업에 대해서 적응한다.
  - 훈련대상자가 규칙이나 요청에 대해서 적응하고 있는가를 알아보기 위해서

다음 사항에 대해 평가를 실시한다.

ⓐ 작업장에서의 역할이나 규칙에 따른다.

ⓑ 싫은 작업이라도 할 수 있다.

ⓒ 종업원과 감독자와의 관계에서 종속적인 역할을 받아들일 수 있다.

ⓓ 감독자의 주의를 받아들일 수 있다.

ⓔ 주어진 일을 완수할 수 있다.

ⓕ 일의 계획이 변경되어도 그것을 받아들일 수 있다.

(3) 구직 활동

① 직업 정보 자원의 수집 및 활용

■ 활동 목표

• 현실성 있는 직업 정보의 자원을 파악할 수 있는 활동을 할 수 있다.

• 직업 정보 관련단체에서 제공되는 여러 가지 자원을 활용할 수 있다.

■ 준비물

책, 비디오, 기록지

■ 활동 장소

가정, 학교, 지역사회 기관, 작업장 등

■ 활동 방법

• 현실성 있는 직업 정보의 자원을 파악할 수 있는 활동을 할 수 있다.

- 여러 가지 직업 정보자원을 실제로 접속하거나 방문한다.
- 기관에서 제공하는 지역사회의 자원을 파악할 수 있도록 한다.
- 일자리를 구하는 절차대로 기록, 게시판에 부착한다.

- 직업 정보 관련단체에서 제공되는 여러 가지 자원을 활용할 수 있다.
  - 직업 정보 자원 사이트를 활용하여 구직활동을 실시해 본다.
  - 자신에게 적합한 직종에 대한 구인 광고를 검색해 본다.
- 그룹 활동을 통해 이러한 활동을 반복하며 기술을 습득한다.

② 구인 광고 활용

■ 활동 목표

- 관련 책자 및 인터넷 사이트를 활용할 수 있다.
- 장애인 취업 박람회에 참여한다.
- 구직등록 과정을 알고 구직등록할 수 있다.

■ 준비물

책, 비디오, 기록지

■ 활동 장소

가정, 학교, 지역사회 기관, 작업장 등

■ 활동 방법

- 관련 책자 및 인터넷 사이트를 활용한다.
  - 신문의 구인 광고와 고용 정보 자료를 읽고 활용하는 방법을 이해한다.
  - 인터넷 주소를 알려준다.
  - 인터넷 구인 광고를 활용하는 방법을 이해한다.
- 장애인 취업 박람회에 참여한다.
  - 장애인 취업 박람회에 대한 내용을 소개하고 실제 참여하여 본다.
- 과정을 알고 구직 등록을 할 수 있다.
  - 인터넷, 취업박람회, 신문, 잡지책 등을 통하여 구직 등록 과정을 이해한다.
  - 실질적으로 구직 등록을 해보게 한다.

- 느낀 점을 서로 이야기한다.

③ 이력서 및 자기소개서 작성

■ 활동 목표

• 이력서를 작성할 수 있다.

• 자기소개서를 작성할 수 있다.

■ 준비물

책, 이력서 샘플, 사무용품, 기록지

■ 활동 장소

가정, 학교, 지역사회 기관, 작업장 등

■ 활동 방법

• 이력서에 기재되어야 할 내용과 작성 시 주의점을 확인한다.
  - 이력서에 기재되어야 할 내용을 일러준다.
  - 과장을 피하고 솔직하고 이상적인 내용으로 기술한다.
  - 자신의 성격, 가치관, 지원동기와 포부를 솔직하게 밝힌다.
  - 문장은 일관되게 정성을 들여 요점을 쓴다.
  - 이력서를 작성해 보도록 한다.

• 자기소개서 작성 요령을 함께 이야기하며 검토한다.
  - 자기소개서에 기재되어야 할 내용을 일러준다.
  - 견본을 준비하여 기재되어야 할 내용을 검토하게 한다.
  - 자기소개서를 직접 작성해 본다.
  - 자기소개서를 발표해 보도록 한다.

④ 모의면접

■ 활동 목표

• 면접에 대한 지식을 알고 준비하게 된다.
• 면접 시 유의하여야 할 사항을 알 수 있다.

■ 준비물

책, 비디오, 영상 자료, 기록지

■ 활동 장소

가정, 학교, 지역사회 기관, 작업장 등

■ 활동 방법

• 면접에 대한 지식을 알고 준비하게 된다.
  - 면접에 임하는 자세를 익힐 수 있다.
  - 면접에 자주 출제되는 문제를 준비할 수 있게 된다.
  - 역할놀이 등을 통해 모의면접을 실시한다.
• 면접 시 유의하여야 할 사항을 알 수 있다.
  - 면접을 기다리거나, 면접장 입실, 질문과 답변에 대해 유의할 사항을 알 수 있다.
  - 면접 시 옷차림을 숙지할 수 있다.
  - 역할놀이 등을 통해 모의면접을 실시한다.

(4) 직업 태도 형성하기

① 작업 태도 습득하기

■ 활동 목표

• 작업에 임하는 태도와 자세를 익힌다.
• 직장 예절을 익힌다.

■ 준비물

책, 비디오, 기록지

■ 활동 장소

가정, 학교, 지역사회 기관, 작업장 등

■ 활동 방법

• 작업에 임하는 태도를 익힌다.
  - 작업장에서의 역할이나 요구하는 작업에 적응하게 한다.
  - 작업 시 올바른 작업 자세를 지도 및 교정시킨다.
  - 상황을 설명하거나, 역할극 등을 통하여 그릇된 작업 태도를 수정한다.
  - 적절한 작업 태도를 함양할 수 있도록 지도한다.
• 직장 예절을 익힌다.
  - 영상을 활용하여 직장 예절에 대해 교육하고, 다양한 상황 역할극을 해본다.

② 직업인으로서 갖추어야 할 소양 이해하기

■ 활동 목표

• 직업생활을 유지하기 위한 기본적 사항에 대해 숙지한다(예: 시간 준수 등).
• 직업인으로서의 차림새를 숙지한다.

■ 준비물

책, 비디오, 기록지

■ 활동 장소

가정, 학교, 지역사회 기관, 작업장 등

■ 활동 방법

• 직업생활을 유지하기 위한 시간을 숙지한다.
  - 출, 퇴근의 시간을 숙지한다.
  - 아침에 정시에 훈련센터에 온다.
  - 퇴근 시간 및 잔업 시간에 대해 숙지한다.
  - 휴식 시간 및 작업 시간을 정확하게 사용하게 된다.
  - 휴식 시간이 끝나면 곧바로(1분 이내에) 일터로 되돌아간다.
  - 점심 시간이 끝나면 곧바로(1분 이내에) 일터로 되돌아간다.
  - 정해진 작업 시간을 잘 지킨다.
• 직업인으로서의 차림새를 숙지한다.
  - 청결 유지를 인지한다.
  - 작업상황에 알맞은 옷을 입는다.
  - 영상을 활용하여 적절한 차림새를 확인하고 이해한다.

(5) 스트레스 관리하기

① 스트레스 이해하기

■ 활동 목표

• 스트레스가 무엇인지 이해한다.
• 스트레스 발생 상황을 예측한다.

■ 준비물

책, 비디오, 기록지

■ 활동 장소

가정, 학교, 지역사회 기관, 작업장 등

■ 활동 방법

• 스트레스가 무엇인지 이해한다.
  - 직장생활에서 반드시 일어나는 스트레스를 이해한다.
  - 스트레스의 원인을 파악한다.
• 스트레스 발생 상황을 예측한다.
  - 어떠한 상황에서 스트레스가 발생하는지를 체크한다.
  - 스트레스가 발생하였을 때 나타나는 특징을 파악한다.

② 스트레스 대처

■ 활동 목표

• 스트레스 발생 시 대처할 수 있는 여러 가지 방법을 익힌다.
• 개개인의 스트레스 대처법을 익힌다.

■ 준비물

책, 비디오, 기록지

■ 활동 장소

가정, 학교, 지역사회 기관, 작업장 등

■ 활동 방법

• 스트레스 발생 시 대처할 수 있는 여러 가지 방법을 익힌다.
  - 자신의 감정을 조절한다.
  - 다양한 스트레스 대처법을 파악한다.
  - 그중 몇 가지 방법을 실제로 실시해 본다.
• 개개인에게 있어서의 적절한 스트레스 대처법을 익힌다.
  - 개인이 선호하는 적절한 대처를 선택한다.

- 개인에게 알맞은 스트레스 대처법을 개발한다.
- 그 외 개인에게 알맞은 스트레스 대처법을 다양하게 개발한다.
- 스트레스를 감지하고 조절할 수 있게 된다.
- 스트레스를 감지할 때에 스트레스를 조절할 수 있어야 한다

<표 10-10> 활동 사례 -모의면접

회 기	1	주 제	모의면접
목 적	모의면접을 실시하여 봄으로써 면접시 필요한 지식과 준비를 통해 실제 면접 시의 기본 능력을 도모한다.		
집단구성	전체	소요시간	50분
준비물	의자, 면접 내용표 등	자 료	동영상 등 시청각 자료
활동요소	활동내용		
시청각 교육	영상 자료를 통하여 개별 면접, 집단 면접 등 다양한 면접 형태를 소개한다. 영상 자료를 통하여 면접 시 주의사항, 예를 들어, 옷차림, 기다릴 때의 태도, 질문에 답하기 등을 숙지한다.		
활동 준비	시청각 교육 후 조를 나누어 조별로 책상과 의자를 정리한다. 조별로 미리 준비된 활동 준비물을 배부한다. 조별로 모의면접을 구성해 본다.		
활동하기	[활동1] 면접 시 고려사항을 체크한다. -면접 진행과정을 먼저 알려준다. -면접에 임하는 자세와 태도를 알려준다. -면접 시의 복장과 말투 등을 알려준다. [활동2] 개별 면접 -일대일 면접 형태를 선정한다. -면접 내용에 따라 면접을 실시한다. -면접 상황을 비디오로 촬영하여 다시 돌려 보면서 잘된 점과 잘못된 점을 검토해 본다. [활동3] 집단 면접 -집단 면접 형태를 선정한다. -면접 내용에 따라 면접을 실시한다. -면접 상황을 비디오로 촬영하여 다시 돌려 보면서 잘된 점과 잘못된 점을 검토해 본다.		
마무리	• 소감문을 작성한 후 활동을 하면서 배운 점, 느낀 점을 자유롭게 이야기한다. • 반복 활동 연습을 통하여 실제 면접 시의 기술을 익히도록 한다.		

5. 직무 기술 훈련

1) 목표

직업 배치 이후 할당된 직무에 대한 성취도 수준은 장애인의 안정적 고용 유지에 큰 영향을 미친다. 직업 적응 훈련에서 직무 기술 훈련은 직무 성취도라는 미시적 관점뿐 아니라 직업 유지에 영향을 미치는 모든 요인에 대한 거시적 접근을 목표로 해야 한다. 즉, 직무 기술 훈련을 통해 주어진 직무의 수행 기술 습득과 직무의 원활한 수행을 위한 환경 조정 능력 향상이 이루어질 수 있도록 해야 한다.

2) 직무 기술 훈련 내용

영 역	내 용
과제 지시 따르기	• 감독자의 지시를 주의 깊게 듣고 따르기 • 말하는 사람에게 주목하기 • 사건 보고하기
자발적으로 하기	• 자발성의 장점 이해하기 • 직무와 관련된 부수 업무 숙지하기
과제에 집중하기	• 주의를 빼앗기지 않고 과제에 집중하기 • 주어진 과제를 정해진 시간 안에 끝내기 • 다른 훈련생을 방해하거나 지체하지 않고 다른 과제로 넘어가기
직업 유지하기	• 동료와 협력하기 • 갈등상황에서 타협하기 • 다른 사람의 비판 받아들이기
작업 환경 적응하기	• 개인적 책임 유지하기 • 작업 형태 이해하기 • 작업 환경의 요인 이해하기
작업기술 향상하기	• 소비적 행동 감소하기 • 작업 속도 향상하기 • 지구력 향상하기

3) 훈련 시 유의점

- 중증장애인의 일반화 능력 부족을 고려할 때, 직무 기술 훈련이 단순 직무 중심의 공과훈련이 되어서는 안 된다.
- 직무 기술 훈련은 진로발달 단계 중 진로 인식과 진로 탐색의 기본적 내용을 숙지한 장애인에게 훈련하는 것이 효과적이다.
- 시청각 자료는 장애의 정도에 따라 중증부터 그림-사진-동영상의 순으로 준비한다.
- 직무 기술 훈련은 현장훈련의 장면에서 더욱 효과적일 수 있으며 상황 평가나 현장 평가가 수반되면 더욱 좋다.

4) 평가

- 1 · 2 · 3차 산업군에 대한 이해가 선지식으로 있는가?
- 적극적 진로인식과 긍정적 직업관을 가지고 있는가?
- 집중력과 지구력으로 과제에 집중하고 작업기술 향상의 기본 준비가 되어 있는가?
- 긍정적 작업 환경 요인은 활용하고 부정적 작업 환경 요인은 변화시킬 수 있는가?
- 과제 수행 시 지적된 소비적 행동을 수정할 수 있는가?

5) 세부 내용

(1) 과제 지시 따르기

① 감독자의 지시를 주의 깊게 듣고 따르기

■ 활동 목표

- 조용히 앉아 감독자를 볼 수 있다.

• 감독자의 지시를 들으며 무슨 내용인지 생각할 수 있다.
• 내용을 잘 이해하지 못하였을 시 질문을 할 수 있다.
• 감독자의 지시 사항을 주의 깊게 듣고 잘 따를 수 있다.

■ 준비물

학습 과제, 역할놀이를 위한 여러 가지 상황

■ 활동 장소

직업 적응 훈련실

■ 활동 방법

• 조용히 앉아 감독자에게 집중한다.
  - 조용히 앉아 감독자를 본다.
  - 자신이 감독자에게 주의를 기울이고 있음을 보인다.
  - 감독자의 지시를 들으며 무슨 내용인지 생각한다.
  - 감독자의 지시 내용을 모두 이해하였는지 판단한다.
  - 잘 이해하지 못하였으면 질문을 한다.
  - 감독자의 지시대로 따른다.
• 감독자의 지시를 들으며 무슨 내용인지 생각할 수 있고, 주의 깊게 잘 들으면 잘 따르게 된다.
  - 감독자의 지시를 잘 들으면 자신이 무엇을 해야 하는지 알게 된다.
  - 잘 알아듣지 못한 내용에 대해 질문을 하지 않으면 감독자가 그 사실을 모르고 지나갈 수 있다.
• 여러 가지 상황의 모델링, 역할놀이 등 직접 시연의 과정을 가진다.
  - 감독자의 지시를 주의 깊게 듣고 따르기 위한 상황 모델링 및 역할놀이 예시
    ⇨ 영희는 '토끼와 거북이'에서 토끼역을 맡았다. 감독자가 영희가 토끼로 분장하는 데 필요한 준비물과 무대에서 해야 하는 말과 행동들에 대해 지시한다.
    ⇨ 감독자가 불이 났을 때를 대비하여 훈련생들에게 역할을 정해 '불 끄기 연

습' 을 가르치고 있다. 훈련생은 민호에게 연습이 시작되면 빨리 소화기를 찾아 불 난 장소로 뛰어가야 한다고 지시를 한다. 그런데 그는 소화기가 무엇인지 아직 모른다.

② 말하는 사람에게 주목하기

■ 활동 목표

• 말하는 사람을 바라보고 가끔씩 눈을 마주칠 수 있다.
• 미소 짓기, 고개 끄덕이기 등으로 말하는 사람에게 관심을 표현할 수 있다.
• 알맞은 때에 질문을 하거나, 말하는 사람이 하는 말에 대해서 대답을 할 수 있다.

■ 준비물

학습과제, 역할놀이를 위한 여러 가지 상황

■ 활동 장소

직업 적응 훈련실, 가정

■ 활동 방법

• 말하는 사람을 바라보고 가끔씩 눈을 마주칠 수 있다.
- 다른 사람들에게 말을 하고 있을 때 그들과 눈을 마주치며 이야기한다.

〈질문들〉

1) 여러분이 다른 사람에게 주목하고 있다는 것을 보여주려면 어떻게 하면 될까요?
2) 사람들이 말하는 사람에게 귀를 기울이지 않는다면 어떤 일이 생길까요?

• 미소 짓기, 고개 끄덕이기 등으로 말하는 사람에게 관심을 표현한다.
  - 말하는 사람을 바라보고 귀 기울인다.
  - 말할 때의 올바른 자세를 생각해 본다.

- 듣기, 주목하기, 눈 마주치기

• 알맞은 때에 질문을 하거나, 말하는 사람이 하는 말에 대해서 대답을 할 수 있다.
  - 어떤 것을 가르쳐 주는 사람에게 주목하는 것은 들은 것을 기억하는 데 도움이 된다.
  - 말하는 사람에게 관심을 집중하는 것은 좋은 질문을 할 수 있게 하고, 말하는 사람과 훌륭한 대화를 할 수 있게 한다.
  - 말하는 사람은 자기를 똑바로 바라보는 사람을 좋아한다.

• 여러 가지 상황의 모델링, 역할놀이 등 직접 시연의 과정을 가진다.
  - 말하는 사람에게 주목하기 위한 상황 모델링 및 역할놀이 예시
    ⇨지금은 학급에서 말하기와 보여주기 시간인데 철수가 장난감 로봇 수집과 아버지와 함께할 놀이에 대해서 말하고 있다. 그런데 철수가 말하고 있는 것에 대해서 영수가 귀를 기울이고 있다는 것을 보여주고 싶다.
    ⇨선생님께서는 미국의 생활에 대해서 알려줄 미국인 친구를 초빙하셨다. 미국인 친구는 게임을 하고 있는 것과 재미있는 공원을 구경하는 비디오 테이프와 사진을 갖고 설명하였는데 철호는 그것이 재미있다는 것을 미국인 친구에게 보여주고 싶다.

③ 사건 보고하기

■ 활동 목표

• 사건이 생겼을 때 사건을 보고할 수 있다.
• 사건을 보고할 가장 적당한 사람이 누구인지 결정할 수 있다.
• 생긴 일을 그 사람에게 보고하고 도움을 요청할 수 있다.
• 사건의 보고와 도움을 들어준 사람에게 감사하다고 이야기할 수 있다.

■ 준비물

학습과제, 역할놀이를 위한 여러 가지 상황

■ 활동 장소

직업 적응 훈련실, 가정

■ 활동 방법

• 사건이 생겼을 때 사건의 보고를 한다.
  - 물건이 부서졌거나 타인이 다친 일이 생겼을 때 훈련생들이 어떻게 해야 하는지 그와 관련된 질문을 통해 함께 이야기한다.

〈질문들〉
1) 만일 여러분 어머니의 물건을 누가 부수었다는 것을 알았다면 어떻게 하겠습니까?
2) 만일 여러분이 놀고 있는데 친구가 넘어져서 무릎을 다쳤다면 어떻게 하겠습니까?
3) 만일 여러분이 방에 없을 때, 여러분이 제일 좋아하는 장난감을 친구가 부수었다면 어떻게 하겠습니까?

• 사건을 보고할 가장 적당한 사람이 누구인지 결정할 수 있다.
  - 적당한 사람에게 사건을 보고한다.
• 생긴 일을 그 사람에게 보고하고 도움을 요청할 수 있다.
  - 사건이 생겼을 때 사람들은 상황을 알고 도우려 한다.
  - 모든 사람에게 사건은 발생하며, 우리가 사건을 보고해야 사람들은 우리를 도울 수 있다.
• 여러 가지 상황의 모델링, 역할놀이 등 직접 시연의 과정을 가진다.
  - 사건보고를 위한 상황 모델링 및 역할놀이 예시
    ⇨친구와 거실에서 공을 가지고 놀고 있는데 공을 잘못 던져 어머니께서 제일 좋아하시는 꽃병을 깨뜨렸다. 꽃병은 여러 조각으로 부서져서 원래대로 붙일 수가 없다.
    ⇨옆집의 어린 꼬마와 비행기놀이를 하다가 민기가 꼬마를 세게 밀었다. 꼬마가 우는 것을 보니 다친 듯했다.

(2) 자발적으로 하기

① 자발성의 장점 이해하기

■ 활동 목표
• 자발성의 의미를 이해한다.
• 자발성의 중요성을 인식한다.
• 자발성의 좋은 점을 기억하고 실천한다.

■ 준비물
시청각 자료

■ 활동 장소
교실

■ 활동 방법
• 자발성 의미 이해하기
  - 자신이 좋아하는 일을 돌아가며 발표한다.
  - 좋아하는 일을 할 때와 싫어하는 일을 할 때의 기분의 차이를 함께 이야기한다.
• 자발성의 중요성을 인식하기
  - 좋아하는 일을 하면 누가 시키지 않아도 열심히 한다고 설명하기
  - 열심히 하는 일의 성과는 그렇지 않은 일보다 훨씬 크다고 설명하기
  - 일의 성과가 클수록 직장에서 칭찬받고 훌륭한 조직원이 될 수 있음을 설명하기
• 자발성의 실천
  - 직장에서 좋은 성과의 칭찬의 결과는 자신의 소망과 관련 있음을 이해시킨다.
  - 여가활동이나 문화생활, 갖고 싶은 물건 구입 등과 관련지어 기억시키고 실천할 수 있도록 한다.

② 직무와 관련된 부수 업무 숙지하기

■ 활동 목표

• 자신이 맡은 일과 관련되어 있는 일들을 숙지한다.

• 여유가 있을 때 직무 관련 업무도 할 수 있음을 이해한다.

■ 준비물

작업 샘플(연관성 있는 2가지 이상의 직무)

■ 활동 장소

교실, 상황 평가실, 보호작업장

■ 활동 방법

• 일의 관련성 이해하기
  - 과업의 연속성에 대해 설명한다.
  - 예시 과제를 나누어 주고 직무 단계의 관련성에 대해 설명한다.
  - 관련 업무가 모두 끝나야 작업이 완성됨을 이해시킨다.

• 직무 확대 이해하기
  - 자신의 일이 끝났지만 동료가 계속 작업 중일 때는 도와주어야 함을 설명한다.
  - 맡은 직무가 능숙해지면 심화된 직무나 다른 직무로의 직무 확대가 있음을 설명한다.

(3) 과제에 집중하기

① 주의를 빼앗기지 않고 과제에 집중하기

■ 활동 목표

• 자신을 방해하는 것이 무엇인지, 또 누가 방해하는지를 알 수 있다.

• 방해하는 사람에게 방해를 그치도록 공손히 부탁할 수 있다.
• 방해하는 사람 혹은 환경이 없어지거나 변화하지 않아도 그것으로부터 신경을 쓰지 않을 수 있다.
• 과제에 계속 열중할 수 있도록 스스로에게 다짐하는 말을 할 수 있다.

■ 준비물

학습과제, 역할놀이를 위한 여러 가지 상황

■ 활동 장소

직업 적응 훈련실

■ 활동 방법

• 자신을 방해하는 것이 무엇인지, 또 누가 방해하는지를 알 수 있다.
  - 방해를 일으키는 대상을 알아낸다.
• 방해하는 사람에게 공손히 부탁한다.
  - 방해하는 대상에게 그 방해를 멈추어 주도록 공손히 부탁한다.
  - 공손히 부탁하면 더 이상 방해받지 않게 되는 것을 경험하게 된다.
• 방해하는 사람 혹은 환경이 없어지거나 변화하지 않아도 그것으로부터 신경을 쓰지 않을 수 있다.
  - 방해하는 사람으로부터 멀리 떨어진 곳으로 자리를 옮겨도 좋을 것이다.
  - 신경 쓰지 않고 지금 하고 있는 일에 열심히 집중한다면 그 방해를 피할 수도 있다.
• 과제에 계속 열중할 수 있도록 스스로에게 다짐하는 말을 할 수 있다.
  - 지금 하고 있는 과제에 계속 열중하기 위해 스스로에게 말로 다짐하게 한다.
• 여러 가지 상황의 모델링, 역할놀이 등 직접 시연의 과정을 가진다.
  - 과제에 집중하기 위한 상황 모델링 및 역할놀이 예시
    ⇨ 인수는 지금 교실에서 덧셈 문제를 풀고 있다. 거의 다 풀고 이제 몇 문제만 풀면 끝난다. 이제 남은 문제들만 풀면 더 이상 숙제도 없다. 그런데 옆에 앉아 있는 여학생이 혼자 콧노래를 부르고 있다.

⇨감독자가 '기차' 에 대해 한참 설명하고 있다. 그런데 뒤에 앉아 있는 친구가 자꾸만 내 등을 쿡쿡 찌르고 발뒤꿈치를 찬다.

② 주어진 과제를 정해진 시간 안에 끝내기

■ 활동 목표

- 과제에 대한 설명을 잘 들을 수 있다.
- 주어진 과제의 내용을 전체적으로 살펴보고, 잘 모르는 지시에 대해 질문할 수 있다.
- 시간을 아끼기 위해 처음엔 쉬운 부분부터 해결해 나갈 수 있다.
- 어려운 부분도 포기하지 않고 최선을 다해서 해결해 나갈 수 있다.
- 주어진 시간 안에 끝냈을 땐 자신을 스스로 칭찬할 수 있다.

■ 준비물

학습과제, 역할놀이를 위한 여러 가지 상황

■ 활동 장소

직업 적응 훈련실

■ 활동 방법

- 과제에 대한 설명을 잘 들을 수 있다.
  - 과제를 정해진 시간에 끝내어 칭찬도 듣고 더 훌륭한 훈련생이 될 수 있는지 그와 관련된 질문을 통해 함께 이야기한다.

〈질문들〉

1) 감독자가 여러분에게 과제를 주면 여러분은 어떻습니까?
2) 여러분은 과제를 정해진 시간에 끝내기 위해서 어떻게 합니까?
3) 가끔 감독자가 낸 숙제를 잊어버리거나, 어떻게 해야 할지 몰라서, 또는 일부러 해오지 않았을 때 여러분은 어떤 일을 당하게 됩니까?
4) 반대로 여러분이 과제를 정해진 시간 안에 끝냈을 때는 어떨까요?
5) 여러분은 왜 주어진 과제를 정해진 시간 안에 끝내기 위해 애써야 한다고 생각합니까?

- 주어진 과제의 내용을 전체적으로 살펴보고, 잘 모르는 지시에 대해 질문할 수 있다.
  - 주어진 과제의 내용을 전체적으로 살펴보기
  - 잘 모르는 지시에 대해 질문하기
  - 어려운 부분도 포기하지 않고 최선을 다해 해결하기
  - 주어진 시간 안에 과제를 마쳤을 땐 스스로 자신에게 칭찬하기
- 시간을 아끼기 위해 쉬운 부분부터 해결하기
  - 주어진 시간 안에 과제를 해결하면 좋은 점수를 받을 수도 있다.
  - 과제를 미루거나 늦게 하면 가끔 엉터리가 되기도 한다.
- 주어진 시간 안에 끝냈을 땐 자신을 스스로 칭찬한다.
  - 주어진 시간 안에 과제를 해결하면 좋은 점수를 받을 수도 있다.
  - 만약 놀지 않고 계속 과제를 푼다면 남는 시간이 생겨 그 시간에 자기가 하고 싶은 일이나 놀이를 즐길 수 있다.
  - 선생님이 과제를 주었을 때 미루지 않고 시작하면 여러 가지 방법으로 훨씬 좋은 점수를 받을 수 있을 것이다.
- 여러 가지 상황의 모델링, 역할놀이 등 직접 시연의 과정을 가진다.
  - 주어진 과제를 시간 안에 끝내기 위한 상황 모델링 및 역할놀이 예시
    ⇨ 영희는 내일 3교시 과학시간까지 토끼풀과 잔디를 한 포기씩 뽑아가야 한다.
    ⇨ 철수는 다음주 월요일 '이순신 장군'의 얼굴이 담긴 사진과 그분의 출생지, 출생연도, 일본군을 무찌르신 유명한 세 가지 전투에 대해 조사해 가야 한다.

③ 다른 훈련생을 방해하거나 지체하지 않고 다른 과제로 넘어가기

■ 활동 목표

• 현재 하고 있는 과제를 끝마치고, 사용하던 물건들을 조용히 정리할 수 있다.

• 감독자의 지시에 따라 장소를 옮겨 새로운 활동을 할 수 있다.

■ 준비물

학습과제, 역할놀이를 위한 여러 가지 상황

■ 활동 장소

직업 적응 훈련실

■ 활동 방법

• 현재 하고 있는 과제를 끝마치고, 사용하던 물건들을 조용히 정리한다.
  - 어떻게 하면 우리가 주위 사람들을 방해하지 않고 빠른 시간 안에 지금 하던 일에서 다른 일로 넘어갈 수 있는지, 그와 관련된 질문을 통해 함께 이야기한다.

〈질문들〉

1) 만약 여러분이 지금 하던 일을 멈추고 다른 일로 옮겨간다면 그동안 어떤 문제가 생길까요?
2) 만약 여러분이 시끄럽게 하여 다른 사람을 방해한다면 어떤 일이 생길까요?
3) 여러분이 하던 일을 멈추고 다른 일을 하려고 할 때는 어떤 점을 가장 명심해야 할까요?
4) 여러분이 조용하고 빠르게 행동하면 어떤 일이 생길까요?

  - 어떤 일을 끝마치면서 지금까지 사용하던 물건이나 자료들을 제자리에 정리하고 장소를 옮겨 선생님의 지시에 따라 새로운 활동하기

• 감독자의 지시에 따라 장소를 옮겨 새로운 활동을 할 수 있다.
  - 어떤 일을 마치고 다른 일을 시작할 때 시간을 끌지 않으면 새로운 일에 더 많

은 시간을 보낼 수 있다.
- 감독자가 훈련생들이 다른 사람을 방해하지 않고 조용히 활동을 옮겨갈 때 더 효과적으로 지도할 수 있다.
- 시끄럽지 않게 지체하지 않으면서 감독자의 지시에 따라 새로운 활동으로 옮기는 행동은 감독자에 대한 존경심을 보이는 것이다.

• 여러 가지 상황의 모델링, 역할놀이 등 직접 시연의 과정을 가진다.
- 다음 과제로 넘어가기 위한 상황 모델링 및 역할놀이 예시
⇨쉬는 시간이 끝난다. 이번 시간은 읽기 공부를 할 차례이다. 감독자가 훈련생들에게 공책을 꺼내라고 한다.
⇨쉬는 시간이 끝난다. 감독자가 훈련생들에게 크레파스와 어제 나누어 준 그림을 꺼내 네모 모양에 빨간 색을 칠하라고 지시한다.

(4) 직업 유지하기

① 동료와 협력하기

■ 활동 목표

• 다른 사람의 이야기를 잘 듣고, 의견을 받아들이고, 다른 사람을 돕고, 격려함으로써 협력할 수 있다.

■ 준비물

시청각 자료, 그림물감, 크레파스, 자전거

■ 활동 장소

교실

■ 활동 방법

• 협력적인 활동을 제시한다.

- 여럿이 붓 한 개로 그림 완성하기, 크레파스 한 통으로 학급 전체가 색칠하기, 자전거 두 대로 학급 전체가 자전거 타기 등과 같은 협력적인 활동을 제시한다.

• 세 명이 짝을 지어 활동하도록 한다.

- 훈련생들에게 협력의 중요성을 강조하고 협력을 의미하는 그림(포스터)을 세 명이 함께 완성하도록 한다. 훈련생들이 다른 사람과 협력하고 있을 때 사용하는 격려의 말을 만들어 내도록 요구한다.

• 협력했던 경험을 이야기한다.

- 훈련생들이 협력했던 경험을 일기로 기록하도록 도와주고 그것을 발표하게 한다.

② 갈등상황에서 타협하기

■ 활동 목표

• 다른 사람과의 갈등에서 취할 수 있는 방법을 생각할 수 있다.

• 자기의 생각이나 행동을 바꾸거나 다른 방법을 제안함으로써 다른 사람과의 갈등상황에서 타협할 수 있다.

■ 준비물

시청각 자료

■ 활동 장소

교실

■ 활동 방법

• 다른 사람과의 갈등에서 취할 수 있는 방법을 생각한다.

- 타협함으로써 다른 사람과의 다툼을 피할 수 있다.

- 다른 사람의 의견에 귀 기울이고 타협함으로써 더 좋은 방법을 따를 수 있다.

- 사람들은 큰소리를 내고 다투는 것보다는 조용하게 갈등상황을 끝내었을 때 우리를 더 좋게 생각할 것이다.

• 다음 상황들 중 한 가지를 이용하여 상황을 모델링하거나 역할놀이를 한다.
  - 너는 동생과 함께 텔레비전을 보고 있다. 동생은 네가 보고 있는 프로그램이 싫다고 다른 것을 보자고 조른다.
  - 너는 학교를 마치고 집에 왔다. 저녁에 너는 텔레비전이 보고 싶다. 그러나 엄마는 공부를 해야 한다고 말한다.
  - 너는 친구들과 학교 운동장에서 놀고 있다. 너는 야구를 하자고 말한다. 네 친구 준호는 축구를 하자고 말한다.
• 반복 연습하기
  - 훈련생들이 그들의 부모, 형제자매, 이웃 친구들과 함께 가정에서 타협하기를 연습하고 이것을 이야기하도록 한다.
  - 훈련생들이 기관과 가정에서 일주일 동안에 타협하기를 사용했던 횟수를 기록하도록 도와준다. 훈련생들이 타협했던 상황, 방법, 타협의 결과를 이야기하고 그것을 짧은 글로 기록하도록 도와준다.
  - 훈련생들이 가정에서 그들의 부모와 타협하는 것을 실천하도록 한다. 그들이 부모와 함께했던 타협이 무엇인지, 어떻게 타협했는지 질문한다. 그들이 어떻게 했는지 행동으로 보여주도록 격려한다.
  - 훈련생들이 타협했던 상황 또는 타협하지 않았던 상황을 이야기하도록 한다. 그들이 어떤 방법으로 타협했는지 또는 왜 타협을 하지 못했는지 이야기하도록 한다.

③ 다른 사람의 비판 받아들이기

■ 활동 목표

• 비판의 의미를 이해하고 비판받은 경험이 있는지 그때 기분은 어땠는지 이야기할 수 있다.
• 비판하는 이유와 방법을 말할 수 있다.
• 좋은 비판과 나쁜 비판에 대해 이해한다.

■ 준비물

역할극 준비물

■ 활동 장소

교실, 가정

■ 활동 방법

• 비판의 의미를 이해하고 비판받은 경험이 있는지, 그때 기분은 어땠는지 이야기할 수 있다.
  - 비판의 의미를 이해하고 비판받은 경험이 있는지, 그때 기분은 어땠는지 발표해 보도록 한다.
• 비판하는 이유와 방법을 말할 수 있다.
  - 비판하는 이유와 비판하는 방법에 대해 이야기해 보도록 한다.
• 좋은 비판과 나쁜 비판에 대해 학습한다.
  - 다음 상황 중 한 가지를 이용하여 상황을 모델링하거나 역할놀이를 한다.
    ⇨너는 친구 슬기와 네 방에서 놀고 있다. 너는 슬기에게 "슬기야, 너 옷 정말 예쁘다"라고 비꼬아서 말한다. 너의 어머니가 밖에서 그 말을 들었다. 어머니는 너에게 그렇게 말해서는 안 된다고 좋은 비판을 한다.
    ⇨공부 시간에 너는 선생님이 내주신 숙제를 하지 않고 장난을 하고 있다. 선생님은 너에게 빨리 숙제할 것을 지시한다.
    ⇨같은 반 친구 수경이가 체육시간에 매트 위에서 구르기를 잘 못한다고 너는 친구들과 함께 수경이를 놀린다. 선생님은 네가 그렇게 말하는 것이 잘못되었다고 너를 꾸중하신다.
• 사람들이 비판을 받아들이는 방법을 보여주는 이야기책, 비디오 자료, 텔레비전 프로그램 등을 보여주고 이 학습과제를 확인하도록 지도한다.
  - 다른 사람을 놀리면서, 조용하게, 큰 소리로 등과 같이 다양한 방법으로 학생들을 비판한다. 이런 비판 방법에 대해 학생들이 적절하게 반응하도록 한다.

(5) 작업 환경 적응하기

① 개인적 책임 유지하기

■ 활동 목표

• 자기통제와 책임의식을 가지고 직무에 임할 수 있다.

■ 준비물

시청각 자료

■ 활동 장소

교실

■ 활동 방법

• 직장 예절 교육을 실시한다.
  - 부모와 협조하여 출퇴근 시간을 숙지시킨다.
  - 휴식 시간 및 작업 시간을 지키도록 한다.
  - 상사 및 동료 관계 및 인사 지도를 한다.
• 안전 수칙을 지도한다.
  - 작업 중에는 불필요한 말이나 행동을 하지 않는다.
  - 기계를 사용하거나 물품 운반 시 지시를 따른다.
  - 기계나 장비 사용 후 깨끗하게 정비, 정돈한다.
• 절약 정신을 지도한다.
  - 자신의 작업재료는 자신이 직접 정리한다.
  - 소수의 재료도 재료함에 가져다 놓는다.
  - 재료가 손상되지 않도록 유의한다.
• 바른 직업관 형성을 지원한다.
  - 직업인의 자세를 지도한다.

- 긍정적이고 적극적인 직업관 형성을 지원한다.

② 작업형태 이해하기

■ 활동 목표
• 다양한 작업형태를 이해할 수 있다.

■ 준비물
시청각 자료

■ 활동 장소
교실

■ 활동 방법
• 협동 작업 이해하기
  - 2인 이상의 인원이 함께 공동의 작업을 할 경우가 있음을 이야기한다.
  - 협동작업 시 개인보다는 작업의 목표가 우선되어야 함을 인식시킨다.
  - 개인의 직무 성취도가 전체에 미치는 영향을 가르친다.
  - 타인에 대한 배려의 중요성을 인식시킨다.
• 분업 이해하기
  - 분업의 효율성에 대해 지도한다.
  - 분업의 방법에 대해 지도한다.
  - 분업의 최종 목표물을 구체적으로 보여준다.
• 라인작업 이해하기
  - 작업의 성격에 따라 자동벨트 시스템이 효율적임을 가르친다.
  - 분업과의 관계에 대해 설명한다.
• 팀작업 이해하기
  - 조직의 구성도를 지도한다.

- 전체 조직에서 팀별 역할에 대해 지도한다.
- 팀별 주요 과업에 대해 설명한다.

<표 10-11> 활동 사례 -작업 형태 이해하기

회 기	1	주 제	작업 형태 이해하기
목 적	작업 형태의 종류를 경험해 보고 직무 수행 능력 향상을 도모한다		
집단구성	전체	소요시간	50분
준비물	전지, 사인펜, 잡지, 신문, 볼펜과 박스, 숟가락, 콩	자 료	컨베어시스템 동영상 등 시청각 자료
활동 요소	활동 내용		
시청각 교육	동영상을 통하여 협동작업, 분업, 팀작업의 형태를 소개한다. 소개 후 미리 준비된 그림이나 사진을 보여주며 학습 숙지 확인을 한다.		
활동 준비	시청각 교육 후 조를 나누어 조별로 책상과 의자를 정리한다. 조별로 미리 준비된 전지와 활동 준비물을 배부한다. 조별 팀 활동 종료 후 모든 팀이 하나의 협동작업을 할 것임을 미리 공지한다.		
활동하기	[활동1] 팀작업 -팀별로 좋아하는 주제를 선정하게 한다. -선정된 주제에 맞는 그림이나 사진을 미리 배부된 신문이나 잡지에서 오리도록 한다. -배부된 전지에 주제와 맞는 이야기를 만들어 오린 그림과 사진을 붙인다. [활동2] 분업 -배부된 볼펜의 직무를 분석하여 설명한다. -볼펜을 모두 분해해서 앞텝, 뒷텝, 스프링, 볼펜심 담당을 팀별로 정한다. -담당 업무를 진행하면서 완성품을 경험할 수 있도록 한다. [활동3] 협동작업 -모든 훈련생이 일렬로 줄을 선다. -숟가락을 하나씩 배부받는다. -첫 번째 훈련생부터 용기에 담긴 콩을 하나씩 숟가락으로 옮겨 마지막 훈련생에게까지 전달한다. -시간을 측정하여 숙련도와 시간의 관계성을 경험하고 학습할 수 있게 한다.		
마무리	• 소감문을 작성한 후 활동을 하면서 배운 점, 느낀 점을 자유롭게 이야기한다. • 현장 훈련을 통하여 차후 라인작업을 경험할 수 있도록 재교육한다.		

③ 작업 환경의 요인 이해하기

■ 활동 목표
• 작업 환경 요인을 이해하고 설명할 수 있다.

■ 준비물
시청각 자료

■ 활동 장소
교실

■ 활동 방법
• 화학적 요인에 대해 학습한다.
  - 작업 환경 적응에 영향을 주는 유해물질을 이해한다(광물성 분진, 중금속, 유기용제, 유해가스, 산소 결핍).
  - 직종에 따른 건강 장해의 종류에 대해 숙지한다(진폐증, 피부장해, 산소결핍).
  - 건강 장해 예방방법에 대해 학습한다.
• 물리적 요인에 대해 학습한다.
  - 작업 환경 적응에 영향을 주는 유해 에너지를 이해한다(이상온습도, 복사열, 부적절한 조명, 국소진동, 자외선, 방사선).
  - 물리적 요인에 의한 건강 장해의 종류에 대해 숙지한다(열중증, 동상, 잠수병, 귀울림, 두통, 백내장, 각막염).
• 생물적 요인에 대해 학습한다.
  - 작업 환경 적응에 영향을 주는 병원균에 대해 이해한다(세균, 기생충, 쥐, 곤충, 알레루겐).
  - 생물적 요인에 의한 건강 장해의 종류에 대해 숙지한다(감염증, 식중독, 직업성 알레르기증).

• 사회적 요인에 대해 학습한다.
  - 작업 환경 적응에 영향을 주는 사회적 요인에 대해 이해한다(시설 편의성, 근로조건, 인간관계)
  - 사회적 요인 개선 과정을 숙지한다.
    ⇨상황 정의(장애물의 상태 확인 및 인식)
    ⇨요구 평가(직무조정 필요성 확인, 시설 개조, 회사방침 수정)
    ⇨작업 재배치(직무조정 가능성 확인, 작업 재배치 적합성 판단)
    ⇨상황 재정의(재배치 이후 상황 재평가)
    ⇨모니터링(커뮤니케이션 통로 확인)

(6) 작업 기술 향상하기

① 소비적 행동 감소하기

■ 활동 목표

• 과제 수행 시 나타나는 소비적 행동을 인식하고 수정할 수 있다.

■ 준비물

상황 훈련 재료, 시청각 자료

■ 활동 장소

교실, 상황 평가실, 모의 작업장

■ 활동 방법

• 직무 적응하기
  - 주어진 직무의 수행 방법을 이해한다.
  - 직무의 효율성 수행 방법에 대해 생각한다.

• 소비적 행동 인식하기
  - 직무를 수행할 때 집중해서 해야 하는 것을 학습한다.
  - 직무 수행 중에 자신도 모르게 반복적으로 하는 불필요한 행동이 있는지 동료 간에 관찰하도록 한다.
  - 관찰된 불필요한 행동을 왜 하는지, 수정하기 위해서 어떻게 해야 할지 의논한다.

② 작업 속도 향상하기

■ 활동 목표

• 일정한 속도로 작업이 수행되어야 하는 이유를 이해한다.
• 그러한 이유를 알고 구체적 작업 수행에서 만족스런 속도를 유지할 수 있다.

■ 준비물

상황 훈련 재료, 시청각 자료

■ 활동 장소

교실, 상황 평가실, 모의 작업장

■ 활동 방법

• 작업 속도에 영향 미치는 요인 이해하기
  예 수행 작업에 대한 지식 부족, 작업재료의 질, 활용 가능성, 근로자의 신체적 · 정신적 건강, 환경적 산만함
• 작업이 한가할 때 요령 익히기
  - 작업이 한가할 때 할 일과 하지 말아야 할 일을 논의하고 목록을 작성한다.
  - 작업 속도가 느슨한 동안 할 일을 보고한다.
• 일정한 작업 속도 유지하기
  - 작업 속도와 임금 간의 상관관계를 이해한다.

- 작업 속도와 생산량과의 상관관계를 토론한다.

③ 지구력 향상하기

■ 활동 목표

• 지구력의 필요성을 인식한다.
• 지구력이 생산성 충족에 어떤 영향을 미치는지 이해한다.

■ 준비물

상황 훈련 재료, 시청각 자료

■ 활동 장소

교실, 상황 평가실, 모의 작업장

■ 활동 방법

• 지구력 이해하기
  - 매일 보는 직업 중 신체적 지구력이 필요한 직업을 브레인스토밍한다.
  - 작업 수행을 위한 적절한 지구력을 갖지 못했을 때 어떤 일이 발생할지 논의한다.
  - 지구력을 개발할 수 있는 방법과 지구력 부족을 보상할 수 있는 방법을 설명한다.
• 지구력 증진시키기
  - 계획적인 운동과 지구력과의 관계를 설명한다.
  - 많은 활동과 지구력과의 관계를 이해한다.
  - 지역사회 운동 프로그램 중에서 자신에게 적절한 체력 증진 활동 목표를 결정한다.
• 균형과 조정 능력 향상하기
  - 균형 감각과 작업수행의 관계를 이해한다.
  - 균형과 조정 감각이 사고를 어떻게 예방할 수 있는지 논의한다.
  - 수면부족이나 두통과 같은 균형감각을 약화시키는 것들에 대해 토의한다.

제5부

직업 적응 훈련 사례

일본의 직업 적응 훈련 사례

이 장에서는 일본 독립행정법인 고령 · 장애인 고용지원기구 장애인 종합 직업센터(National Institute of Vocational Rehabilitation: NIVR)에서 개발한 내용을 소개한다. 프로그램명은 "발달장애인의 작업시스템 및 지원 프로그램(work system · support program)" 이다.

프로그램은 3개로 「취업 세미나」, 「작업」, 「개별 상담」으로 구성된다. 이 세 가지가 서로 관련을 맺으면서 발달장애인의 다양한 장애특성과 직무상의 과제에 대한 상세한 지원(assistance)과 그에 따른 직장 대인 기능 등의 기술지원을 제공하고 있다.

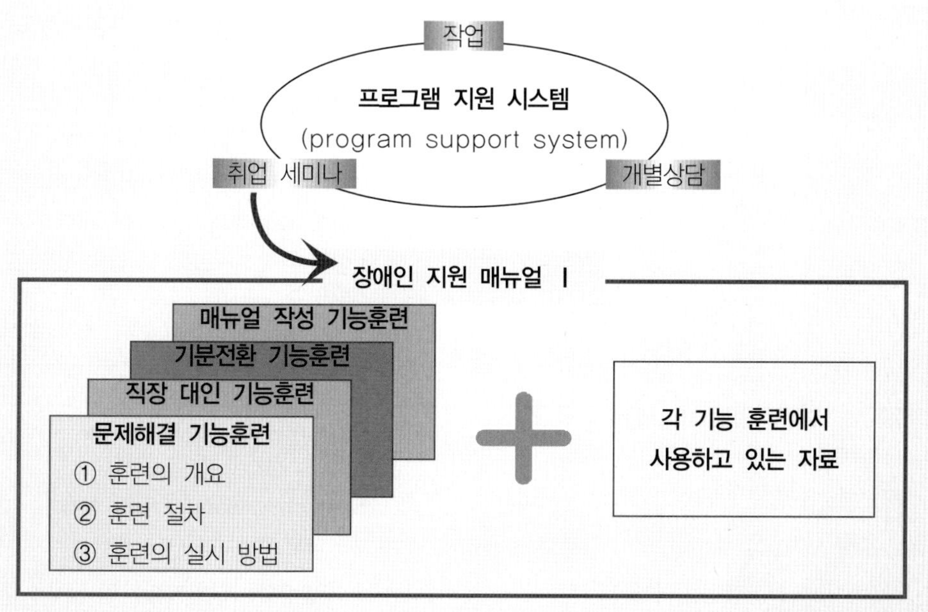

출처: NIVR(2008)

[그림 11-1] 장애인 지원 매뉴얼의 구성 · 내용

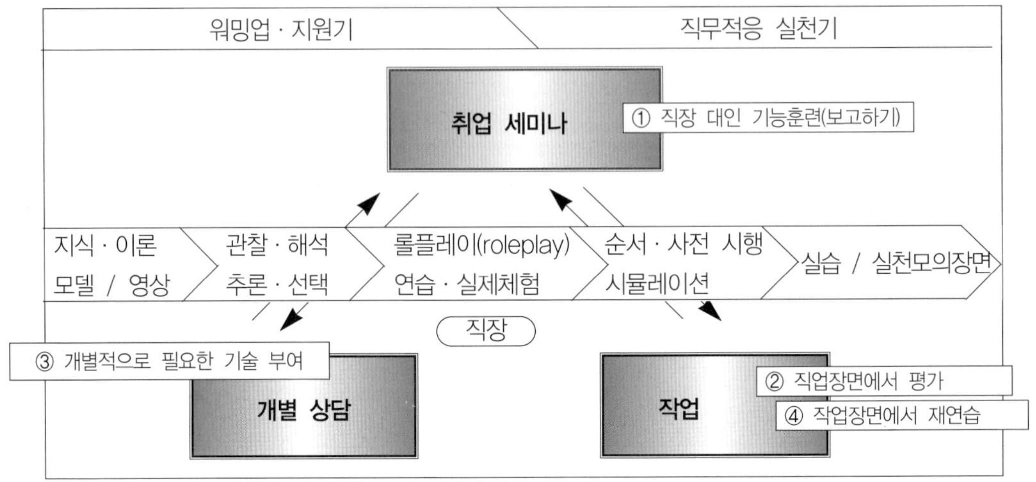

출처: NIVR(2008)

[그림 11-2] 「취업 세미나」, 「작업」, 「개별 상담」의 관련성

기관에서 제시하는 발달장애인의 작업시스템 및 지원 프로그램은 13주간으로 구성되어 있으며 작업면, 대인면, 스트레스 대처, 상황변화에의 대응 등에 대하여 개개인의 장애특성과 과제지원을 제공하여 그 결과에 기초한 각종 기술지원을 실시한다.

<표 11-1> 발달장애인의 작업시스템 및 지원 프로그램의 개요

	워밍업 · 지원기 (8주간 정도)	직무 적응 실천 지원기 (5주간 정도)
지원	① 지원을 하면서, 환경과의 관계를 포함한 장애인의 상태(상황)를 파악 ② 장애인 개개인에게 알맞은 가설 세우기	① 워밍업 · 지원기에서 작성한 지원 가설 검증 ② 직장적응지원 등의 취업지원을 위한 개별상황에 맞는 지원 방법을 정리
기술부여 지원	① 취업 세미나 • 문제해결기능훈련 • 구직대인기능훈련 • 기분전환기능훈련 • 매뉴얼 작성 기술 훈련	①취업 세미나 • 실제 직장으로 상정한 연습 장면 • 워밍업 • 지원기의 각기능을 종합적으로 실시
	② 작업 • 작업순서표에 따라 작업 • 지시→작업 • 예정 • 준비→작업수행→확인→ 보고 등	② 작업 • 장애인에게 맞는 작업실시 • 사무 • OA • 실무작업 • Job shadowing • 직장 실습
	③ 개별상담 • 상담 / 인터뷰 • 필요에 적합한 각종검사, 체크리스트 실시	③ 개별상담: 개별 기술지원 실시 ④ 필요시 개별 프로그램 실시

1. 취업 세미나

「취업 세미나」에서는 직업센터 혹은 실제 직장에서의 작업체험을 통한 작업수행 기술을 지원하는 것인데 여기에는 「문제해결 기능」, 「직장 대인 기능」, 「기분전환기능」, 「매뉴얼 작성 기능」이라는 4가지 훈련을 실시한다.

문제해결 기능훈련	직장 대인 기능훈련
문제발생상황과 원인을 파악하여 현실적인 문제해결책을 선택할 수 있도록 지원한다.	직장에서 필요한 대인커뮤니케이션의 기술을 부여한다.
기분 전환 기능훈련	**매뉴얼 작성 기능훈련**
개개인의 장애특성에 따른 스트레스 대처 기능을 습득할 수 있도록 지원한다.	작업순서표 작성연습을 실시하여 직무수행상의 기술을 부여한다.

1) 문제해결 기능훈련

(1) 훈련의 개요

본 훈련은 발달장애인의 대인관계나 스트레스 등에 관한 과제에 대해서 미국 아스퍼거 증후군 집단의 패닉방지를 목적으로 한 「SOCCSS법」을 활용해서 발달장애인 자신이 문제발생상황과 원인을 파악하여 현실적인 문제해결책을 선택할 수 있게 하는 훈련이다. 각 단계는 「S: 상황 파악(Situation), O: 선택 대안(Options), C: 결과예측(Consequences), C: 선택 판단(Choices), S: 전략(Strategies), S: 사전 시행(Simulation)」으로 구성되어 있다.

발달장애인이 안고 있는 문제점들(예)	
생활리듬의 과제	대인관계에서의 과거의 실패가 자꾸 생각나 안심하고 수면을 취할 수가 없다.
커뮤니케이션의 과제	상대방과의 대화내용에서 조금씩 벗어나며, 불필요한 말을 반복하게 된다.
자기효능감의 과제	자신감의 저하로 다른 사람의 말과 행동을 신경 쓰고 작업 중에도 불안감을 호소하면서 조퇴를 해버린다.
출 · 퇴근 시간의 과제	외출 전 준비가 잘 되지 않아 지각을 하거나, 출퇴근 도중에 차표를 잃어버리거나 물건을 떨어뜨리는 경우가 많다 등

문제해결 기능훈련의 목표

발달장애인 자신이 문제가 발생하였을 때의 상황과 원인을 파악하여 현실적인 문제해결책을 선택할 수 있도록 SOCCSS법을 활용한 그룹 활동을 통해 개별과제에의 대응 · 해결기술을 부여한다.

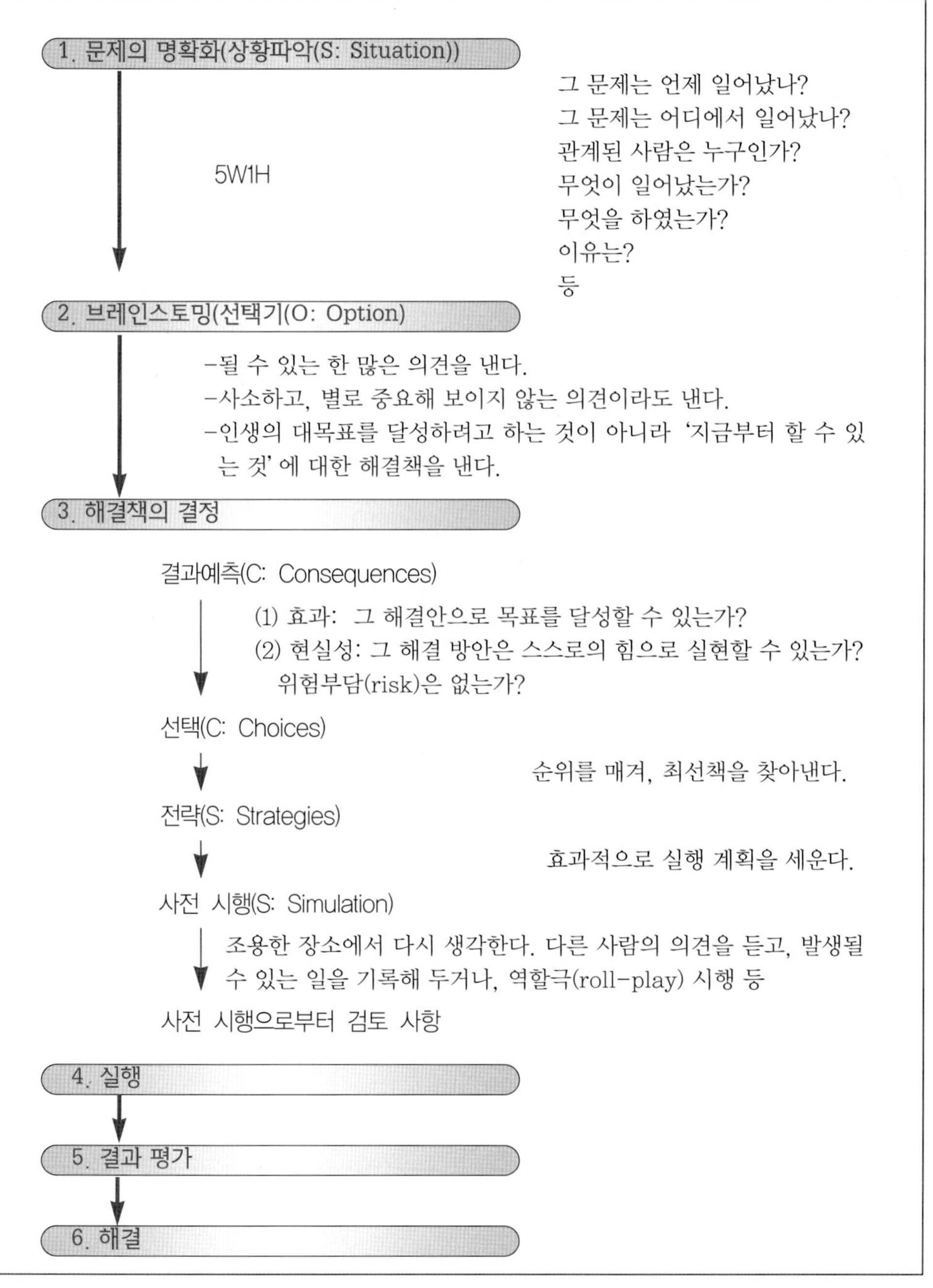

출처: NIVR(2008)

[그림 11-3] 문제해결 기법(SOCCSS법)

(2) 문제해결 기능훈련 절차

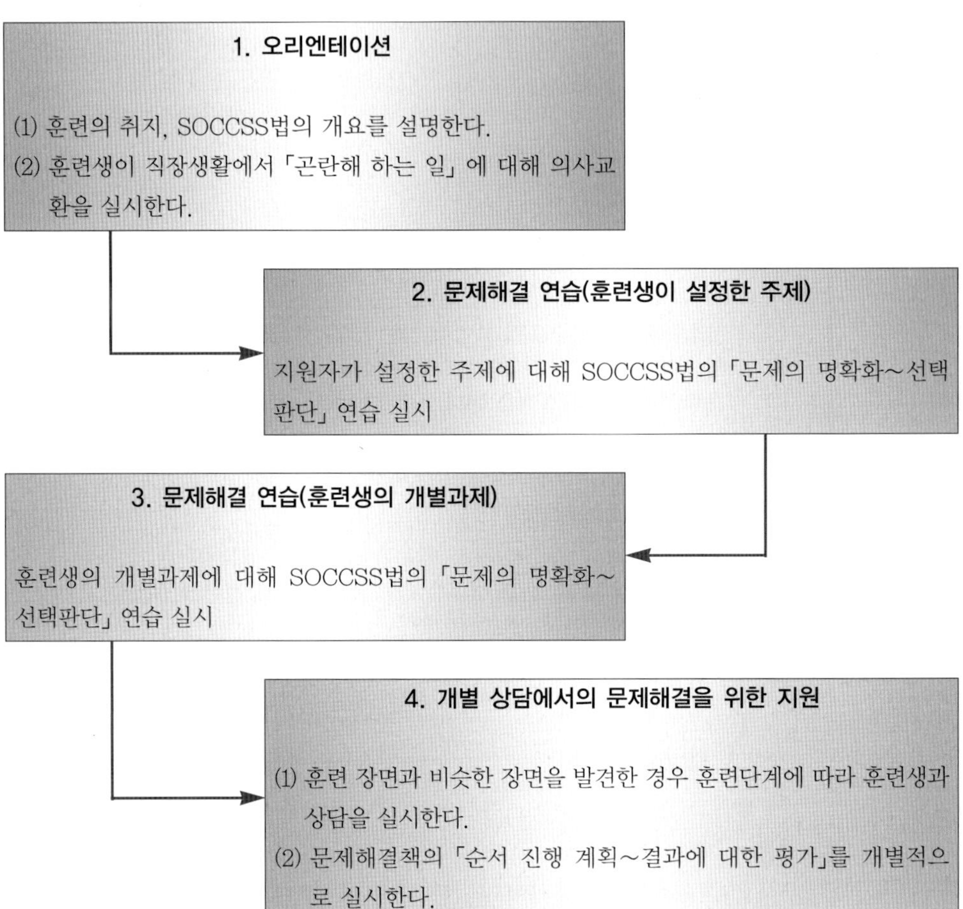

[그림 11-4] 문제해결 기능 훈련

(3) 문제해결 연습 주제 설정 방법

문제해결 연습 주제는 다음 방법으로 설정한다.

① 오리엔테이션 부분에서 훈련생들이 직장생활에서 「곤란해 했던 경우, 곤란한 것」에 대해 이야기 나눈 내용으로 설정한다.

② 프로그램 수료생이 제시한 「곤란한 경우」를 바탕으로 설정한다(표 11-1 참조).

③ 직장 대인 기능훈련에서 제시한 「곤란한 경우」를 바탕으로 설정한다(표 11-2 참조).

④ 훈련생의 개별과제를 채택한다(훈련생이 현재 직면하고 있거나 과거에 직면한 문제).

<표 11-2> 프로그램 훈련생이 제시한 「곤란한 경우」

【작업 면】

- 지시 이해(구두 설명으로는 이해가 힘들다)
- 실수(동일한 실수를 반복한다 등)
- 집중력(누군가가 옆을 지나가거나, 소리가 나면 그쪽으로 주의를 기울인다)

【커뮤니케이션 · 인간관계 면】

- 상대방의 의도를 모르겠다.
- 자신의 생각을 제대로 전달하기 힘들다.
- 동료와의 커뮤니케이션(휴식 시의 잡담 등)
- 면접

【생활 면 등】

- 외출 시의 준비(시간이 너무 많이 걸려 지각한다)
- 여가 활용 방법
- 수면(불안한 경우 제대로 수면을 취하기 어렵다)
- 물건을 잃어버리는 경우가 많다.
- 예기치 않은 상황에의 대응
- 스트레스 대처

[자료]	문제해결 work sheet

1. 문제의 명확화 (상황의 파악)

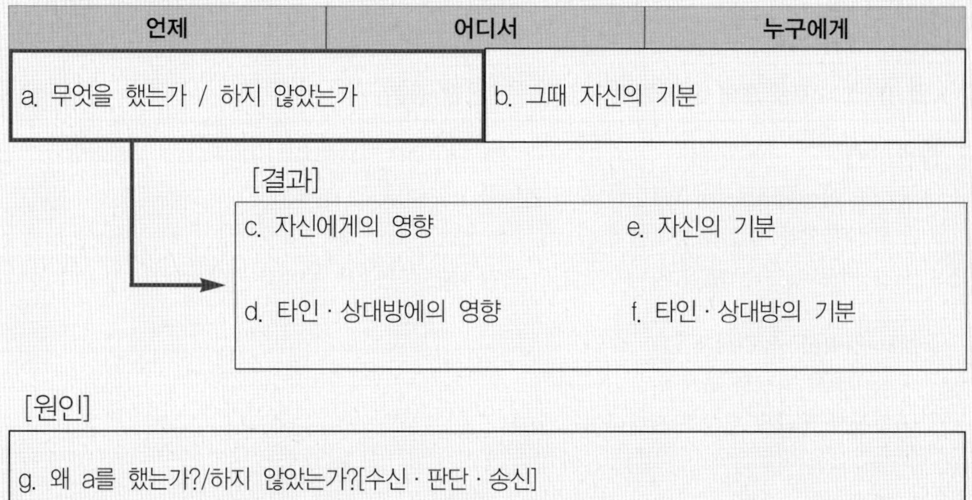

[행동]

언제	어디서	누구에게
a. 무엇을 했는가 / 하지 않았는가		b. 그때 자신의 기분

[결과]

c. 자신에게의 영향

e. 자신의 기분

d. 타인 · 상대방에의 영향

f. 타인 · 상대방의 기분

[원인]

g. 왜 a를 했는가?/하지 않았는가?[수신 · 판단 · 송신]

수신: 지시, 장면, 상대의 행위를 잘 이해하지 못했다.
판단: 지시, 장면, 상대의 행위에 대해 자신은 어떻게 해야 하는가 판단이 어려웠다 / 판단에 실수가 있었다.
송신: 지시, 장면, 상대의 행위를 받아들임으로 실제 어떤 행동을 취하였지만, 자신의 의도가 잘 전달되지 않았다.

2. 목표의 명확화(자신은 a~g의 어느 부분을 어떻게 하고 싶은가 -복수응답 가능)

기 호	목표(자신은 어떻게 하고 싶은가)

3. 해결책의 결정(브레인스토밍 → 결과 예측 → 선택 판단)

문제해결	효과 · 현실성	선택판단

4. 해결책의 실행 (순서 절차 → 사전 시행 → 실행)

순서 절차: 선택한 해결책을 언제, 어디서, 어떻게 실행하는가를 검토
※예상되는 장애와 그에 대한 대응책

사전 시행의 방법	한 개를 선택
1. 조용한 장소에서, 여러 행동에 대한 선택과 결과 예측을 검토하면서 어떠한 사전 시행을 할 수 있는지(없는지)를 깊이 생각한다.	
2. 친구, 지원자, 그 밖의 사람에게 자신이 생각한 행동계획에 대해 상담해 본다.	
3. 자신이 선택한 방법과 그 결과 예측에 토대해서 그 상황에서는 어떠한 일이 발생될까를 기록해 본다.	
4. 자신이 선택한 방법을 2~3 사람에게 사전에 연출해 본다.	
5. 그 외의 방법	

사전 시행으로부터의 검토사항

5. 결과의 평가

해결책을 실행한 결과 · 그 후의 경과

2) 직장 대인 기능훈련

(1) 훈련의 개요

발달장애인의 커뮤니케이션 기술 습득에 관하여서는 몇 가지 고려되어야 할 사항이 있다.

예를 들어, 인사의 경우 '지나치는 순간에 간단한 목례를 했는지, 지나가고 나서 인사를 했는지 잘 알 수 없다' [수신의 문제], '걸어가면서 인사를 할 때는 잠시 멈추어 서서 인사를 해야 하는지, 지나치면서 인사를 하는 것이 좋은지 잘 모를 때가 있다' [판단의 문제], 등 인사 하나라도 그 수행에 도달하기까지의 과정에서 발달장애의 장애특성으로부터 발생하는 장벽이 상당히 많다.

또한 습득된 기술의 일반화에 있어서도 그 수행까지의 과정이 필요하다. 예를 들어, 아동기의 정형적인 인사 어구가 발달장애의 인지특성에 따라 동일한 기술을 반복하거나 장면에 맞지 않는 대응을 함으로 꾸중을 듣는다든지, 사회생활에 부적응을 일으키는 경우가 많은 것이 문제점으로 지적되고 있다.

직장 대인 기능훈련의 목표

1. 그룹워크 중에서 발달장애인 자신들의 역할극(role play)이나 의견교환을 실시하면서 직장에서 필요시 되는 대인 커뮤니케이션의 기술을 부여한다.
2. 상대의 생각과 기분에 대해서 지식을 습득하면서 자신과 타인의 사고와 감정의 차이점을 생각하는 기회를 부여하고 그것을 관찰하는 역량을 높인다.
3. 보고와 질문 등의 '기본지식'의 기술부여를 기반으로 해서 난이도가 높은 '응용과제'를 설정하는 등 더욱 실천적인 직장 대인 기능을 부여한다.

(2) 직장 대인 기능훈련의 절차

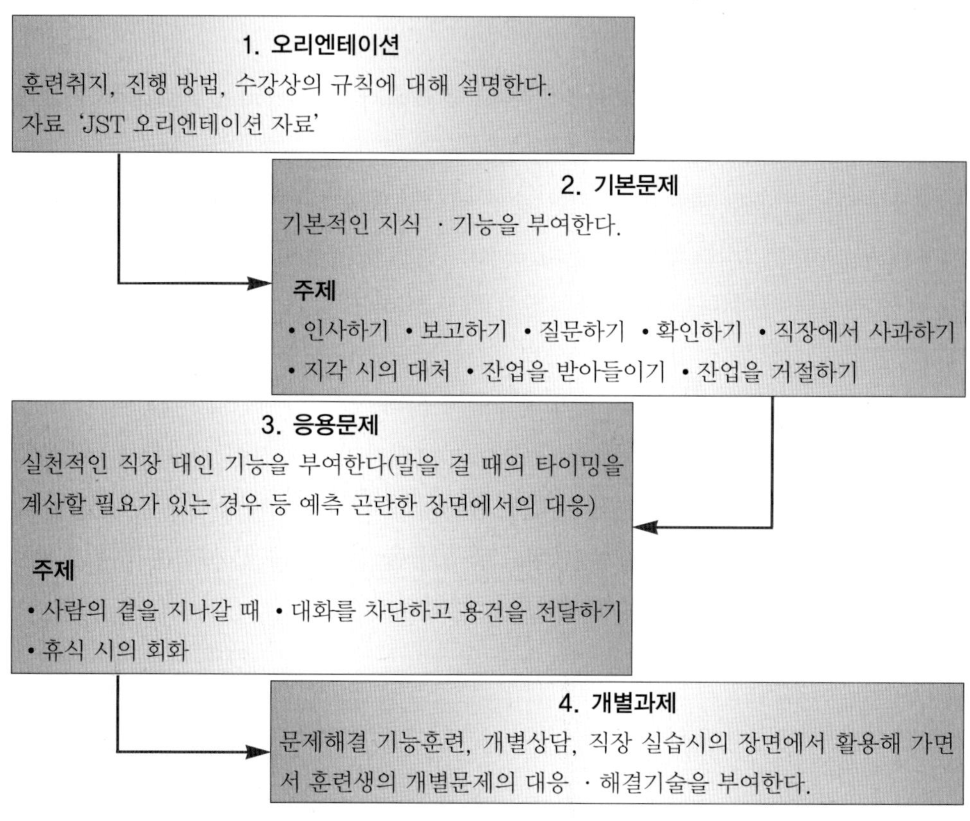

[그림 11-5] 직장 대인 기능훈련 절차

① JST란

- 직장 대인 훈련기능은 취업 세미나의 기능훈련 중 하나로서 Job related skills Training의 약자이다. 직역하면 '일에 관계되는 기술 훈련' 이라고 할 수 있지만 본 프로그램에서는 직장에서 필요시 되는 대인 커뮤니케이션 기술에 초점을 두고 훈련을 행한다.
- 직장에서의 대인 기술, 상사와 동료와의 커뮤니케이션은 직장생활을 원만히 보내기 위해서 매우 중요한 요소의 하나이다.
- 그러한 이유로 JST에서는 지금까지의 취업을 목표로 하는 모든 사람들이 자신

의 기분과 생각을 직장의 상사와 동료에게 잘 전달할 수 있도록 하는 것을 목적으로 해서 훈련을 실시하는 것이다.

② JST의 진행 방법

- JST에서는 직장에서 반드시 추구되는 대인 기술, 즉 인사와 질문 등이 주가 된다.
- 따라서 JST에서는 왜 인사와 질문이 중요한지를 먼저 생각한다.
- 자신은 어느 정도의 대인 기술이 되어 있는지를 파악하며 자신에 대한 이해를 갖게 한다. 그러한 가운데 자신의 목표를 설정하고 실제 직장에서 계획하고 있는 역할극(role-play)을 실시한다.

JST의 연습 방법은 다음과 같다.

갑자기 훈련을 시작하면 긴장감을 지닐 수 있기 때문에 우선은 워밍업(오늘의 한마디, 간단한 게임)을 실시한다.

- 다음으로 그날의 주제, 연습할 대인 기술에 관해서 그것이 왜 직장에서 필요한지, 자신은 어느 정도 습득이 되어 있는지를 생각하게 한다.
- 그리고 일대일로 자신의 목표를 결정한다.
- 실시 후에는 다른 사람으로부터 '좋았던 점'과 '연습하면 더욱 좋아질 점'에 관해서 의견을 나누고 객관적으로 반복해서 연습을 한다.
- 커뮤니케이션 장면에서는 반드시 상대가 존재하기에 자신의 커뮤니케이션 방법이 적절한지 아닌지를 판단할 때에는 자기평가뿐 아니라 상대의 의견(타자평가)에도 귀를 기울일 필요가 있다.
- JST에서 연습한 대인 기술을 실제 장면에서도 활용할 수 있도록 하기 위해 JST의 시간 외에 작업장면 등에서 실천연습을 계속할 필요가 있다. 그리고 그 결과를 개별상담 등에서 반복 실시하고, '연습하면 더욱 좋아질 점'을 발견하면 그것을 작업장면에서 다시금 연습하는 등의 방식을 취할 필요가 있다.
- 이와 같은 JST에서의 '연습→작업장면에서의 실천→결과의 반복→ 재연습'을 반복함으로써 서서히 대인 기술을 습득하게 된다.

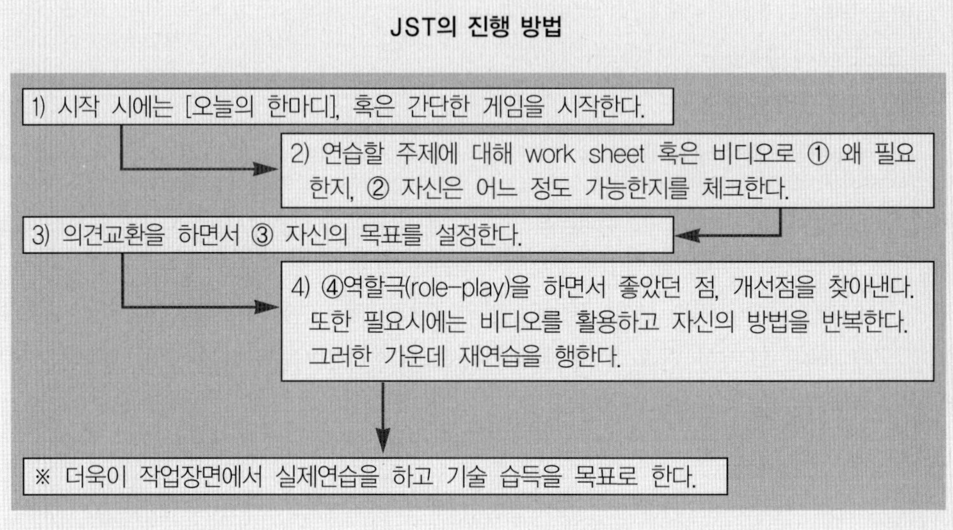
JST의 진행 방법

1) 시작 시에는 [오늘의 한마디], 혹은 간단한 게임을 시작한다.

2) 연습할 주제에 대해 work sheet 혹은 비디오로 ① 왜 필요한지, ② 자신은 어느 정도 가능한지를 체크한다.

3) 의견교환을 하면서 ③ 자신의 목표를 설정한다.

4) ④역할극(role-play)을 하면서 좋았던 점, 개선점을 찾아낸다. 또한 필요시에는 비디오를 활용하고 자신의 방법을 반복한다. 그러한 가운데 재연습을 행한다.

※ 더욱이 작업장면에서 실제연습을 하고 기술 습득을 목표로 한다.

(3) 실시 방법

• session의 흐름 · 개요

1. 도입 · 워밍업

• 불안과 긴장을 경감하기 위해 '오늘의 한마디' 혹은 '간단한 게임'을 실시

2. '오늘의 주제' 설명

• 목표기술(인사, 보고 등)에 관해서 직장에서 인사, 보고를 해야 하는 의의와 기술의 사용방법을 설명한다.

3. 스태프의 역할극(첫째 날)

• 스태프가 '나쁜 견본'을 연기한다.
• 훈련생과 의사교환을 실시하여 기술을 적절히 활용하기 위한 포인트를 정리한다.

4. 스태프의 역할극(둘째 날)

• 스태프가 '좋은 예'를 연기한다.
• '좋은 예'와 '나쁜 예'의 차이점에 대해 훈련생과 의사교환을 나눈다.

5. 훈련생의 역할극(첫째 날)

- 훈련생이 자신의 목표를 의식하면서 역할극을 실시한다.
- 역할극의 '좋았던 점, 생각하면 좋아질 점' 에 대해 의견교환을 한다.

6. 훈련생의 역할극(둘째 날)

- 궁리해야만 하는 과제, 훈련생이 희망하는 경우, 재차 역할극을 실시한다.

7. 정리

- 훈련생의 의견과 기술을 활용하는 가운데 포인트를 정리한다.
- 훈련생으로부터의 이후의 목표를 듣고서 연습한 기술을 다른 장면에서도 활용하도록 권유한다.

[자료]

직장 대인 기능훈련

ㅇ 오늘의 테마

인사하기

인사는 직장에서의 커뮤니케이션의 기본이며, 회사에서 인간관계 형성의 첫 걸음이다.
또한 일반적으로는 직장에서 서로 인사하는 것으로 그 직장은 활기가 넘치고 커뮤니케이션이 원활히 이루어진다고 말할 수 있다.
여기에서는 출 · 퇴근 시의 인사의 방법에 대해 알아보자

출근 시 · 퇴근 시의 인사

□ 출근 시: 안녕하세요
□ 퇴근 시: 수고 많으셨습니다.
먼저 실례하겠습니다.

〈인사의 포인트〉

① 시선
② 목소리 크기
③ 표정
④ 자세 · 예의

ㅇ스태프의 역할극(첫 회째)

● 장면 설정

① 리더와 보조리더는 같은 회사의 동료
② 아침에 리더가 출근했을 때 동료인 보조리더에게 인사를 한다.

● 대화의 흐름

①

안녕하세요?	고개를 약간 숙이면서 시선을 바닥에 두면서 작은 목소리, 무표정으로 "안녕하세요"라고 말하면서, 보조리더의 뒤를 지나간다.

②

네, 안녕하세요?	보조리더는 리더의 그러한 인사를 받은 뒤 조금 당황스러운 느낌을 가지면서 인사를 한다.

● 스태프의 역할극에 대해서

※ 생각하는 의견을 기입하세요.

느낀 점, 생각하면 좋아질 점

● 본 역할극에서 주의할 포인트

※ 본 역할극에서 주의해야 할 포인트를 기입하세요.

○스태프의 역할극(두 번째)

● 장면 설정

① 리더와 보조리더는 같은 회사의 동료
② 아침에 리더가 출근했을 때 동료인 보조리더에게 인사를 한다.

● 대화의 흐름

①

안녕하세요

〈포인트〉

②

네, 안녕하세요

○ 역할극의 시연

이번엔 여러분이 시연해 봅시다.

● 장면 설정

① 리더와 보조리더는 같은 회사의 동료
② 아침에 리더가 출근했을 때 동료인 보조리더에게 인사를 한다.

● 대화의 흐름

①

		〈포인트〉
	안녕하세요	

②

	네, 안녕하세요	

● 여러분이 역할극을 했을 때 나온 의견을 기입해 봅시다.

① 좋았던 점

좋았던 점	(그 이유)

② 생각하면 좋아질 점

생각하면 좋아질 점	(구체적으로 어떻게 하면 좋을까)

● 감상

자신이 느낀 점을 기록해 봅시다.

3) 기분전환 기능훈련

(1) 훈련의 개요

직업생활에서 직무수행과 직장에서의 대인관계를 원활히 하기 위해서는 직장에서 매일 일어나는 스트레스에의 대처 기능이 필수적이다.

발달장애인이 장애특성에 상응하는 스트레스 대처 기능을 습득할 수 있도록 기본적인 기분전환(호흡법, 워킹, 스트레칭 등)을 실시하여 개인마다 최적의 스트레스 대처방법을 검토하는 훈련을 실시한다.

발달장애인의 스트레스 요인 (예)

- 사회성의 과제: 상대방 의견에 대한 이해가 어려워 그 의도를 파악하기 힘들다.
- 커뮤니케이션의 과제: 언어의 정확한 선택이 어려워 자신이 생각하는 것을 제대로 전달하지 못한다.
- 상상력의 과제: 급격한 변화에의 대처가 어렵다.
- 감각 특성의 과제: 형광등 불빛이나 특정의 소리, 사람과 접촉하는 것에 대한 거부감 등 감각의 민감성 또는 둔감성.
- 주의 장애의 과제: 차표를 잃어버리거나, 물건을 두고 나오는 등의 부주의에 의한 일상생활의 조그마한 실수 등.

(2) 기분 전환 기능훈련 절차

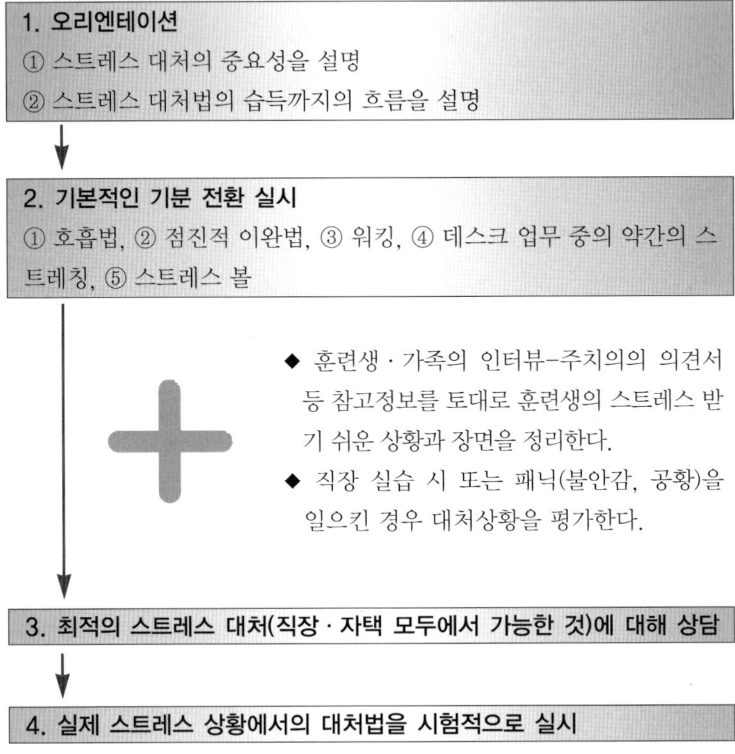

출처: NIVR(2008)

[그림 11-6] 기분 전환 기능훈련 절차

① 기분 전환 기능훈련 목적

- 기분 전환 기능훈련 목적은 자신에게 맞는 스트레스 대처법을 습득하는 것이다.
- 그렇다면 스트레스 대처는 왜 필요할까? 그 이유는 스트레스 대처를 하지 않으면 스트레스가 높이 쌓여 패닉을 일으켜서 결국 일을 할 수 없게 되고, 주위 사람들도 불편을 겪는 등 직무수행과 직장에서의 대인관계에 영향을 끼칠 위험이 있기 때문이다.

• 스트레스는 직장생활에 있어 매우 쉽게 발생할 수 있기에 스트레스 대처법을 습득하고 있는가는 성공적 업무수행을 좌우하는 중요한 열쇠가 된다.

훈련의 목적
자신에게 맞는 스트레스 대처법의 습득

그런데…
왜 스트레스 대처가 중요한가?

이유 1. 대처를 하지 않으면 스트레스가 높게 쌓여 직무수행과 직장에서의 대인관계에 영향을 미치기 때문이다.

스트레스의 원인

- 말하고 싶은 것을 제대로 전달하지 못했다.
- 급한 변화에의 대처가 어려웠다.
- 특정의 소리가 싫다(감각의 문제)
- 물건을 어디 두었는지 일상생활에서 실수가 많아졌다.

→ 스트레스를 느낀다.

스트레스를 처리하지 않으면

→ 폭발, 패닉, 몸이 굳어진다.

→ 직무수행과 대인관계에 영향 미침.

- 일을 할 수 없다.
- 주위사람이 곤란하다 등.

이유 2. 스트레스는 직장생활에서 쉽게 발생하는 것이다.
따라서 스트레스 대처법을 습득하고 있는가 그렇지 않은가는 매일의 직무수행과 원만한 대인관계를 좌우한다.

<표 11-3>스트레스 파악하기

<table>
<tr><th colspan="2">스트레스를 느끼는 상황</th><th colspan="2">스트레스의 사인</th><th rowspan="2">스트레스 수준</th><th>스트레스 대처법</th></tr>
<tr><td>발생한 일</td><td>그 일의 발생 배경, 그때의 기분 등</td><td>신체와 얼굴의 표정, 언어 표현</td><td>신체적인 징후와 다른 사람으로부터의 얘기</td><td></td></tr>
<tr><td></td><td></td><td></td><td></td><td></td><td></td></tr>
<tr><td></td><td></td><td></td><td></td><td></td><td></td></tr>
</table>

스트레스 대처의 예

□ 호흡법 □ 10까지 센다 □ 그 장소를 떠난다 □ 조용한 장소로 이동한다 □ 조용히 머리와 몸을 움직여 본다 □ 음악을 듣는다 □ 스트레스 볼(stress ball)을 만진다 □ 콧노래를 불러 본다 □ 담배를 피운다 □ 좋아하는 시를 읽는다 □ 어드바이스를 듣는다 □ 사진을 본다 □ 이완법 □ 음료수를 마신다 □ 스트레칭을 한다 □ 가벼운 스포츠를 한다 □ 격려의 말, 좋아하는 글귀를 읽는다 □ 큰 소리로 소리 질러 본다(개인 공간에서) □ 손과 얼굴을 씻는다 □ 요리 □ 취미 □ 눈을 감고 즐거운 일이나 행복한 일을 상상한다 □ 목욕 □ 누군가에게 상담받는다

여러분의 스트레스 대처법은?

4) 매뉴얼 작성 기능훈련

(1) 훈련의 개요

발달장애인은 독특한 언어 사용, 변경 등의 융통성이 부족하다는 특징이 있기 때문에 새로운 작업순서를 익히기 어려운 경우가 있지만 일정의 순서와 방법을 정확하게 이해할 수 있다면 매우 효율적으로 작업을 할 수 있다고 알려져 있다. 또한 자신의 상황을 분석 · 재구성하고 스스로의 사고에 따라 문서화할 수 있는 것도 아스퍼거 증후군의 경우에 많이 나타나고 있다.

여기에 매뉴얼 작성 기능훈련은 담당하고 있는 작업(작업 순서와 사용할 도구의 정리 방법 등)을 스스로 구조화하는 조직으로 작업 순서 작성 연습을 통해 직무수행상의 기술을 부여하는 훈련이다.

매뉴얼 작성 기능훈련의 목표

1. 작업순서의 작성 연습을 통해서 담당하고 있는 작업을 스스로 구조화하는 기술을 부여한다.
2. 실제 직장에서 획득한 기술을 활용할 수 있도록 다양한 작업 환경, job-shadowing, 직장 실습장면에서 훈련을 실시하여 직무수행의 자기대응 기술을 향상하는 것을 도모한다.

* job-shadowing은 미국의 인턴십제도로 사용되는 방법으로 이 프로그램은 훈련생이 실제의 직장에서 종업원의 그림자와 같이 붙어서 작업을 관찰하면서 동시에, 작업수행상의 유의점과 필요한 대인 기술 등에 대해서 종업원과 직접 의견교환을 하는 것이다.

(2) 매뉴얼 작성 기능훈련 절차

1. 오리엔테이션

- 훈련의 취지, 매뉴얼의 유의점을 설명한다.
- 순서의 구성요소, 작성 시의 유의점을 설명한다.

◆ 순서표를 활용한 작업의 실시

순서표의 읽기, 활용, 유의점 보충에 대한 평가 실시

2. 간이작업의 순서표 작성

[실시작업] 예: 수도꼭지 조립

훈련생의 지시사항 이해, 작업 실시상의 포인트 파악, 순서표에의 표기방법에 대해서 평가(검토)를 실시한다.

3. 다양한 작업 환경에서의 순서표 작성

[실시작업] 메모장 작성, 청소작업, 상품관리작업, 제과작업, 원예작업, 작업의 난이도 (작업 방법, 작업상의 커뮤니케이션, 장면변화)를 서서히 높이면서 훈련을 실시한다.

-실시 작업의 예-

- 매뉴얼작성기능훈련 (메모장 작성)
- 매뉴얼작성기능훈련 (청소작업)
- 매뉴얼작성기능훈련 (상품관리작업)
- 매뉴얼작성기능훈련 (제과작업)
- 매뉴얼작성기능훈련 (원예작업)
- 직장안전에 대하여

4. Job-shadowing과 직장 실습 장면에서의 순서표 작성

사업소로부터 작업정보를 가미한 훈련을 실시하여 획득기술의 실용성을 높인다.

[그림 11-7] 매뉴얼 작성 기능훈련 절차

• 다양한 작업 환경에서의 순서표 작성

	작업명	작업의 특징(순서표 작성의 유의점)
단독작업	제과작업 원예작업	• 공정수(준비→제조→뒤처리) • 도구의 사용 • 판단기준(눈대중, 섞는 도구, 힘을 주고 빼기) • 작업상의 커뮤니케이션의 필요성(보고 · 질문 · 확인, 도구를 빌리고 되돌리기)
	메모장 작성	• 제본기, 단절기의 사용 • 위험의 회피, 실수 방지의 필요성
집단공동작업	청소작업	• 집단표시 • 도구 사용, 이동에 따르는 작업 • 다른 사람과의 협력의 필요성 • 작업상의 커뮤니케이션의 필요성
	상품관리작업	보관 장소에서 상품을 끄집어내는 일(picking)→검품→ 청구서 작성의 라인으로 구성 • 작업 환경 변화(배치, 작업 방법, 납품 등)에 대응의 필요성

(3) 메모장 작성

① 목표 설명

메모장 작성을 통한 매뉴얼 작성 기능의 목표, 진행 방법, 훈련 종료 시의 반복 포인트 등에 대해 설명하고 동시에 [직장 안전에 대해]서도 설명한다. 그리고 순서표를 작성할 때에는 작업 공정만이 아니라 안전한 작업수행상의 유의사항도 기재하는 것을 설명한다.

매뉴얼 작성 기능훈련(메모장 작성)

목표
위험의 회피, 실수방지에 관한 유의사항도 기재한 매뉴얼을 작성한다.

• 메모장 작성을 통한 매뉴얼 작성 기능훈련

→ 기계를 사용하는 작업(제본기, 단절기 등)

↓

위험요소를 확인하고 거기에 주의하면서 작업을 행할 필요가 있다.

• 안전하게 일하기 위한 지식 · 활동에 대하여

◆ 매뉴얼을 작성할 때는 작업순서뿐 아니라 안전하게 작업을 실시하기 위한 유의사항도 기재한다.

또한 실제 작업을 실시할 때에는 '안전행동'을 실천해 보자

② 작업 순서의 제시

'준비→ 메모장 작성' 순으로 모델링에 따라 작업 순서를 제시하고 순서표를 작성하게 한다. 이때 지원자는 안전하게 작업을 행하면서 유의사항에 대해서도 설명하고 그것을 훈련생이 순서표에 기재하고 있는지 등을 확인한다.

③ 자신이 작성한 순서표를 활용한 작업

각자 자신이 작성한 순서표를 활용하여 작업을 실시하게 한다. 지원자는 작업이 정확하게 이루어지는지의 확인뿐 아니라 위험요소에 주의하면서 작업이 이루어지는가, 위험을 회피하기 위한 어떠한 행동을 하고 있는지에 대한 평가와 함께 적절한 조언을 한다.

④ 실시한 과정을 되짚어보기

작업 결과와 스스로 작성한 순서표와 함께 안전하게 작업을 실시하기 위해 어떠한 점에 유의하고 있는지, 구체적으로 어떠한 행동을 취하고 있는지 등에 대하여 되짚어 본다.

(4) 실제 작성 예

청소작업

① 목표의 설명

매뉴얼 작성 기능훈련에 따라 청소작업을 통한 매뉴얼 작성 기능훈련의 목표, 진행 방법, 훈련종료 시의 되짚어 보기 등의 포인트를 설명한다. 또한 본 훈련은 2인1조 혹은 3인1조로 실시한다.

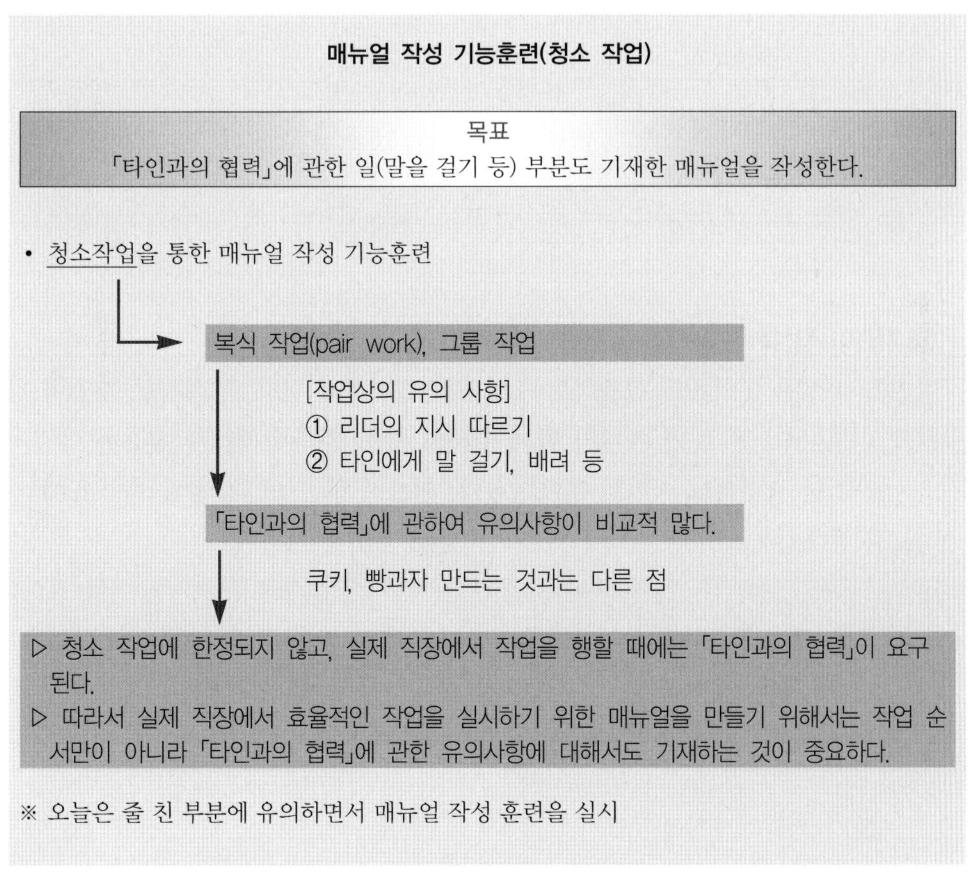

② 작업 순서의 제시

「준비→청소」의 순서로 구두설명 및 포인팅에 따라 작업 순서를 제시하고 순서표를 작성하게 한다. 이때 훈련생의 질문이 있는가를 확인한다. 또한 구두설명 및 포인팅에 따른 지시이해력에 대해서도 평가를 한다. 또한 작업순서의 제시방법은 다음과 같다.

작업 순서 제시 방법(예)

1. 준비에 있어서

앉은 자리에서 「준비물은 ○○, △△, ㅁㅁ …이고, 저쪽 사물함에 들어 있다」고 사물함을 가리키면서 설명한다. 필요하다면 사물함을 열고 도구를 보여주면서 설명한다.

2. 청소 순서에 있어서

스태프는 도구를 가지지 않고 청소 장소로 이동하면서, 「여기서는 ○○, △△을 사용하여 이렇게 청소한다, 3인(혹은 2인)으로 일을 한다, 서로 간에 동일한 장소를 청소하지 않도록 이야기를 하며, 먼지는 깨끗이 청소한다」 등으로 설명한다. 질문이 있으면 구체적으로 설명한다.

③ 자신이 작성한 순서표를 활용한 실제 작업

각자가 작성한 순서표를 활용하면서 작업을 실시하게 한다. 지원자는 작업이 정확하게 이루어지는지 뿐만 아니라 함께 일하고 있는 사람에 대해서 필요한 말걸기 등을 하는지를 확인하고 적절하게 조언한다. 필요시에는 조언 내용을 순서표에 기재하도록 한다.

효과적으로 작업을 실시하는 가운데 말을 거는 것이 요구되는 경우

- 사람 앞이나 뒤를 지나가는 장면
- 도구를 빌리거나, 빌려주는 장면
- 작업 장소로부터 이탈된 장면, 작업 장소로 되돌아온 장면
- 같은 장소를 중복해서 청소하지 않도록 서로의 작업 진전 상황을 확인하는 장면
- 자신의 작업이 끝나고 다른 사람의 작업을 돕는 장면
- 다른 사람으로부터 도움을 받고 싶은 장면 등

④ 되짚어 보기

작업 결과와 자신이 작성한 순서표를 바탕으로 다음과 같은 점에 대해 검토한다.

포인트

- 작업이 원활하게 이루어졌는지 아닌지
- 작업을 실제로 실시하고 깨달은 것
- 서로 말을 주고 받는 것의 장점
- 말을 거는 것에 대해 순서표에 기재한 사람은 있는지 등

또한 ① 작업에 있어 다른 사람과 말을 주고받는 것은 순서표에 적혀 있지 않더라도 중요한 일이다. ② 이후의 작업에 있어서도 작업 공정뿐만 아니라 작업을 효율적으로 행하기 위해 말을 주고받는 장면과 구체적인 내용에 대해서도 작업 개시 전에 지도자에게 확인이 되었는지를 파악해 두는 것이 좋다.

2. 작업

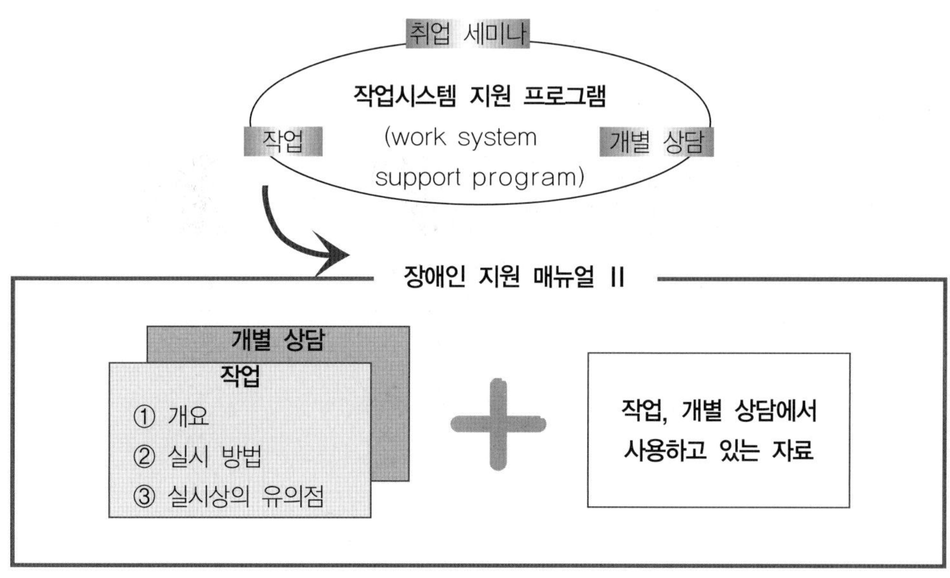

출처: NIVR(2008)

[그림 11-8] 장애인 지원 매뉴얼의 구성 · 내용

1) 작업의 개요

「작업」에서는 다양한 작업 환경(작업 과제, 작업 방법 등)을 설정하고, 훈련생 개개인의 장애특성과 직업상의 과제에 관한 상세한 평가와 그에 기초한 기술부여지원을 실시한다.

구체적으로는 직업센터 내의 모의적 취업, Job-shadowing, 직장 실습의 각 장면을 설정해서 훈련생의 지시 이해력과 지적 특성, 작업상의 커뮤니케이션, 사고, 인지, 감정, 감각적 특성의 평가를 실시함과 동시에 그 결과에 토대하여 작업수행력과 집단작업에서의 적응력, 장면 변화에의 대응력을 가능한 한 높일 수 있는 기술부여지원을 행하고 있다.

그리고 작업체험에 관해 되짚어 보기 등을 통해서 훈련생이 자신의 장애특성과 직업상의 과제에 대한 이해를 높이고 처리방법을 검토하고 체득하여 작업적성과 희망직종에 대한 검토가 가능하도록 지원하는 것이다.

과거의 부적응경험 등으로 자신감을 잃고 취업을 어렵게 생각하는 훈련생도 있으므로 작업을 통한 성공체험을 부여하여 취직활동에 대한 자신감을 회복할 수 있도록 지원하는 것이다.

또한 「작업」의 장면은 훈련생이 앞장의 취업 세미나(직장 대인 기능 등)에서 연습한 기술(보고하기 등)을 적절하게 활용하여 해당되는 기술 습득의 기회로 활용할 수 있다.

「작업」의 목표

1. 장애특성과 직업상의 과제에 관한 이해 촉진
2. 각종 작업을 원활하게 수행하기 위한 기술과 개별과제에 대한 대응 · 해결기술의 습득
3. 작업적성과 희망직종의 현실적 · 자발적인 검토를 촉진
4. 성공체험의 축적에 따른 취직활동에의 자신감의 향상
5. 취업 세미나에서 연습한 기술의 실천, 습득

2) 작업의 흐름

1. 오리엔테이션

① 프로그램에 있어서의 「작업」의 목적 · 목표 설명
② 작업 과제의 소개
③ 작업 실시상의 유의점에 대해 설명

2. 모의적 취업 장면에서의 작업

① 각 작업 과제의 개요, 요구되는 작업 수행 기술의 설명
② 해당 작업 과제를 실시하는 의의 · 목적의 설명, 목표의 설정
③ 작업 순서의 설명(구두설명 혹은 모델링)
※ 취업 세미나의 매뉴얼 작성 기능훈련으로 지원자의 설명을 토대로 훈련생 자신이 작업 순서표를 작성하는 경우도 있다.
④ 작업 개시
- 「작업 환경의 구성요소」, 「직장환경 적응 프로필」 등의 관점에서 평가를 실시
- 평가결과를 바탕으로 작업을 원만히 수행하기 위한 기술 부여
- 취업 세미나에서 연습한 기술을 활용할 수 있는 상황을 계획적으로 설정해서 해당기술의 습득지원을 실시

⑤ 되짚어 보기
- 훈련생과 함께 작업상황을 검토해 보고 목표의 달성 상황, 과제의 유무, 과제 해결방법 등에 대해 검토
- 훈련생은 검토시트를 기입

3. Job-shadowing

① 협력 사업소에서 종업원에 그림자처럼 붙어서 실제 작업 장면을 관찰하고 작업 순서표를 작성한다.
② 작업 수행상의 유의점과 필요한 기술에 대하여 종업원과 의견을 교환한다.

4. 직장 실습

3) 작업의 목적

훈련생이 작업에 임하는 의의와 필요성을 충분히 이해하고 있지 않는 상태에서 작업을 수행하면 작업종료 후에 아무것도 얻을 수 없고, 동기가 저하되는 등의 상황으로 이어질 수 있다. 따라서 작업 첫 회에는 프로그램에 있어서의 작업의 목적과 개요 등에 관한 설명을 한다. 설명은 훈련생의 개인차를 없애고 원만히 진행하기 위해서 교시 매뉴얼을 활용하는 것이 좋다.

오리엔테이션

1. 프로그램에서의 「작업」의 목적

- 먼저 프로그램의 목적을 설명한다.
- 첫째 날에는 「작업 장면에서의 자신의 특징 알기」이다.

프로그램에서는 실제 직장이라고 가정하면서 다양한 작업 환경(작업 과제, 작업 장소, 작업 방법 등)을 설정하고 있다. 구체적으로는 사무과제와 실무과제, 판단기준과 종료기준이 애매한 작업, 비법이 필요시 되는 작업, 신체작업 등이다.
이러한 다양한 작업 환경에서의 체험을 통해서 자신의 작업상태 · 결과를 되돌아보면서 작업 장면에서의 자신의 특징과 장애의 표출에 대한 이해를 심도 있게 고려한다.

- 둘째 날에는 「작업을 원활히 하기 위한 방안과 배려사항 고려하기」이다.

다양한 작업을 수행하는 가운데 작업순서가 제대로 이해되지 않고 동일한 실수를 반복하는 것 등의 과제에 직면하는 일이 발생할 수 있다. 그러한 경우에는 자신의 특징을 되짚어 보면서 대처 방법을 생각해 둔다.
대처 방법은 ① 자신이 궁리하면 할 수 있는 것, ② 회사의 다른 사람에게 도움을 받기의 두 가지 관점으로 고려한다.

- 셋째 날에는 「작업의 적성과 희망 직종에 대해 고려하기」이다.

다양한 작업체험을 통해 자신에게 적합하다고 생각되는 작업과 흥미가 있는 작업, 작업상의 self-point 등에 대해 생각하고, 이후의 취업처를 검토하기 위한 계기로 삼는다.

- 넷째 날에는 「취업 세미나에서 훈련한 기술 습득을 활용하기」이다.

직장 대인 기능훈련 등 취업 세미나에서 연습한 기술을 실제 직장에서도 활용할 수 있기 위해서는 취업 세미나에서뿐 아니라 작업 장면 등에서 실제적 연습을 계속하는 것이 중요하다. 그 결과를 개별 상담에서 다시 되짚어 보면서 「궁리하면 더욱 좋아질 점」을 발견하고 그것을 바탕으로 작업 장면에서 재차 연습을 하는 등이 중요하다.
이와 같이 「취업 세미나에서의 연습→작업 장면에서의 실천→결과 되짚어 보기→재연습」을 반복하는 것이 기술을 습득하는 목표이다.

프로그램에 있어서의 「작업」의 목적

1. 작업 장면에서의 자신의 특징을 알기
① 다양한 작업을 체험
↓
② 되짚어 보기 관점에서 작업의 상태와 결과를 검토해 보기
↓
③ 자신의 특징에 대한 이해를 높이기

2. 작업을 원활히 하기 위한 궁리와 배려사항의 고려
① 자신이 궁리해서 할 수 있는 것
② 회사의 다른 사람에게 도움을 받을 수 있는 것

3. 작업의 적성과 희망직종에 대해 생각하기
- 자신에게 맞는 작업
- 흥미가 있는 작업
- 작업상의 self-point

4. 취업 세미나에서 훈련된 기술을 습득하기
구직 대인 기능훈련 등에서 훈련된 기술을 작업장면에서 실시, 실천 등의 습득을 실시

되짚어 보기 포인트

작업 면
• 지시 이해 • 실수의 출현 • 집중력 • 지속력 • 집단작업에의 적응 • 작업에서의 기호 등

대인 면
• 직장 내 커뮤니케이션(인사, 질문 · 확인, 보고, 감사 등) • 언어사용 • 태도 • 이야기 청취, 상대방의 생각과 느낌을 이해하기 등

사고 · 행동 면
• 자신의 특징적인 사고방식 • 예기하지 못한 상황에의 대응 • 스트레스에의 대처 • 피로에의 대처 등

2. 작업의 종류

- 다음으로 실제 실시하는 작업의 종류에 대해 설명한다.

- 프로그램에서는 다양한 작업 환경을 설정한다. 원활하게 수행하기 위해서 필요한 기술도 작업마다 다를 수 있기에 갖가지 관점으로부터 자신의 특징을 되짚어 보는 것이 중요하다.
- 작업의 종류는 다수 있지만, 처음에는 한 종류씩 실시한다. 프로그램이 진행됨에 따라 개개인의 상황 · 목표에 따라 복수의 작업을 병행해가는 경우도 있다.
- 각 작업의 특징과 구체적인 작업순서, 실시상의 유의점 등은 각 작업 첫 회에 스태프로부터 설명을 듣는다. 또한 일부의 작업에 대해서는 첫 회의 스태프로부터 작업순서의 설명을 듣고 자신이 작업순서표를 작성할 수도 있다.

작업의 종류			
볼펜작업	콘텐츠 서비스	홈페이지 작업	사무작업
원예 · 제과 작업	메모장 작성	데이터 관리 작업	
상품관리 작업	청소작업		

단독 ↑ 작업형태 ↓ 집단

3. 유의점

- 마지막으로 유의점에 대해 설명한다.
- 첫째 날은 「'목표'를 설정하고서 작업에 임한다」이다. 막연하게 작업에 임하면 결과를 되짚어 볼 때 아무것도 명확하게 되지 않을 수 있다.

따라서 작업개시전에 '자신은 어느 부분에서 실시하기 쉬운가를 명확히 하기', '실수를 실제로 줄이는 방법을 사용하여 효과를 확인하기' 등의 목표를 설정하고 있으면 그 결과를 되짚어 볼 때 작업장면에서의 자신의 특징을 깊이 이해하게 되고 작업을 원활히 하기 위한 방법이 될 수 있다.

목표 설정과 결과의 되짚기는 스태프와 함께 실시하게 한다. 그렇게 함으로써 객관적으로 자신의 상황을 볼 수 있게 된다.

- 둘째 날에는 「작업은 테스트가 아니다. 작업의 능숙함과 서투름은 평가기준으로 직결될 수 없다」이다. 중요한 것은 작업이 제대로 된 경우 혹은 되지 않은 경우에 그 이유를 명확히 하는 것이다. 그에 따라 자신의 특징과 힘을 발휘하기 쉬운 작업 환경, 작업을 원활히 하기 위한 궁리 등에 대하여 생각할 수 있게 되기 때문이다.
- 셋째 날에는 「작업은 경쟁이 아니다. 작업의 진행 방법은 개개인마다 다르다. 다른 사람을 신경 쓸 필요가 없다」이다. 작업의 목표는 개개인마다 다르기 때문에 다른 사람과 경쟁해서 이기고 지는 것이 아니다. 어디까지나 자신의 목표 달성을 향해 작업을 실시하는 것이 중요

하다. 또한 프로그램이 진행됨에 있어 한 사람 한 사람이 실시하는 작업이 다른 경우가 있지만 그것은 개개인의 목표에 맞게 설정하였기 때문이다.

이러한 경우에도 「ㅇㅇ가 하고 있는 일을 나는 하고 있지 않아」라는 생각을 하는 것이 아니라 자신의 목표에 집중해서 작업을 해야 한다. 다른 사람의 일이 신경이 쓰일 경우에는 스태프와 상의하게 한다.

유의점

① 「목표」를 설정하고 나서 작업을 실시해 본다.
→ 무엇을 의식하고 할까=되짚어 보기의 포인트

② 작업은 테스트가 아니다. 작업의 능숙함과 서투름 그 자체가 판단 기준으로 직결되지는 않는다.

③ 작업은 경쟁이 아니다. 작업의 진행 방법은 개개인마다 다르다. 다른 사람의 진보에 신경 쓸 필요가 없다.

4) 실시상의 유의점

(1) 자기 효능감의 배려

① 지원 목표, 난이도의 단계적인 설정

가. 과거 부적응의 경험으로부터 자신감이 없고 취직을 생각지 않는 훈련생의 경우에는 그것을 최대한 고려하여 단계적인 지원 목표를 설정하여 과제 개선에 대한 노력과 목표 달성에 대한 긍정적인 피드백을 행함으로써 훈련생이 성공에 관한 체험을 쌓으면서 취직 활동에 맞는 자신감과 자기효능감을 향상시킬 수 있도록 지원하는 것이 중요하다.

나. 또한 직업 경험이 적은 훈련생과 작업 내성 향상을 우선 목표로 삼는 등의 기본적 노동 습관의 획득이 필요한 훈련생에게 있어서는 「모의적 취업→Job-shadowing→직장 실습」과 같이 훈련생이 무리없이 단계적인 기술을 획득할 수 있도록 배려하면서 지원을 행하는 것이 중요하다.

다. 감각 특성으로 몸을 움직이는 것을 좋아하지 않는다든지, 자택에서 독서나 텔레비전 등을 보면서 체력을 저하시키고 있는 훈련생에 대해서는 모의적 노동 장면에서 서서 일하는 작업의 시간을 서서히 늘여가도록 한다. 처음에는 피로 등의 호소가 많이 나타났지만 회수를 반복할수록 체력이 향상되어 이후의 직장 실습에 있어서 눈에 띄게 피로가 줄어들게 된다.

② 실수에 대한 피드백 시의 유의점

가. 훈련생이 자신의 특성에 관한 이해를 높이기 위해서는 서툴다고 느끼는 기술의 보완수단을 획득하기 위한 목적으로 지원자가 실수에 대한 피드백을 주는 장면이 있다. 그러나 실수를 지적받을 때의 불쾌감 · 거부감 등을 고려하는 일이 중요하다.

나. 그를 위해 지원자는 우선 1. 훈련생의 이야기를 경청하고 생각을 정확하게 파악하여 공감하는 메시지를 주어야 하며, 2. 초기 장면에 원활하게 적응할 수 있도록 세밀한 지원을 하는 등 훈련생과의 라포르 형성에 중점을 두어야 한다.

다. 그러한 가운데 작업 장면과 일상생활의 여러 장면에서 부정적 자아인식과 불안감을 느끼는 훈련생에 대해서는 작업 중에 발생한 실수에 대한 피드백을 할 때에는 a. 실수 자체만을 지적하는 것은 피하고, b. 실수의 원인이라고 여겨지는 특성과 대처 방법을 함께 전하는 것이 중요하다.

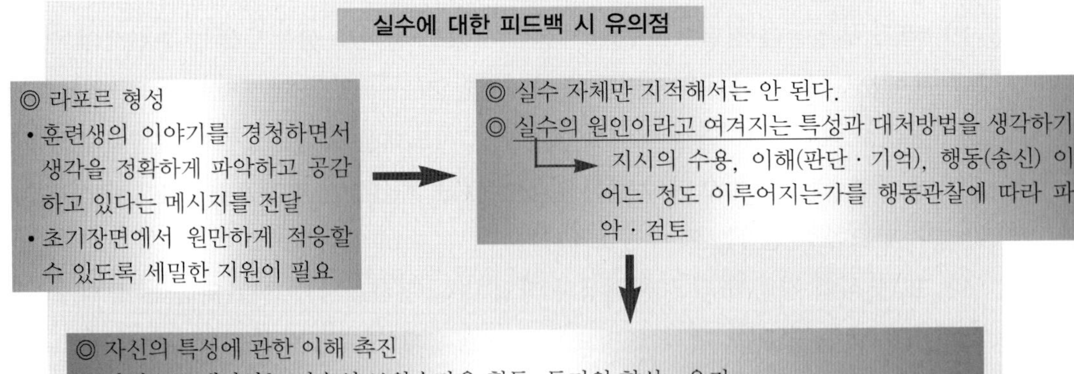

(2) 집중력과 동기에의 배려

작업 시에 집중력의 저하가 현저한 경우는 대부분 자신에게 있어 작업의 의의 · 목적을 충분히 인식하지 못하는 것과 작업에 대한 흥미가 낮은 것이 이유이다. 이러한 경우에는 각 작업 과제 개시에 앞서 훈련생의 직업적 과제, 각 작업과제에 필요한 작업수행 기술과 어떠한 사항에 대해 지원이 가능한지 등의 소개와 함께 작업을 통해서 필요한 대처 방법(보완 수단)을 검토해 가는 것이 목적임을 설명하고 동기를 높이는 것이 중요하다.

3. 개별 상담

1) 개별 상담의 개요

'개별 상담' 에서는 취직 활동과 대인 관계, 프로그램 등에 관한 상담 외에 훈련생의 취직에 관한 희망과 특성을 파악하고, 구직 활동 기술을 부여하고, 개별 과제에의 대응 · 해결 기술의 부여, 네비게이션 북의 작성에 관한 지원 등을 훈련생 개개인의 상황에 맞게 실시한다.

상담의 주제는 아래의 내용으로부터 적절하게 선정해서 결정하는 것 외에 훈련생 자신이 상담하고 싶은 내용을 다루는 것도 중요하다.

개별 상담의 실시 내용

◎ 프로그램에 관한 상담
- 프로그램 기간중의 목표에 대한 설명과 동의를 인식
- 초기장면에의 적응상황을 파악하고 적응을 촉진시키기 위한 상담 · 지원

◎ 취직에 관련된 희망을 파악
- 취직에 관한 희망(직종, 노동 조건 등)의 파악
- 직업흥미를 파악

◎ 자신의 특성에 대한 이해촉진
- 「직장 환경 적응 프로필」 등의 지원항목에 해당하는 기초 정보 파악
- 작업과 취업 세미나 결과를 바탕으로 한 자신의 특성에 대한 이해촉진을 위한 지원

◎ 개별 과제에의 대응 · 해결기술 부여
- 작업 면, 대인 면, 일상생활 면에 있어서의 개별 과제에의 대응 · 해결 기술 부여

- 패닉이나 불안감 등의 스트레스 장면에의 대처 기술 부여

◎ 구직 활동 기술 부여
- 취직 활동의 진행 방법, 이력서 작성 방법, 구인표 보기 방법 등의 설명

◎ 직장 실습에 관한 상담
- 직장 실습처의 선정
- 직장 실습처에 제출할 서류 작성에 관한 지원
- 면접 연습

◎ 프로그램 종료 후의 취직 활동에 관련한 상담
- 연락회의 준비
- 장애인 수첩의 취득(장애 등록), Job-coach 지원 활용 등에 관한 상담
- 네비게이션 북 작성에 관한 지원

2) 지원자의 기본 자세

(1) 생각을 정확하게 파악하고 공감하고 있다는 메시지를 표현하기

발달장애인 본인이 말하는 것, 표면적으로 관찰하는 것만으로는 추측할 수 없는 것이 많다. 또한 개별상담 중에 훈련생이 이야기하는 내용은 이후의 환경조정과 지원의 태도에 대해서도 귀중한 자료가 된다.

개별상담에 있어서 지원자의 기본적인 자세는 무엇보다 훈련생의 이야기를 경청하는 것, 그리고 훈련생에게의 공감, 또한 훈련생의 생각과 상황 등을 정확히 파악하는 것이 중요하다. 훈련생의 대부분은 매우 심각한 고통과 고뇌를 경험하여 왔다. 또한 매우 절박한 상황에서 상담을 하고 있으며 과거에 해결 못한 것을 계속해서 이야기하는 등 다양한 사례가 있다.

지원자는 장애에 대한 기본적 지식과 그 고통과 고뇌를 충분히 이해하면서 훈련생의 생각과 처해진 상황, 감정의 흐름, 인지 특성을 정확하게 파악해 가는 것이 필요하다.

또한 지원자의 표정만으로 상대방의 사고 · 기분을 관찰하는 것이 어려운 경우도 많다. 그를 위해 지원자는 1. 상담내용을 다른 언어로 언어화하기, 2. 동일한 예를 제시하기, 3. 훈련생의 발언 · 표정 등이 어떠한 기분 · 인상을 포함하고 있는지를

언어화하는 등의 작업에 따라 지원자가 상담내용을 파악하고 있다는 메시지를 전달하는 것도 중요하다.

(2) 커뮤니케이션 및 사고 · 행동의 특징을 근거로 삼은 상담

훈련생의 커뮤니케이션 및 사고 · 행동에서는 사회성의 과제, 커뮤니케이션의 과제, 상상력의 과제 등 장애 특성에 기인한 것이 자주 발견된다.

프로그램에서는 훈련생 개개인의 커뮤니케이션 및 사고 · 행동의 특징을, 1. 수신(지시 · 대화의 주고받기), 2. 판단 · 사고, 3. 송신(표현) · 행동의 각 측면으로부터 평가하여 그 결과를 파악하면서 개별상담을 실시해 간다.

(3) 자기 이해와 자기 효능감의 향상에 관한 지원

훈련생 대부분은 지금까지 장애로 인한 작업상의 과제에서 자신감을 지니지 못하였다. 개별 상담에 있어서는 자신의 장애 특성의 이해 촉진과 자기 효능감의 향상에 관한 지원을 실시한다.

3) 네비게이션 북에 대하여

「네비게이션 북」이란 훈련생 자신이 프로그램에서의 체험 등을 토대로 자신의 특징과 self-point, 장애 특성, 작업상의 과제, 사업소에 배려를 의뢰하는 일 등을 종합한 것으로 자신의 특징 등을 사업주와 지원 기관에 설명할 때 활용하는 도구이다. 또한 훈련생 자신이 프로그램 수강 후 취직 활동과 취직 시, 취업 후에 있어 문제에 직면하였을 때 기관 및 지역센터 등의 지원을 얻으면서 「네비게이션 북」 내용을 갱신함으로 결과적으로 '안정된 직업생활을 하기 위한 지침' 으로 활용하게 된다.

(1) 네비게이션 북에 기재할 항목

네비게이션 북에 기재할 항목은 다음과 같다. 여기서 제시하는 항목은 하나의 예로서 실제 작성에 있어서는 개개인의 다양성을 고려하여 개개인의 상황에 적합한 항목을 검토하는 것이 중요하다.

네비게이션 북의 기재 항목(예)

아래 항목에 대하여 자신의 self-point, 장애 특성, 역량을 발휘하기 쉬운 환경, 작업상의 과제, 이후의 해결책, 처리 방법(① 스스로 대처할 수 있는 일, ② 사업주 등 주변의 배려를 의뢰하는 일) 등의 관점에서 기재하고 있다.

◎ 사업 면의 특징

지시 이해, 작업 예정 · 계획 · 준비, 작업의 실시(작업 내성, 집중력, 지구력, 안정성 등), 작업 선호, 작업 결과의 확인 · 질문, 지시자에게의 보고 등

◎ 대인 면의 특징

인사, 언어 사용, 이야기 듣기, 상대의 기분과 생각을 이해, 대화, 친구 관계 등

◎ 사고 · 행동의 특징

스트레스 장면(갑자기 예정 변경)에의 대처, 특징적인 생각, 취미 · 기호 등

◎ 취직 희망 조건

직종, 작업 내용, 노동 조건(급여액, 고용 형태, 근무 지역 등), 각종 취업지원제도의 활용 등

(2) 네비게이션 북의 작성 · 활용의 흐름

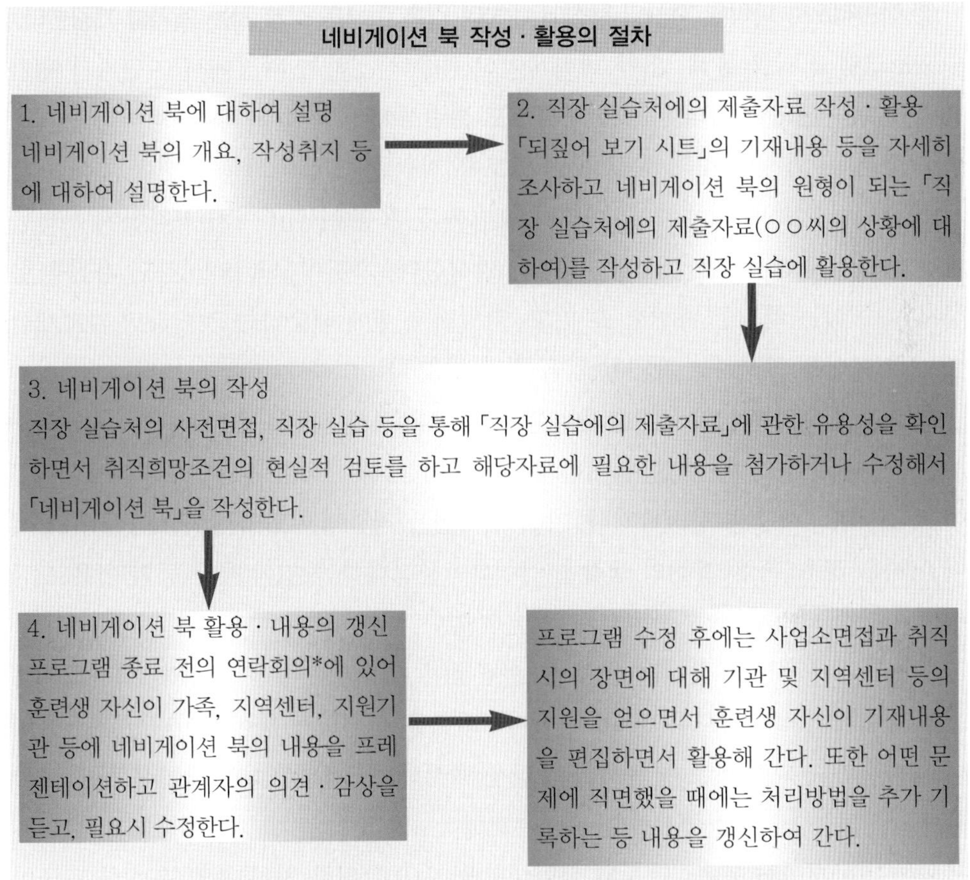

* 연락 회의: 프로그램 종료 전에 가족, 지역 센터, 관계 기관의 참가를 얻어 프로그램 실시 상황의 공유, 수료 후의 취직 활동에 대한 지원 계획의 검토를 목적으로 만나는 회의이다.

(3) 네비게이션 북의 작성 · 활용상의 유의점

① 지원자가 기입 양식을 정하거나 일방적으로 기재 사항을 지정하지 않기

훈련생의 특징(self-point, 장애 특성, 직업적 과제와 그 대처 방법 등)은 개개인마다 다르기 때문에 「기입 양식」은 고정되어야 할 필요는 없다. 또한 프로그램 종료 후의 생활환경도 훈련생 개개인에 따라 다르다. 네비게이션 북은 그때그때의 환경과 상황에 맞게 훈련생 자신이 활용하기 쉽도록 적절하게 갱신 · 편집하는 것으로 「기입 양식」을 한정하는 것은 좋지 않다. 이러한 이유로 네비게이션 북 작성에는 훈련생 자신이 깨달은 점, 이해된 점 등을 자기 나름대로의 방식으로 정리하는 것을 중요시 한다.

② 객관적으로 파악된 자신의 특징에 대하여 깊은 이해를 갖게 하는 계기를 제공한다.

프로그램 전체를 통해, 또한 네비게이션 북을 작성하는 과정에서 지원자가 평가를 통해 파악된 훈련생의 특징에 대해서도 훈련생에게 적절하게 피드백해서 훈련생이 더욱 깊이 자신에 대해 깨달을 수 있도록 지원한다. 그리고 훈련생이 이해한 것은 네비게이션 북에 기재한다. 이러한 방법을 통해 훈련생이 미처 자각하지 못하는 자신의 특징에 대해 깨닫게 되는 경우가 발생한다. 그것이 self-point라면 자신을 향상시킬 수 있는 계기를 마련할 수 있고, 직업적 과제에 해당하는 것이라면 과제개선에 대한 의식을 형성하는 계기를 얻을 수 있게 된다.

③ 혼자 힘으로 작성이 곤란한 훈련생에게는 적절하게 지원을 한다.

훈련생의 경우 1. 자기 혼자 네비게이션 북이 작성 가능한 경우, 2. 혼자서「되짚어 보기 시트」내용을 정리하거나, 자신의 체험을 객관적으로 되돌아보거나 하는 것이 어려운 경우, 혹은 자신의 생각을 언어화 · 문장화하는 것이 서툰 등의 이유로 작성이 원활히 되지 않는 훈련생으로 나눌 수 있다.

후자의 경우에는 개별상담 등에서「훈련생이 기재하고 싶은 내용과 이미지를 가능한 범위에서 설명하도록 하여 그 취지 · 의도를 진지하게 받아들이면서 지금까지의 평가결과도 되짚어 보며 윤곽과 문장을 제시하는」지원이 네비게이션 북을 원활하게 작성하는 데 있어 중요하다.

또한 네비게이션 북은 '안정된 직업생활을 보내기 위한 지침' 으로 유효한 도구이지만 작성을 무리하게 강제해서는 안 된다. 작성에 있어 훈련생의 스트레스 등으로 네비게이션 북이라는 형태를 가지지 못해도 훈련생이 안정된 직업생활을 보낼 수 있도록 지원자가 필요한 지원을 적절하게 해주는 것이 중요하다.

한국의 직업 적응 훈련 사례

[장애인종합복지관 직업 적응 훈련 프로그램]

이 장에서는 우리나라 장애인 복지 현장에서 실제 이루어지고 있는 직업 적응 훈련 내용을 소개하고자 한다. 본 사례는 부산의 S장애인복지관에서 실시하고 있는 직업 적응 훈련을 교수내용 중심으로 소개한 것이다. S복지관에서의 직업 적응 훈련의 영역은 직업능력개발훈련, 직업 준비 훈련, 일상생활훈련, 부모 교육으로 나누어진다.

각 영역별 내용을 보면 먼저 직업 능력 개발 훈련은 신체 협응 능력 향상 훈련, 직무 능력 향상 훈련, 기초 학습, 금전 관리로 구성되어 있고, 직업 준비 훈련은 직업 적성 인식과 직업 탐색, 구직 활동, 직업 선택, 작업 태도, 직업 환경 적응, 고용 유지, 직장 예절, 대인관계 훈련 등으로 구성되어 있다. 일상생활 훈련은 지역사회 적응 훈련, 이동 능력 향상 훈련, 의사소통 훈련, 여가생활, 성교육으로 구성되어 있으며 가족지원을 위한 부모 교육도 직업 적응 훈련 영역에 포함되어 있다. 훈련 영역별 세부 내용은 다음과 같다.

1. 직업 적응 훈련 프로그램

1) 프로그램 운영

영 역	내 용
직업능력 개발훈련	• work sample, work activity series 훈련을 통한 신체 협응능력 향상 및 조립, 포장, 판매, 재배 등의 직업군에 대한 직무능력 향상을 위한 적응 훈련 지도 • 단순히 읽기나 쓰기 및 셈하기의 학습 차원이 아니라 그러한 개념을 일상생활과 직업생활에 응용할 수 있도록 실물 재료를 이용한 기초학습 지도
직업 준비 훈련	직업 적성 인식과 직업 탐색, 구직 활동 방법, 직업 선택, 올바른 작업 습관 형성, 작업 환경 적응 방법, 고용 유지를 위한 노력, 올바른 작업 태도 형성, 직장 예절, 원만한 대인관계 형성에 대한 적응 훈련 지도
일상생활훈련	지역사회 적응 훈련, 이동능력 향상훈련, 의사소통 훈련, 여가생활, 취미생활, 위생교육, 금전관리, 성교육 지도
부모 교육	클라이언트의 직업재활을 위한 정보제공 및 클라이언트에 대한 가족 호응도 향상을 위한 가족 지원 서비스 제공

2) 평 가

평 가	직업 능력 개발 훈련	직업 준비 훈련	일상생활 훈련	부모 교육	취업 알선
평가지표	직업 준비 성취도			부모 교육 만족도	취업 인원
성공의 기준	10%이상의 성취도 향상			70% 이상의 만족도	연간 7명 이상의 취업
평가방법 및 측정도구	각 프로그램 일지의 진전도 MDS 프로파일			설문 조사지	실적 보고서

2. 직업 능력 개발 훈련

1) 신체 협응 능력 향상

작업에 필요한 신체협응력을 교구나 Work Sample, 작업도구 등을 활용하여 향상시킨다.

(1) 목표

① 시지각 협응력 강화를 돕는다.
② 소근육 강화를 돕는다.
③ 색, 모양, 촉각 변별력 강화를 돕는다.

(2) 훈련 내용

영 역	내 용	실시일	유의점	평 가
시지각 협응력 강화	• 교구 그림 동산의 예시 그림을 실시한다. • 교구 퍼즐을 실시한다. • 교구 구슬 끼우기 1, 2를 실시한다.	연중	• 작업도구 사용시 정확한 사용법을 터득할 수 있도록 돕는다. • 일상적인 가사에 요구되는 신체적 및 조작기능에 대해 논의한다.	• 그림 동산의 예시 그림을 완성할 수 있나? • 퍼즐을 완성할 수 있나? • 구슬 끼우기를 완성할 수 있나?
소근육 강화	• 작업 도구 펜치(大, 小)로 철사를 절단한다. • 작업 도구 드라이버로 나사를 푼다. • 조합렌치 10, 11, 13, 14, 17, 19m/m를 크기별로 사용한다. • 볼트와 너트를 손으로 감았다 푼다.			• 작업도구 펜치(大, 小)로 철사를 절단할 수 있나? • 작업도구 드라이버로 나사를 풀 수 있나? • 조합렌치 10, 11, 13, 14, 17, 19m/m를 크기별로 사용할 수 있나? • 볼트와 너트를 손으로 감았다 풀 수 있나?

변별력 강화	• 컵, 자 등의 물체를 사용하여 형과 크기, 촉각, 색 변별력을 평가한다. • Work activity series로 변별력 강화 훈련을 한다.		• 직장에서 요구되는 신체적 및 조작 기능에 대해 논의한다.	• 컵, 자 등의 물체를 사용하여 형과 크기, 촉각, 색 변별할 수 있나? • Work activity series의 task를 수행할 수 있나?

2) 직무 능력 향상을 위한 작업 훈련

직장에서 사용하고 활용할 수 있는 작업기능을 익힌다.

(1) 직무 능력 향상의 목표

① 부품의 조립을 정확하게 할 수 있다.
② 부품의 재료를 관리할 수 있다.
③ 각종 공구를 조작할 수 있다.

(2) 훈련 내용

영 역	내 용	실시일	유의점	평 가
부품 조립	• 작업하는 시범을 먼저 보여준다. • 작업 공정을 숙지시킨다. • 방향-위치 등 부품을 돌리거나 뒤집을 때 차이를 알게 하여 변별할 수 있게 한다. • 불량이 많을 경우 부품의 정확한 위치를 작업대 위에 놓게 한 후 다음 공정을 하도록 한다. 나머지 공정은 교사나 타 훈련생이 보조하여 할 수 있을 때까지 지도한다.	연중	• 작업모델을 통해 개별지도 한다. • 각 공정별로 반복하여 지도한다. • 훈련생이 할 수 있는 작업부터 지도	• 작업하는 시범을 따라 수행할 수 있나? • 작업 공정을 숙지할 수 있나? • 방향-위치 등 부품을 돌리거나 뒤집을 때 차이를 알게 하여 변별할 수 있나?

부품의 재료 관리	• 제품의 이름과 역할을 알게 한다. • 재료의 이름을 알게 한다. • 재료의 용도와 보관장소를 알게 한다.			• 제품의 이름과 역할을 알 수 있나? • 재료의 이름을 알 수 있나? • 재료의 용도와 보관장소를 알 수 있나?
공구 조작	• 각 공구의 명칭을 알게 한다. • 각 공구의 용도를 알게 한다. • 각 공구의 사용 방법을 알게 한다.			• 각 공구의 명칭을 알 수 있나? • 각 공구의 용도를 알 수 있나? • 각 공구의 사용 방법을 알 수 있나?

3) 기초 학습

기초 기능 학습은 단순히 읽기나 쓰기 및 셈하기의 학습 차원이 아니라 그러한 개념을 일상생활과 직업생활에 활용할 수 있도록 실물 재료를 이용하여 지도하는 데 그 의의가 있다. 기초 기능 학습은 실제적으로 많은 시간과 노력, 그리고 정성을 기울여야 하는 부분이다. 또한 지능이나 인지적인 결함을 가지고 있는 발달장애인에게 가장 부족한 것은 학습한 것을 일반화하는 능력이다. 즉, 교실 내에서 수년간 배운 인지적 개념과 기능을 여러 실제 상황에서 응용하고 적용하는 기술이 부족하며 이러한 결함은 기본적인 생활에서의 부적응을 초래한다.

수업에 있어 실제상황과 관련된 기초 기능 학습은 기능 학습이 주는 현실감과 생동감 때문에 보다 효율적인 수업이 된다. 이러한 이점을 이용하여 발달장애인의 인지기능을 최대한 개발함과 동시에 그러한 능력을 일상생활에서 최대한 발휘하도록 교육, 훈련시켜 삶에 대한 적응력을 극대화시키고자 한다.

(1) 목표

① 기능언어를 습득하여 일상생활과 직장생활을 원활하게 한다.

② 기초 수개념을 익혀서 기본적인 수 계산을 하게 한다.

(2) 훈련 내용

영 역	내 용	실시일	유의점	평 가
기능언어 습득	• 신상과 관련된 언어를 안다. • 생활에 필요한 언어를 안다. • 주변상황과 관련된 단어를 안다. • 안내와 관련된 언어를 안다. • 지시와 관련된 언어를 안다. • 위험을 알리는 언어를 안다. • 교통과 관련된 언어를 안다. • 작업에 관련된 언어를 안다. • 간단한 읽기를 한다. • 카드 및 편지를 쓴다.	매달 첫주 셋째 주	• 실제 모형을 통한 기초학습을 할 수 있도록 돕는다. • 직장에서 요구되는 기초학습의 예를 들어준다.	• 신상과 관련된 언어를 알 수 있나? • 생활에 필요한 언어를 알 수 있나? • 주변상황과 관련된 단어를 알 수 있나? • 안내와 관련된 언어를 알 수 있나? • 지시와 관련된 언어를 알 수 있나? • 위험을 알리는 언어를 알 수 있나? • 교통과 관련된 언어를 알 수 있나? • 작업에 관련된 언어를 알 수 있나? • 간단한 읽기를 할 수 있나? • 카드 및 편지를 쓸 수 있나?
기초 수 개념 익히기	• 작업도구 펜치(大, 小)로 철사를 절단한다. • 작업도구 드라이버로 나사를 푼다. • 조합렌치 10, 11, 13, 14, 17, 19m/m를 크기별로 사용한다. • 볼트와 너트를 손으로 감았다 푼다.			• 1~100까지 사물을 이용하여 읽고 쓰고 센다. • 전자시계와 바늘시계를 본다. • 달력을 읽는다. • 전자계산기를 다룬다. • 기초 덧셈과 뺄셈을 한다. • 1~100까지 사물을 이용하여 읽고 쓰고 셀 수 있나? • 전자시계와 바늘시계를 볼 수 있나? • 달력을 읽을 수 있나? • 전자계산기를 다룰 수 있나? • 기초 덧셈과 뺄셈을 할 수 있나?

4) 금전관리

금전 계산과 거스름돈 주고받는 훈련을 통해 일상생활의 소비활동에 도움을 주고자 한다.

(1) 목표

① 동전과 지폐를 구분한다.
② 동전과 지폐를 섞어 센다.
③ 물건의 가격을 읽는다.
④ 알맞은 가격을 지불하고 물건을 산다.

(2) 훈련 내용

영 역	내 용	실시일	유의점	평 가
동전과 지폐 구분	• 동전을 구분한다. • 10원 10개가 100원임을 안다(50원, 500원 동일). • 지폐를 구분한다. • 1,000원 5개가 5,000원임을 안다(10,000원 동일).	매달 둘째 주 넷째 주	• 화폐놀이 교구(가능한 실제 돈이면 좋음)를 준비한다. • 도움 없이 셀 수 있도록 한다. • 주어진 금액이 얼마인지 안다. • 많은 양의 돈에서 일정한 금액을 세어 놓는다. • 여러 가지 다양한 물품들을 준비한다.	• 동전을 구분할 수 있나? • 10원 10개가 100원임을 알 수 있나(50원, 500원 동일)? • 지폐를 구분할 수 있나? • 1,000원 5개가 5,000원임을 알 수 있나(10,000원 동일)?
	각 단위의 동전과 지폐를 섞어 센다.			각 단위의 동전과 지폐를 섞어 셀 수 있나?
물건의 가격 지불	각 단위의 물건 가격을 읽는다.			각 단위의 물건 가격을 읽을 수 있나?
	• 모의 가게를 운영한다. • 가격표를 읽는다. • 알맞은 금액을 지불한다. • 알맞은 잔돈을 말한 후 받을 수 있도록 한다.			• 가격표를 읽을 수 있나? • 알맞은 금액을 지불할 수 있나? • 알맞은 잔돈을 말한 후 받을 수 있나?

3. 직업 준비 훈련 프로그램

1) 직업 적성 인식과 직업 탐색

자신의 적성에 대해 인식하여 알맞은 직업을 탐색할 수 있도록 한다.

(1) 목표

① 일을 수행하는 데 필요한 여러 가지 적성을 파악한다.
② 개인의 적성을 파악한다.
③ 구직 순서를 파악한다.
④ 고용 정보를 제공하는 자원을 통하여 가능성 있는 작업을 파악한다.
⑤ 실제 또는 가상의 직업 인터뷰를 행한다.

(2) 훈련 내용

<table>
<tr><th>영 역</th><th>내 용</th><th>실시일</th><th>유의점</th><th>평 가</th></tr>
<tr><td>일을 수행하는 데 필요한 여러 가지 적성을 파악</td><td>• 과제수행과 적성이 어떤 관계를 가지는가에 대해 안다.
• 적성(능력)과 일의 수행능력의 상관관계를 파악해 안다.</td><td rowspan="2">매달 첫주</td><td rowspan="2">• 자신의 적성에 대한 지식이 직업 선택에 어떻게 작용했는지에 관하여 훈련생과 함께 논의한다.
• 여러 가지 적성 및 능력개발 프로그램을 훈련생에게 계속 적용한다.</td><td>• 과제 수행과 적성이 어떤 관계를 가지는가에 대해 알 수 있나?
• 적성(능력)과 일의 수행능력의 상관관계를 파악할 수 있나?</td></tr>
<tr><td>개인의 적성 파악</td><td>• 여러 가지 적성 관련 검사를 행한다.
• 자신의 적성에 적절하다고 생각되는 작업을 칠판에 기록한다.
• 작업수행과 관련해서 자신의 장점 및 약점을 칠판에 기록한다.</td><td>• 자신의 적성에 적절하다고 생각되는 작업을 칠판에 기록할 수 있나?
• 작업수행과 관련해서 자신의 장점 및 약점을 칠판에 기록할 수 있나?</td></tr>
</table>

구직 순서의 파악	• 직업의 정보 자원을 제공한다(예, 구인 광고, 고용 서비스 제공 시설이나 기관, 친구 등) • 일자리를 찾는 절차를 기록, 게시판에 부착한다. • 직업을 구하는 절차대로 역할놀이를 행한다. • 신문이나 고용촉진 기관에서 획득한 최근의 직업 정보를 게시판에 부착한다.		• 전망있는 직업에 관한 정보를 획득할 수 있는 자원에 대해 논의한다. • 직업을 구하는 합리적 절차를 구안할 수 있도록 돕는다. • 규칙적으로 신문광고를 읽도록 돕는다. • 해당기관에서 제공되는 서비스에 대하여 논의한다.	• 일자리를 찾는 절차를 알 수 있나? • 직업을 구하는 절차대로 역할 놀이를 할 수 있나?
고용 정보를 제공하는 자원을 통하여 가능성 있는 직업을 파악	• 직업 기회 파악에 도움이 되는 신문광고 등의 자원을 발견하고 기록한다. • 게시판에 여러 가지 직업 목록을 부착한다.			• 직업 기회 파악에 도움이 되는 신문광고 등의 자원을 발견하여 기록할 수 있나?
가상의 직업 인터뷰 시행	• 직업 인터뷰를 획득하는 단계를 개괄적으로 논의한다. • 모의로 전화를 걸어 직업 인터뷰를 약속하고, 필요한 정보를 주고받는다.		• 인터뷰를 약속하는 역할놀이를 행한다. • 실제 인터뷰 장면을 관찰한다.	• 직업 인터뷰를 획득하는 단계를 개괄적으로 알 수 있나? • 모의로 전화를 걸어 직업 인터뷰를 약속하고 필요한 정보를 주고받을 수 있나?

2) 구직 활동 및 직업 선택

자신에게 알맞은 직장을 구하고 선택할 수 있다.

(1) 목표

① 직업 정보를 구할 수 있는 자원을 수집한다.

② 여러 가지 기관에 의해 제공되는 직업 정보를 수집한다.
③ 흥미 있는 분야의 직업을 파악한다.
④ 흥미 있는 직업에 대한 특정 정보를 획득한다.
⑤ 흥미와 노력에 부합되는 직업을 파악한다.

(2) 훈련 내용

<table>
<tr><th>영 역</th><th>내 용</th><th>실시일</th><th>유의점</th><th>평 가</th></tr>
<tr><td>직업 정보 관련 자원의 수집</td><td>• 현실성 있는 직업 정보의 자원을 파악할 수 있는 프로그램을 제시한다.
• 직업 정보 관련 단체에서 제공되는 여러 가지 자원을 말한다.</td><td rowspan="4">매달 둘째 주</td><td rowspan="3">• 구직 자료, 지역사회 정보지, 신문 등을 준비한다.
• 직업 정보를 제공하는 지역사회의 자원을 파악할 수 있도록 돕는다.
• 기관에서 제공하는 정보의 종류를 기술한다.
• 특정 직업에 종사한 경험이 있는 동료가 직장 경험을 학생에게 이야기한다.</td><td>• 훈련생들은 직업 정보 관련 단체에서 제공되는 여러 가지 자원을 말할 수 있나?</td></tr>
<tr><td>직업 정보 관련 정보의 수집</td><td>• 여러 가지 직업 정보 제공 기관에 대해 논의한 다음 직업 정보를 수집한다.</td><td>• 여러 가지 직업 정보 제공기관에 대해 말하고 직업 정보를 수집할 수 있나?</td></tr>
<tr><td>흥미 있는 분야의 직업 파악</td><td>• 가능성이 있는 직업을 집단별로 분류하여 게시판에 작성한다.
• 자신이 하고 싶은 일의 특징을 파악하고, 목록을 적는다.
• 원하는 직업을 하나 이상 선택한다.</td><td>• 가능성이 있는 직업을 집단별로 분류하여 게시판에 작성할 수 있나?
• 자신이 하고 싶은 일의 특징을 파악하고, 목록을 적을 수 있나?
• 원하는 직업을 하나 이상 선택할 수 있나?</td></tr>
<tr><td>흥미 있는 직업의 정보 획득</td><td>• 직업에 관한 정보 획득에 활용 가능한 자원을 파악한다.
• 칠판에 선택하고 싶은 직업의 목록을 적고, 목록에 있는 각 직업에 대한 특정 정보를 획득한다.</td><td>• 직업의 획득 및 유지와 관련해서 훈련생의 장점, 능력, 약점 등을 스스로 파악할 수 있도록 돕는다.</td><td>• 직업에 관한 정보 획득에 활용 가능한 자원을 파악할 수 있나?
• 칠판에 선택하고 싶은 직업의 목록을 적고, 목록에 있는 각 직업에 대한 특정 정보를 획득할 수 있나?</td></tr>
</table>

흥미와 노력에 직업 파악	• 자신이 어떤 종류의 능력 및 기능을 갖고 있는지를 파악한다. • 적절한 직업 관련 정보와 함께 획득 가능한 직업의 목록을 칠판에 기록한다.			• 자신이 어떤 종류의 능력 및 기능을 갖고 있는지를 파악할 수 있나? • 적절한 직업 관련 정보와 함께 획득가능한 직업의 목록을 기록할 수 있나?

3) 올바른 작업 습관(태도) 형성

작업 시 올바른 작업 습관과 태도를 익힐 수 있다.

(1) 목표

① 안전수칙을 준수한다.
② 작업 자세를 올바르게 한다.
③ 시간을 준수한다.
④ 집중력을 기른다.
⑤ 지속성을 기른다.
⑥ 지시 수행력을 기른다.

(2) 훈련 내용

영역	내 용	실시일	유의점	평 가
안전수칙	• 정해진 작업 시간을 잘 지킨다. • 작업 중에는 불필요한 말이나 행동을 하지 않고 바른 자세로 일한다. • 기계를 사용하거나 물품을 운반할 때는 반드시 교사의 지시를 따른다. • 기계나 장비를 사용한 다음에는 깨끗하게 정비하여 정돈한다. • 작업 중에는 항상 청결을 유지한다.	직업 훈련과 동시 실시	• 작업 시 엉덩이를 의자 깊숙이 닿도록 하고 고개를 너무 숙이지 않도록 한다.	• 정해진 작업 시간을 잘 지킬 수 있나? • 작업 중에는 불필요한 말이나 행동을 하지 않고 바른 자세로 일하나? • 기계를 사용하거나 물품을 운반할 때는 반드시 교사의 지시를 따르나? • 기계나 장비를 사용한 다음에는 깨끗하게 정비하여 정돈하나?

올바른 작업 자세	• 작업 시 올바른 자세 지도 및 교정시킨다. • 작업 시 쉽게 할 수 있도록 작업 부품의 위치를 선정한다.		• 집중력, 지속성 강화훈련시 좋아하는 물건으로 강화물을 제공하여 효과성을 높일 수 있다.	• 작업시 올바른 자세를 유지하나?
시간 준수	• 부모와 협조하여 출, 퇴근 시간을 숙지시킨다. • 휴식 시간 및 작업 시간은 일관성 있게 정확한 시간에 지킬 수 있게 한다.			• 출, 퇴근 시간을 숙지하나? • 휴식 시간 및 작업 시간은 일관성 있게 정확한 시간에 지키나?
집중력	• 5~10분간을 정해 책임량을 부여한다. • 교사가 계속 관찰 지도한다. • 책임량을 완수 못했을 경우 작업량 및 미치지 못한 작업량을 알려 주어 끝까지 책임량을 할 수 있게 지도한다.			• 정해진 시간에 책임량을 수행하나?
지속성	• 5~10분 정도 점차 작업 시간을 늘린다. • 20분 동안 지속적으로 작업할 수 있도록 지도한다.			• 5~10분 정도 점차 작업 시간을 늘릴 수 있나? • 20분 동안 지속적으로 작업할 수 있나?
지시 수행력	• 지시하는 내용에 대해 시범을 보인다. • 지시 수행력이 좋은 동료와 같이 시행한다.			• 지시하는 내용에 따라 수행하는가? • 지시 수행력이 좋은 동료와 같이 시행하는가?

4) 직업 환경 적응 방법 및 고용 유지를 위한 노력

취업 후 직업 환경에 적응하고 고용 유지를 위한 훈련으로 장기간 취업에 도움을 준다.

(1) 목표

① 일터에서 부딪힐 수 있는 문제를 파악한다.

② 발생할 가능성이 높은 여러 가지 문제에 직면했을 때의 적절한 해결책을 파악한다.

(2) 훈련 내용

영 역	내 용	실시일	유의점	평 가
일터에서 부딪힐 수 있는 문제 파악	• 일반적으로 나타나는 전형적인 문제의 예를 제시한다. • 어려움에 처해 있는 상황에 대한 역할놀이를 행한다(새 친구 사귀기, 새로운 일에 적응하기).	매달 셋째 주	• 훈련생이 인지하지 못하는 문제까지도 교사가 제시해 줄 수 있어야 한다.	• 일반적으로 나타나는 전형적인 문제의 예를 제시할 수 있나? • 어려움에 처해 있는 상황에 대한 역할놀이를 행할 수 있나?
발생할 가능성이 높은 여러 가지 문제에 직면했을 때의 적절한 해결책 파악	• 직장생활에서 나타나는 여러 가지 문제 상황에 대한 역할놀이를 행하고(불량품 발생, 결근, 지각 등) 발생한 문제의 적절한 해결책에 대하여 말한다. • 직장에서 파생될 수 있는 일반적인 문제를 게시판에 적는다. • 문제 상황 및 해결에 대한 역할놀이 및 감독자의 역할놀이를 행한다.			• 발생한 문제의 적절한 해결책에 대하여 말할 수 있나? • 직장에서 파생될 수 있는 일반적인 문제를 적을 수 있나? • 문제상황 및 해결에 대한 역할놀이 및 감독자의 역할놀이를 행할 수 있나?

5) 직장 예절 및 대인 관계 훈련

직장 예절과 친밀한 대인관계 형성 방법을 이해하여 직장생활이나 일상생활에 도움이 될 수 있도록 한다.

(1) 목표

① 친밀한 대인관계 형성 방법을 이해한다.
② 친밀한 대인관계 형성 방법을 이해한다.

(2) 훈련 내용

영 역	내 용	실시일	유의점	평 가
1. 친밀한 관계의 특징을 파악한다.	• 친밀한 대인 관계가 담긴 비디오를 보고 그들의 경험, 목소리, 얼굴 표정, 감정, 성실성 등에 대하여 말한다.	매달 넷째 주	• 노동자들이 작업을 통해 어떻게 친밀한 사이가 되는지에 대해 논의한다. • 친구를 사귐으로써 서로간에 갖게 되는 이점에 대해 논의한다. • 작업장에서 타인의 감정에 적절하게 반응하는 것의 중요성에 대하여 말한다.	• 친밀한 대인 관계가 담긴 비디오를 보고 그들의 경험, 목소리, 얼굴 표정, 감정, 성실성 등에 대하여 말할 수 있나?
2. 여러 가지 친밀한 관계의 목록을 만든다.	• 현재 유지되고 있는 친밀한 관계에 대해 말해 본다.			• 현재 유지되고 있는 친밀한 관계에 대해 말할 수 있나?
3. 타인의 친밀한 감정을 파악하고 반응한다.	• 두 명의 사람 사이에서의 감정 변화를 설정하고 역할극을 해본다. • 타인에 대한 여러 가지 감정 표현 행동의 예를 보인다(예: 악수하기, 껴안기).			• 감정 변화에 관련된 역할극을 할 수 있나? • 타인에 대한 여러 가지 감정 표현 행동을 할 수 있나?
4. 친밀한 관계를 가질 수 있는 사람을 파악한다.	• 필요할 때 도움을 구하거나 자문을 구할 수 있는 사람의 목록을 칠판에 기록한다. • 친교를 나누는 적절한 방법에 대한 역할놀이를 행하고 대인관계 문제에 대해서 말한다.			• 필요할 때 도움을 구하거나 자문을 구할 수 있는 사람의 목록을 칠판에 기록할 수 있나? • 친교를 나누는 적절한 방법에 대한 역할놀이를 행하고 대인관계 문제에 대해서 말할 수 있나?

4. 일상생활 훈련 프로그램

1) 지역사회 적응 훈련 및 이동 능력 향상 훈련

인간은 다른 사람과 더불어 공동적인 생활양식 속에서 자신의 삶을 추구해 가는 사회적 존재이다. 하나의 인간으로서 사회적 가치와 자립의 목표를 추구해 가는 일은 생존권 못지않게 기본적으로 보장되어야 할 권리이다. 더욱이 최근 들어 장애인들의 정상화가 궁극적인 재활의 목표로 강조되고 있다. 정상화란 장애인을 특수한 환경에서만 생활해야 하는 사람으로 취급하지 말고 비장애인들과 동일한 조건과 환경 속에서 그들과 동일한 생활을 누릴 수 있도록 생활 환경을 조성해 주어야 한다는 이념에서 출발한다. 정상화를 위하여 장애인 측면에서는 사회 적응을 할 수 있도록 그들의 능력을 최대한 발휘하고 활용할 수 있는 준비를 갖출 필요성이 전제된다. 사회 적응을 위한 훈련의 영역으로 은행 이용 능력, 관공서 이용 능력, 대중교통 이용 능력, 여가 시설 이용 능력 등이 있다.

(1) 목표

① 이동 능력 향상 훈련

가. 교통 법규와 안전수칙을 익힌다.
나. 버스 이용 방법을 익힌다.
다. 지하철 이용 방법을 익힌다.
라. 기차 이용 방법을 익힌다.
마. 택시 이용 방법을 익힌다.

② 지역사회 적응 훈련

가. 은행을 이용한다.
나. 시청을 이용한다.
다. 우체국을 이용한다.
라. 주민센터를 이용한다.

마. 일상생활에 관련된 지역사회 시설을 이용한다(시장, 백화점, 할인점, 패스트푸드 점 등).

③ 여가 생활 훈련

여가 생활과 관련된 지역사회 장소〔유락지, 관람, 지역사회행사 참여 등〕 이용

(2) 훈련 내용

① 이동 능력 향상 훈련

영 역	내 용	실시일	유의점	평 가
교통법규와 안전수칙 익히기	• 교통표지판을 익힌다. • 정류장의 위치를 익힌다. • 신호등에 따라 횡단보도를 걷는다.	3,6,9,12월 금요일	• 안전 사고에 특히 유념한다. • 스스로 수행할 수 있을 때 까지 실시한다.	• 교통법규와 안전수칙을 알 수 있나?
버스 이용	• 정류소의 위치를 익힌다. • 요금을 지불한다. • 목적지에 내린다.	5월 1,3째 주 금요일		• 정류소의 위치를 알 수 있나? • 요금을 지불할 수 있나? • 목적지에 내릴 수 있나?
지하철 이용	• 복지카드로 승차권을 받는다. • 목적지의 방향을 안다. • 목적지에 내린다.	6월 1,3째 주 금요일		• 복지카드로 승차권을 받을 수 있나? • 목적지의 방향을 알고 있나? • 목적지에 내릴 수 있나?
기차 이용	• 기차역의 위치를 익힌다. • 기차표를 구매한다. • 목적지에 내린다.	9월 1,3째 주 금요일		• 기차역의 위치를 알 수 있나? • 기차표를 구매할 수 있나?
택시 이용	• 택시를 잡을 수 있다. • 목적지를 말할 수 있다. • 요금을 지불할 수 있다.	12월 1,3째 주 금요일		• 목적지를 말할 수 있나? • 요금을 지불할 수 있나?

② 지역사회 적응 훈련

가. 은행 이용

영 역	내 용	실시일	유의점	평 가
은행 견학	• 은행의 위치를 익힌다. • 은행의 이용 방법을 익힌다. • 공공장소의 예절을 익힌다.	3월 3째 주 금요일	• 스스로 수행할 수 있을 때까지 실시한다.	• 은행의 위치를 알 수 있나? • 이용 방법에 대해 이해하나?
통장(직불카드) 개설	• 은행창구 직원에게 통장(직불카드)을 만든다고 말한다. • 신청서 작성 후 창구에 준다. • 통장(직불카드)을 받는다.	7월 1째 주 금요일		• 의사표현을 할 수 있나? • 신청서를 작성할 수 있나?
통장(직불카드) 입금	• 자동지급기에 입금을 누른다. • 돈을 넣고 순서대로 누른다. • 통장(직불카드)을 뺀다.	10월 3째 주 금요일		• 자동지급기를 사용하여 입금할 수 있나?
통장(직불카드) 출금	• 자동지급기에 출금을 누르고 통장(직불카드)을 넣는다. • 순서대로 누른 후 통장을 뺀다. • 돈을 뺀다.	1월 1째 주 금요일		• 자동지급기를 사용하여 출금할 수 있나?

나. 시청 이용

영 역	내 용	실시일	유의점	평 가
시청 견학	• 시청의 위치를 익힌다. • 시청의 역할을 안다. • 공공장소의 예절을 익힌다.	5월 3째 주 금요일		• 시청의 위치를 알 수 있나? • 이용방법에 대해 이해하나?

다. 우체국 이용

영 역	내 용	실시일	유의점	평 가
우체국 견학	• 우체국의 위치를 익힌다. • 우체국의 이용 방법을 익힌다. • 공공장소의 예절을 익힌다.	8월 3째 주 금요일		• 우체국의 위치를 알 수 있나? • 이용방법에 대해 이해하나?
편지(소포) 부치기	• 주소와 우편번호를 적는다.(후 무게를 단다.) • 우표를 받고 돈을 지불한다. • 우체통에 넣는다.(창구 직원에게 건넨다.)	2월 3째 주 금요일		• 주소와 우편번호를 적을 수 있나? • 우표 값을 지불할 수 있나?

라. 주민센터 이용

목 적	목 표	실시일	유의점	평 가
등본(초본) 발급	• 주민센터의 위치를 익힌다. • 등본(초본)발급 신청서를 작성한다. • 돈을 지불하고 받는다.	11월 3째 주 금요일		• 등본(초본)발급 신청서를 작성할 수 있나? • 돈을 지불할 수 있나?

마. 일상생활에 관련된 지역사회 시설(시장, 백화점, 할인점, 패스트푸드점 등) 이용

목 적	목 표	실시일	유의점	평 가
일상생활과 관련된 지역사회 시설 이용	• 일상생활과 관련된 지역사회시설의 위치를 익힌다. • 자신이 구매할 물건을 설정한다. • 물건 값을 지불한다.	4, 6, 11, 12월 1,3째 주 금요일		• 자신이 구매할 물건을 설정할 수 있나? • 물건 값을 지불할 수 있나?

③ 여가생활 훈련

• 여가생활과 관련된 지역사회 장소(유락지, 관람, 지역사회행사 참여 등) 이용

영 역	내 용	실시일	유의점	평가
여가와 관련된 지역사회 장소 이용	• 여가와 관련된 지역사회 장소의 위치를 익힌다. • 여가와 관련된 지역사회 장소를 활용한다. • 공공장소의 예절을 익힌다.	4, 7, 10, 12월 1,3째 주 금요일	• 안전사고에 유의한다.	• 여가와 관련된 지역사회 장소의 위치를 알 수 있나? • 공공장소의 예절을 알 수 있나?

2) 의사소통 훈련

인간관계는 모든 의사소통을 통해 이루어진다. 직장생활에서 작업의 지시를 받을 때나 작업을 수행할 때에도 의사소통은 매우 중요한 부분을 차지한다. 따라서 적절한 의사소통의 기법을 파악하여 일상생활과 직장생활에 활용할 수 있도록 한다.

(1) 목표

① 의사소통과 관련된 여러 가지 언어적 표현을 한다.
② 사교적 대화에 요구되는 적절한 말하는 방법을 파악하고 예를 보인다.

(2) 훈련 내용

영 역	내 용	실시일	유의점	평 가
언어적 표현하기	• 여러 형태의 언어적 표현을 담은 비디오를 본다(예: 감정 표현, 의사소통 주고받기, 말하는 음성, 어조 등).	매주 화, 목	• 교사와 훈련생은 여러 가지 상황에서 언어적 대화	• 비디오를 보고 여러 형태의 언어적 표현을 알 수 있나?

	• 여러 가지 상황을 제시하고, 특정상황에 맞는 의사소통 형태에 대해서 말한다(예: 집단에서 경쟁하듯 큰 소리로 말하기 등).		를 나누는 역할놀이를 한다. • 훈련생은 여러 가지 주제에 관련된 대화를 행하고, 효율적인 기법을 사용하는가 아닌가에 따라 다른 피드백을 제공한다.	• 여러 가지 상황을 제시하고, 특정상황에 맞는 의사소통 형태에 대해서 말할 수 있나?
사교적 대화에 요구되는 말하는 방법의 파악	• 비디오 속의 대화를 관찰한 다음에 의사소통의 핵심요소에 대해 말한다(예: 조사, 반응, 결론 등) • 사교적 상황을 제시하고, 훈련생은 그 상황에서의 적절한 언어에 대해 말한다. • 여러 가지 대화 기법을 칠판에 기록한다. • 차례에 맞게 말하기, 적절한 언어 사용하기, 적절한 어조로 말하기 등을 실습한다. • 소집단으로 여러 가지 토론기법을 실제로 활용해 보고, 여러 사람들에게 말할 때와 한 사람에게 말할 때의 유사점과 차이점을 파악한다.			• 비디오 속의 대화를 관찰한 다음에 의사소통의 핵심요소에 대해 말할 수 있나? • 사교적 상황의 적절한 언어에 대해 말할 수 있나? • 차례에 맞게 말하기, 적절한 언어 사용하기, 적절한 어조로 말할 수 있나? • 여러 사람들에게 말할 때와 한 사람에게 말할 때의 유사점과 차이점을 파악할 수 있나?
적절한 전화 사용의 예를 보인다.	• 전화 받을 때 사용되는 일상적인 대화의 목록을 칠판에 기록한다. • 전화로 응답할 때의 바람직한 목소리 및 태도에 대해 말한다. • 전화 대화 시 핵심낱말들을 기억한다(예: 이름, 전화번호, 전화거는 이유 등).			• 전화 받을 때 사용되는 일상적인 대화의 목록을 칠판에 기록할 수 있나? • 전화로 응답할 때의 바람직한 목소리 및 태도에 대해 말할 수 있나? • 전화 대화 시 핵심낱말들을 기억할 수 있나?

3) 여가생활(취미생활)

취미활동은 인간이라면 누구에게나 중요한 생활 요소이다. 그러나 지적장애인의 경우 취미활동의 기회가 제한되어 있기 마련이다. 이에 퀼트 프로그램을 제공함으로써 잠재된 잔존 능력을 밖으로 표출시키고 창조적 활동의 경험을 통해 자기 표현의 기회와 정서적 안정감 증진에 도움을 주고자 한다. 또한 퀼트 프로그램은 독립생활 시 의복 수선법과도 관련되어 실제 생활에 필요한 기술과 행동 습득에도 도움을 준다.

(1) 목표

① 퀼트

가. 모형을 본뜬다.
나. 모형을 오린다.
다. 바느질을 한다.
라. 마무리를 한다.

② 체육 활동

가. 기초 체력을 다지는 활동을 한다.
나. 태권도를 배운다.

(2) 훈련 내용

① 퀼트

영 역	내 용	실시일	유의점	평 가
모형 본뜨기	• 모형을 천에 대고 선을 따라 정확히 천에 옮긴다.	매주 수요일	• 강사를 보조하여 훈련생의 퀼트를 돕는다.	• 모형을 천에 대고 선을 따라 정확히 천에 옮길 수 있나?
모형 오리기	본뜬 모형을 가위로 정확히 오린다.			본뜬 모형을 가위로 정확히 오릴 수 있나?
바느질	• 바늘에 실을 넣는다. • 천의 선을 따라 바느질을 한다.			• 바늘에 실을 넣을 수 있나? • 천의 선을 따라 바느질을 할 수 있나?
바느질 마무리	• 매듭을 짓는다.			• 매듭을 지을 수 있나?

② 체육 활동

영 역	내 용	실시일	유의점	평 가
기초 체력 운동	• 윗몸일으키기를 한다. • 하버드 스텝을 한다. • 한발 중심잡기를 한다. • 멀리뛰기를 한다. • 여러 가지 기초 체력 운동을 실시한다.	매주 목요일	• 안전사고에 유의한다.	• 윗몸일으키기를 할 수 있나? • 하버드 스텝을 할 수 있나? • 한발 중심잡기를 할 수 있나? • 멀리뛰기를 할 수 있나?
태권도	• 태권도의 기본자세를 배운다. • 태극 1장을 배운다. • 태극 2장을 배운다. • 태극 3장을 배운다.			• 태권도의 기본자세를 할 수 있나? • 태극 1장을 할 수 있나? • 태극 2장을 할 수 있나? • 태극 3장을 할 수 있나?

4) 성교육

성에 대하여 올바른 지식을 배우고 내면화하여 사회적으로 용납되는 적절한 성 행동을 취함으로써 지역사회 안에서 원만한 대인관계를 유지하도록 한다.

(1) 목표

① 신체 발달에 대해 이해한다.
② 위생에 대해 익힌다.
③ 감정 표현에 대해 익힌다.
④ 자기방어를 할 수 있다.
⑤ 성 행동에 따르는 사회, 감정에 대해 익힌다.
⑥ 결혼에 대해 이야기한다.

(2) 훈련 내용

영 역	내 용	실시일	유의점	평 가
신체 발달	• 성장에 따른 남녀의 신체 변화 알기 • 신체의 구조와 기능을 파악 • 신체 각 부위의 역할, 기능을 체험을 통해 인식 • 자신의 신체 발달상의 변화를 파악	매달 1, 3주 금요일	• 성교육과 관련된 지식을 전달한다. • 실생활에서 성교육 관련 지식을 적용할 수 있도록 돕는다. • 지속적이고 실질적인 성교육 전달을 한다.	• 성장에 따른 남녀의 신체 변화를 알 수 있나? • 신체의 구조와 기능을 파악할 수 있나? • 신체 각 부위의 역할, 기능을 체험을 통해 인식할 수 있나? • 자신의 신체 발달상의 변화를 파악할 수 있나?
위생	• 더러운 모습과 청결한 모습 구별하기 • 화장실 사용 후 손 씻기 • 식사 후 이 닦기 • 생리 관리			• 더러운 모습과 청결한 모습 구별할 수 있나? • 화장실 사용 후 손을 씻나? • 식사 후 이를 닦나? • 생리 관리를 할 수 있나?
감정 표현	• 상대방의 감정을 파악 • 희로애락의 표정 짓기 • 타인의 성적 행동에 대한 자신의 의사 표현하기 • 좋아하는 감정을 표현해 보고 올바른 방법을 찾기			• 상대방의 감정을 파악할 수 있나? • 희로애락의 표정을 구분할 수 있나? • 타인의 성적 행동에 대한 자신의 의사표현을 할 수 있나? • 좋아하는 감정을 표현해 보고 올바른 방법을 찾을 수 있나?
자기 방어	• 낯선 사람이 성적 행동을 요구할 때 소리 지르기 • 가족 구성원과 이웃 구별하기 • 알고 있는 사람과 거리 유지하기 • 강제적 성 행동이 발생했을 경우 보호자나 선생에게 알리기			• 가족 구성원과 이웃을 구별할 수 있나? • 강제적 성 행동이 발생했을 경우 보호자나 선생에게 알리는 방법을 알고 있나?
결혼	• 피임구의 사용법 교수 • 이성 간의 성관계와 임신, 출생 등에 대해 알아보기			• 피임구를 사용할 수 있나? • 이성 간의 성관계와 임신, 출생 등에 대해 알고 있나?

	• 결혼 • 아이의 보호와 양육 • 행복한 결혼을 위해 노력해야 할 것들에 대해 이야기하기 • 결혼생활에서 일어날 수 있는 문제점 알아보기			• 아이의 보호와 양육에 대해 인지하나? • 행복한 결혼을 위해 노력해야 할 것들에 대해 알고 있나? • 결혼 생활에서 일어날 수 있는 문제점에 대해 알고 있나?

5. 부모 교육

직업 적응 훈련생의 사회 적응 증진과 기관과 가정의 교육 연계성을 높이기 위하여 실시한다.

1) 목표: 클라이언트에 대한 정보를 상호 교류하여 기관과 가정의 연계를 강화한다.

2) 훈련 내용

목 표	내 용	실시일	유의점	평 가
클라이언트에 대한 정보를 상호 교류하여 기관과 가정의 연계를 강화한다.	• 직업재활팀의 사업 소개 • 직업재활 관련 정보 교류 • 클라이언트 서비스 수혜 상황과 가정에서의 생활 태도에 대한 상호 정보교류 및 문제 행동에 대한 공동 대안 마련 • 훈련 종료에 따른 클라이언트의 진로	2, 4, 6, 8, 10, 12월 각 달 1회	• 직업재활의 중요도 인식과 참여도 향상을 위한 실용적인 내용을 교육한다.	• 직업재활팀의 사업에 대해 인지하시나? • 직업재활 관련 정보에 대해 인지하시나? • 클라이언트 서비스 수혜 상황에 대해 인지하고 계시나? • 부모 교육을 통해 훈련생의 훈련종료에 따른 클라이언트의 진로에 대해 생각하고 계시나?

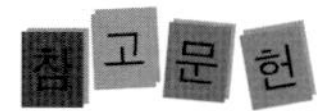

참고문헌

〈국내문헌〉

강위영 (1991). 장애인직업 적응을 위한 재활방법. 성화사.

강위영 · 나운환 (2001). 직업재활개론. 나눔의 집.

강위영 · 나운환 · 박경순 · 류정진 · 정명현 · 김동주 · 정승원 · 강윤주 (2009). 직업재활개론. 나눔의 집.

_______________________ (2009). 직업재활개론(개정판). 나눔의집.

강위영 · 송영혜 공역 (2002). 아동심리치료 치료계획서. 시그마프레스.

구의령 (1988). 성서적 노동관. 생능.

국립특수교육원 (2002). 장애학생 전환과정 지원자료 1 -진학, 취업지도 지원자료.

_______ (2002). 장애학생 전환과정 지원자료 2-직업적응 훈련 지원자료.

권선진 (2007). 장애인복지론 제2판. 청목출판사.

김용득 · 유동철 (2005). 한국장애인복지의 이해. 인간과 복지.

김충기 (1989). 진로상담의 이론과 실제. 성원사.

김형일 (2010). 전환교육의 이해와 실행. 교육과학사.

김혜경 (2007). 전환교육을 위한 자기결정기술지도. 장애학생의 성공적인 장래생활을 위한 전환교육방안. 2007년 국립특수교육원 원격연수 교재.

나운환 (1999). 직업재활의 연구동향을 통하여 본 직업재활정책의 새로운 패러다임, 직업재활연구 9. 한국직업재활학회.

___ (2003). Total 재활론. 홍익제.

___ (2008). 재활상담과 사례관리. 집문당.

박석돈 · 김은숙 (2002). 중증장애인의 고용과 삶의 질에 관한 이론적 고찰. 중복지체부자유아교육, 40, 105-124.

박승희 · 박현숙 · 박희찬 공역 (2006). 장애청소년 전환교육. 시그마프레스.

박옥희 (2001). 장애인복지론. 학문사.

박희찬 (2005). 직업적응훈련, "제11회 직업재활연수회자료집", 한국직업재활학회.

배송숙 (2006). 정신지체장애인의 직업재활에 관한 연구. 인하대학교 행정대학원 사회복지학과 2006년도 석사학위 청구논문.

보건복지부 (2007). 장애인실태조사보고서.

신현기 (2002). 고등부 장애학생의 사회적 능력 특성, 특수교육학연구 37(2). 113-136.

안일남 (2005). 장애인의 권리보장에 관한 연구. 배재대학교 대학원.

우주형 외 (2001). 지원고용의 한국적 모형개발에 관한 연구, 직업재활연구, 11(2), 31-68.

유완식 (2010). 우리나라 장애인 고용정책 변천 및 발전방향, 한국사회정책학회 춘계학술대회 자료집, 한국사회정책학회, pp 2-10.

이달엽 (1998). 재활과학론. 형설출판사.

______ (2000). 직업상담의 이론과 실제. 형설출판사.

______ (2003). 장애와 상담. 교육과학사.

이달엽 · 노임대 (2005). 직업평가. 학지사.

이달엽 · 박희찬 · 김동일 · 박혜전 (2004). 발달장애인 지역사회 적응기술 척도개발에 관한 연구. 직업재활연구, 14(1), 183-215.

이상춘 · 조인수 (1992). 장애아를 위한 생활자립 · 직업생활 훈련 프로그램. 특수교육.

이영철 · 박정식 · 이응훈 편저 (2007). 긍정적 행동지원. 박학사

이인정 · 최해경 (1997). 인간행동과 사회환경. 나남출판.

이현림 (2000). 상담이론과 실제. 원미사.

______ (2000). 진로상담. 영남대학교 출판부.

장창엽 (2003). 장애인 고용촉진 및 직업재활에 대한 한국, 미국, 일본, 호주 비교. 한국장애인고용촉진공단 고용개발원.

장혜성 (2000). 한국 상황에 적절한 지역사회적응훈련 프로그램: 중증장애를 가진 중고등부 학생을 중심으로, 성지재활연구 8, 85-110.

전봉윤 (1996). 장애아동의 성장후의 사회적응, 한국아동복지학 4, 83-92.

전용호 (2000). 좋은 사회를 위한 장애인복지론. 학문사.

정무성 · 양희택 · 노승현 (2006). 장애인복지개론. 학현사

조인수 (1989) 정신지체아의 직업재활훈련과 지도. 신아출판사.

______ (1995). 발달지체인의 생활중심 진로교육 모델과 프로그램 구성을 위한 기초연구, 직업재활연구, 5(1), 19-42.

______ (1996). 생활중심 진로교육 프로그램. 동아문화사.

______ (1998). 발달장애인 생활 · 직업재활 훈련의 이론과 실제. 교육과학사.

______ (2002). 생활중심 전환교육활동이 정신지체아의 직업적응기술에 미치는 효과. 지적장애연구, 4, 23-50.

______ (2002). 전환교육과 서비스. 대구대학교출판부.

______ (2005). 장애인 삶의 질 향상을 위한 전환교육. 대구대학교출판부.

______ (2006). 정신지체아의 자기규칙행동 증진을 위한 자기교수기술 지도방략, 지적장애연구, 8(4), 1-25.

______ (2009). 개별화 전환교육계획을 위한 전환사정. 대구대학교출판부
조인수 · 이응훈 (2006). 자기결정기술. 대구대학교 출판부.
최선화 (2004). 노인상담과 주거보호. 학현사.
최윤영 · 이경준 (2010). 장애인복지론. 학지사.
한국장애인단체총연맹 (2001). 직업재활센터의 사업과 운영. 한국장애인단체총연맹.
한국장애인직업재활협회 (2010). 2010년 장애인직업재활시설 유형 개편 업무 안내. 한국장애인직업재활협회.
황성철 · 정무성 · 강철희 · 최재성 (2007). 사회복지행정론. 학현사.

〈일본문헌〉

NIVR (2008). *發達障碍者のワ・クシステム ・ サポ・トプログラム 障碍者支援 manual No I. II*. 障碍者綜合センタ・職業センタ. (고령 · 장애인 고용지원기구 장애인 종합 직업센터 : National Institute of Vocational Rehabilitation; NIVR.

〈외국문헌〉

Antony, W. A., & Liberman, R. P. (1986). The practice of psychiatric rehabilitation: Historical conceptual and research base. *Schizophrenia Bulletin, 12*(4). 542-559.
Bailey, D. B., Hams, T., & Clifford, R. M. (1983). Matching changes in preschool environments to desired changes in child behavior. *Journal of the Division for Early Childhood, 7*, 61-68.
Bandura, B., & Lehmann, H. (1988). Sozialpolitische Rahmenbedingungen, Ziele und Wirkungen von Rehabilitation. In U Koch., G. Lucius-Hoene, & R. Stegie(Hrsg). *Handbuch der Rehabilitations psychologie*. Springer: 58-73.
Brolin, D. E. (1983). *Life-centered career education: A competency based approach*(rev. ed.) Reston, VA: The council for Exceptional Children.
__________ (1989). *Life-centered career education: A competency based approach*(3rd ed). Reston, VA: The Council for Exceptional Children.
Campbell, P., Hansel, J. W., Hudson, P., Schwartz, S. E., & Sealander, K. (1987). The successfully employed worker with a handicap: Employee/employer perceptions of job performance. *Career Development for Exceptional Individuals, 10*, 85-93.
Cipani, E. C., & Spooner, F. (1994). *Curricular and Instructional approach for person with*

severe disabilities. Needham Height, M. A: Allyn & Bacon.

Clark, G. M., Field, S., Patton, J. R., Brolin, D. E., & Sitlington, P. L. (1994). Life skills instruction: A necessary component for all students with disabilities. *Career Development for Exceptional Individuals, 17*(2), 125-133.

Dawis, R. V. (1996). The theory of work adjustment and person-environment correspondence counseling. In D. Brown, L. Brooks and associates, *Career choice and development*(3rd ed.), pp, 75-120, San Francisco: Jossey-Bass.

Dawis, R., & Lofquist, L. (1984). *A psychological theory of work adjustment*. University of Minnesota Press, Minneapolis.

Edgar, E., & Polloway, E. A. (1994). Education for Adolescents with Disabilities Curriculum and Placement Issues, *Journal of Special Education, 27*(4), 438-452.

Gallagher, J. J., Beckman, P. J., & Cross, A. H. (1983). Families of handicapped children: Sources of stress and its amelioration. *Exceptional Children. 50*(1), 10-19.

Ginzberg, E. (1972). Toward a Theory of Occupational Choice: A Restatement. *The Vocational Guidance Quarterly, 20*, 169-176.

Ginzberg, E., Ginsburg, S., W, Axelrad, S., & Herma, J. L. (1951). *Occupational choice: an approach to general theory*. New York: Columbia University Press.

Goldenson, R. M. (1978). *Disability and Rehabilitation Handbook*, New York: McGraw-Hill Book Company.

Goodwill Industry (1999). *Goodwill Industries Manual*.

Gruenhagen, K. A. (1982). Attitudes of fast food restaurant managers towards hiring the mentally retarded : A survey. *Career Development for Exceptional Individuals, 5*, 98-105.

Hahn, H. (1984). The issues of equality: *European perceptions of employment for disabled persons*. New York: World Rehabilitation Fund.

Halpern, A. S. (1994) The transition from youth to adult life: A position statement of the Division on Career Development and Transition the Council for Exceptional Children. *Career Development for Exceptional Individuals, 17*, 115-124.

Hershenson, D. B. (1974). Vocational Guidance and Handicapped In E. L. Herr(Ed.), *Vocational Guidance and Human Development, Boston: Houghton Mifflin*, 478-501.

________________ (1981). Vocational counseling with learning disabled adults. *Journal of Rehabilitaition, 50*, 40-44.

________________ (1996). Work adjustment A neglected area in career counseling, *Journal of Counseling and Development, 74*, 442-446.

Holland, J. L. (1985 a). Making vocational choices: *A theory of vocational personalities and work environments*. Englewood Cliffs, NJ: Prentice Hall.

__________ (1985 b). *The Self-Directed Search professional manual*. Odessa, FL: Psychological Assessment Resources.

Hungerford, R. H. (1941). The Detroit plan for the occupational education of the mentally retarded. *American Journal of Mental Deficiency, 46*, 102-108.

Hutchison, (1973). The Vocational Rehabilitation Program and Its Relationship to the Social Security Program. In Cull J. G. & Hardy, R. E. *Understanding Disability for Social and Rehabilitation Services*, Illinois : Charles Thomas.

ILO (1990). Conditions of work digest-telework, 9.

Lassiter, R. L. (1983). The development and use of a faculty salary model for a higher education system, *Research in Higher Education, 18*(3), 333-358.

Lofquist, L. H., & Dawis, R. V.(1969). *Adjustment to work: a psychological view of man's problems in a work-oriented society*. New York: Meredith Corporation.

Longmore, P. K. (1987). Uncovering the hidden history of people with disabilities. *Review in American History, 15*(3), 355-364.

Malikin, D., & Rusalem, H. (1969). *Vocational rehabilitation of the disabled*: An overview, NY: New York University Press.

Martens, E. H. (1937). Occupational preparation for mentally handicapped children. *Proceedings and Addresses for the Sixty-First Annual Session of the American Association on Mental Deficiency, 42*, 157-165.

Mollenhauer, K. (1973). *Erziebung ung Emomzipation Problematische Skizzen*. Juventavere. Munchen.

Nirje, B. (1972). The right to self-determination. In W. Wolfenberger (Ed.), *Normalization: The principle of normalization* (pp.176-200). Toronto, Ontario, Canada: National Institute on Mental Retardation.

Odom, S. L., & Strain, P. S. (1984). Classroom-based social skills instruction for severly handicapped preschool children. *Topics in Early Childhood Special Education, 4*, 97-116.

Oliver, M. (1996 a). *Understanding disability*, St. Martin's press.

________ (1996 b). *Understanding disability*: From theory to practice. London: MacMillan Press LTD.

Osipow, S. H. (1976). *Vocational behavior and career development*, The Ohio State University Press.

Osipow, S. H., & Fitzgerald. (1996). *Theories of Career Development*. Fourth Edition. Allyn and Bacon, Needham Heights.

Parker, R. M., & Szymanski, E. M. (1998), *Rehabilitation counseling*: Basic and Beyond(3rd ed.), Texas: Pro-ed.

Riggar, T. F., & Lorenz, J. R. (1985). *Reading in Rehabilitation Administration*. State University of New York Press.

Rusk, H. A. (1968). *Rehabilitation medicine*, Saint Louis: The C. V. Mosby Co.

__________ (1969). The growth and development of rehabilitation medicine. *Archives of physical medicine and rehabilitation, 50*(8), 463-469.

__________ (1982). *Rehabilitation medicine*(2nd ed.). Saint Louis: Mosby Company.

Schleien, S., Wehman, P., & Kiernan, (1981). Teaching leisure skills to severely handicapped individuals: An age-appropriate dart game. *Journal of Applied Behavior Analysis, 14*, 513-519.

Sigafoos, A. D., Feinstein, C. B., Damond, M., & Reiss. D. (1988). The measurement of behavioral autonomy in adolescence: the autonomous functioning checklist. *Adolescent Psychiatry. 15*, 432-62.

Siperstein, G. N., Reed, R. D. (1990). Capabilities essential for adults who are mentally retarded to function in direrent residential settings. *Education and Training in Mental Retardation, 34*, 45-51.

Sitlington, P. L., Debra, N, A., & Gary, C, M. (2006). Transition education and services for students with disabilities (5th ed). Disponible chez l' · diteur (d · lai d' approvisionnement : 10 jours).

Super, D. E. (1957). *The psychology of careers: An introduction to vocational development*. New York: Harper.

____________ (1990). A life-Span, life-space approach to career development. *Journal of Vocational Behavior, 16*, 282-298.

Taymans, J. M. (1995). A National Perspective of State Level Implementation of Transition Policy. *Journal for Vocational Special Needs Education, 17*(3), 98-102.

WHO. (1980) *International classification of Impairments, disabilities, and handicaps*. Geneva.

WHO. (1997) ICIDH-2: *International classification of impairments, activities, and participation*(Beta-1 Draft). Geneva.

WHO. (2001) ICF: *International classification of functioning. disability and health*.

Walker, H. M., Todis, B., Holmes, D., & Horton, G. (1988). *ACCESS program: Adolescent curriculum for communication and effective social skills*. Austin, TX: Pro-Ed.

Wehmeyer, M. L., Martin, J. E., & Sands, D. J. (1998). Self-Determination for children and youth with development disabilities: In A. Hilton & R. Ringlaben (Eds.), *Best and promising practices in developmental disabilities*(pp. 191-203). Austin, TX: PRO-ED.

Wheman, P., Renzaglia, A., & Bates, P. (1985). Classroom techniques. *Education and Training of the Mentally Retarded, 16*, 142-149.

Wright, G. N. (1980). *Total Rehabilitation*. Boston: Little, Brown and Company Inc.

〈인터넷자료〉

http://cincinnatigoodwill.org/services/ Ohio valley Goodwill Industries Employment and Training Center

http://www.abcinc.org/ ABC: Ability Building Center.

http://www.knise.go.kr/

http://www.nivr.jeed.or.jp

http://www.vdbvi.org

저자소개

- **박혜전** 대구대학교 가정관리학과 졸업(가정학사)

  대구대학교 일반대학원 재활과학과 직업재활전공 (이학석사)

  대구대학교 일반대학원 재활과학과 직업재활전공 (이학박사)

  현) 고신대학교 재활복지학과 교수

- **이창희** 대구대학교 직업재활학과 졸업(이학사)

  부산대학교 행정대학원 사회복지학전공(행정학석사)

  신라대학교 대학원 사회복지학과(사회복지학박사)

  부산광역시장애인종합복지관 직업재활시설 원장

  부산광역시직업재활시설협회 부회장

  현) 대구사이버대학교 재활학과 교수

● **이명진** 대구대학교 직업재활학과 졸업(이학사)

부산대학교 행정대학원 사회복지 전공(행정학석사)

현) 사상구장애인복지관 사무국장

고신대학교 외래강사

● **정찬동** 서울과학기술대학교 공학사(기계공학)

대구대학교 재활과학과 직업재활 전공(이학석사)

현) 기장장애인복지관 차장

고신대학교 외래강사

직업재활 실천론

– 직업적응 훈련편 –

초판 1쇄 발행 2011년 6월 30일
초판 2쇄 발행 2013년 7월 15일

지은이 | 박혜전 이창희 이명진 정찬동
펴낸이 | 김기섭
편집인 | 서지현
펴낸곳 | 창지사 www.changjisa.com
153-802 서울시 금천구 가산디지털 1로 83 파트너스타워1차 9층
전화 (02) 719-2211~3
팩스 (02) 701-9386
등 록 | 1977년 4월 28일 · 제1-421호

ISBN 978-89-426-2219-1 (93330)

값 17,000원